城市交通能源供应网络
评估与应对策略

葛显龙　王伟鑫　王　博　著

2019 年度国家社会科学基金项目
"城市交通能源供应网络负效应评估与减负机制研究"（19CGL041）

科学出版社

北　京

内 容 简 介

本书针对城市交通能源供应网络负效应的评估及减负展开研究。通过分析当前我国城市交通能源供应网络供需现状，对城市交通能源供应网络负效应进行了概念的界定，提出了负效应的具体定义和度量方法。从交通能源站点布局优化、站点合作和补能调度三个方面构建了城市交通能源供应网络减负机制，并通过 AnyLogic 仿真软件进行仿真验证。

本书适合管理科学与工程、交通运输经济、交通运输规划与管理、运筹学、系统科学与系统工程等专业的高年级本科生、研究生阅读，也可供高校教师及工程师参考。

图书在版编目（CIP）数据

城市交通能源供应网络评估与应对策略 / 葛显龙，王伟鑫，王博著.
—北京：科学出版社，2023.10
  ISBN 978-7-03-076392-1

Ⅰ. ①城… Ⅱ. ①葛… ②王… ③王… Ⅲ. ①城市交通-能源供应-评估 Ⅳ. ①U491

中国国家版本馆 CIP 数据核字（2023）第 179512 号

责任编辑：陶 璇 / 责任校对：姜丽策
责任印制：张 伟 / 封面设计：有道文化

科学出版社 出版
北京东黄城根北街 16 号
邮政编码：100717
http://www.sciencep.com
固安县铭成印刷有限公司 印刷
科学出版社发行 各地新华书店经销
*
2023 年 10 月第 一 版 开本：720×1000 B5
2023 年 10 月第一次印刷 印张：15
字数：302 000
定价：162.00 元
（如有印装质量问题，我社负责调换）

前　　言

城市交通能源供应网络（traffic energy supply network，TESN）是由加油站、加气站和充电桩等设施构成的交通运输装备能源补给网络，是支撑城市人员与货物流转的重要基础设施。根据《中国加油站行业市场前瞻与投资战略规划分析报告》和《中国统计年鉴》公布的数据，截至 2022 年底，全国共有 10.76 万座加油站、1.2 万座加气站、11.1 万座充电站及 4.17 亿辆的汽车保有量。车辆补能需求规模大、随机性强，能源站点布局不合理、能源供应不足、资源利用效率低等，导致车辆补能困难或出现"排长龙"现象，从而造成城市交通拥堵、环境污染与时间浪费等负效应。在巨大的城市交通能源供应网络运行中，其负效应造成的经济损失显然难以估量，因此，为了响应国家的政策要求，降低城市交通能源供应网络的负效应迫在眉睫。本书的主要工作如下。

1. 城市交通能源供应网络运行现状与负效应形成机理分析

通过收集大量的城市交通能源供应网络数据，梳理城市交通能源供应结构、网络结构、城市交通能源供应站布局及网络分布和未来的发展趋势，总结出当前我国城市交通能源供应网络供需现状。本书分别从宏观及中观角度对城市能源供需平衡进行分析，总结当前城市交通能源供需矛盾所引起的一系列负面影响，并对城市交通能源供应网络负效应进行概念的界定，提出负效应的具体定义。根据负效应是否可以量化，详细总结论述不同负效应的表现形式，并针对每一种补能负效应，提出具体度量方法。

2. 城市交通能源供应网络负效应评估方法研究

结合城市交通能源供应网络的运行现状，首先，从单站负效应评估入手，提出单个补能站点的负效应评估方法，并构建具体评价指标体系。在此基础上，设计城市交通能源供应网络负效应的评估体系。其次，考虑到节假日出行需求激增的特点，分别建立工作日与节假日的交通能源供应网络负效应的评估方法。最后，以重庆市区域路网为案例，进行补能站点及网络负效应评估的实例研究。

3. 城市交通能源供应网络负效应减负研究

在城市交通能源供应网络负效应减负研究中，分别从供应站布局优化、站点合作博弈和补能调度三个方面构建城市交通能源供应网络负效应减负机制。在能源站点布局优化中，在现有布局基础上，将补能网络负效应最小化作为优化目标，对城市能源供应站的布局优化进行研究。通过不同选址方案的对比发现，优化站点布局能减少车辆补能排队时间，进而减少补能负效应；在能源供应站多主体合作博弈中，应用合作博弈理论，考虑交通能源供应站间的合作，利用 Shapely 值进行分配，数值算例证明补能站点之间的合作不仅可以提高站点收益，还可以实现交通能源的供需平衡；考虑政府、交通能源供应站及车辆三方的合作，通过 Shapley 值分配，三者的成本可以减少为原来的 1/3，说明了三方合作的有效性，以及政府在减少补能负效应中所发挥的作用；在补能车辆调度中，采用激励调度的方式，设置多个激励等级，平衡路网中的补能需求与供给，通过构建双层优化模型，得出激励方案可以有效减少整个路网的出行与补能成本。

4. 城市交通能源供应网络负效应评估与减负机制实证研究

使用 AnyLogic 仿真软件对城市交通能源供应网络进行仿真验证，模拟实际能源供应网络运行状态，分析负效应累积的补能瓶颈关键点，通过采用交通路段限行、站点服务率调整和不同站点价格调整等减负策略，仿真验证了城市交通能源供应网络负效应减负的可行性。

葛显龙

2022 年 12 月

目　　录

第1章 绪 论

1.1 研究背景及研究意义

1.1.1 研究背景

城市交通能源供应网络是由加油站、加气站和充电桩等设施构成的交通运输装备能源补给网络，是保障城市交通发展的生命线，亦是支撑城市人员与货物流转的重要基础设施。城市交通能源供应网络的基本功能是为交通运输装备提供能源补给。车辆补能需求的大规模随机性、站址选择不当、能源供应不足、供应站竞争等造成车辆补能困难或"排长龙"现象，影响交通，进而造成交通拥堵、环境污染与时间浪费，显然这些不是城市交通能源供应网络在设计时所期望的结果，在此将其定义为城市交通能源供应网络的负效应。

交通强国战略的实施，进一步加快了交通运输事业发展，为实现人民美好生活和促进共同富裕提供了坚实保障。如图 1.1 所示，目前许多城市存在严重的补能困难和"排长龙"现象，这对交通运输事业发展造成不利影响。此外，由于补能站点整体布局规划不足，在部分站点补能困难的情况下，一些偏远站点长时间设备空闲，造成补能站点能源供给资源浪费。

图 1.1 城市交通能源供应站点拥堵示例图

公安部交通管理局统计，截至 2021 年底全国汽车保有量为 3.02 亿辆，其中新能源汽车保有量达 784 万辆，占汽车保有量的 2.60%。全国 79 个城市的汽车保有量已超过 100 万辆，35 个城市超过 200 万辆，超过 300 万辆的城市有 20 个。汽车保有量带动城市交通能源供应站数量的快速增加，给城市交通体系带来了不少压力。例如，随着车辆补能需求高峰期到来，补能车辆对城市能源供应站过载使用，这使得能源供应站对城市交通系统产生如能源消耗、碳排放及环境安全等负面效应，并对主干道正常行驶的交通车流造成扰动。在增加交通安全危险性的同时也增加了社会经济与环境压力。

从 2015 年至 2021 年底，全国新能源汽车保有量已从 42 万辆增加到 784 万辆，但国内充电桩系统的配置仍然有待完善与提高。如图 1.2 所示，我国 2017~2020 年新能源汽车与充电桩数量配比（车桩配比）虽呈逐渐下降趋势，但仍不能满足新能源汽车的发展需求，导致新能源汽车在补能过程中产生较大的补能负效应，尤其在节假日高峰期，长时间的补能等待和排队给驾驶员带来心理焦虑与时间延误，另外，电网高负荷也容易引发安全隐患。《2021 年国庆大数据报告》显示，十一黄金周入渝旅客约 232 万人，进入全国前十[①]，电动汽车充电甚至出现充电 1 小时排队 4 小时的现象。该现象产生的根源是车辆补能需求与站点的时空错配及电动汽车的充电特性。这使得城市交通能源供应站资源部分负载过高而部分空闲，造成城市能源配置不合理。尤其是节假日出行需求激增，伴随着旅行车辆补能数量的增加，城市交通能源供应系统补能压力增大，加剧了补能过程产生的负效应，为城市交通带来隐患，也带来巨大的经济损失，影响社会发展。

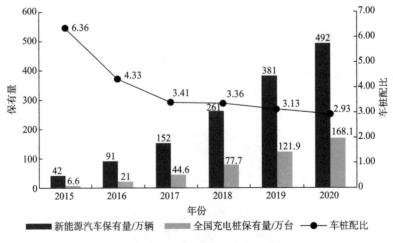

图 1.2　全国新能源汽车与充电桩数量

---

① 资料来源：https://m.thepaper.cn/baijiahao_14825770.

在城市发展过程中，城市道路网络的流量趋势并非一成不变，已建成的能源供应站在交通路网的发展变化中的承载力也随即发生变化，这势必会造成交通车辆补能需求与部分能源供应站的供给能力在时空方向上的不匹配，从而导致部分站点负荷过大，部分站点无人问津的现象。

1.1.2　研究意义

交通能源供应网络不仅是支撑城市人员和货物流转的重要保障，更是整个城市社会活动、经济运行的必备基础。城市交通能源供应网络体量规模巨大，其产生负效应所引发的经济损失巨大。对城市交通能源供应网络负效应的研究涉及站点布局、供需平衡、路径选择、站点排队、路网规划等内容。本书通过分析负效应产生原因，采用站点布局优化和补能车辆诱导等减负机制进行负效应减负研究，研究意义主要体现在如下方面。

1. 丰富城市交通能源供应网络理论研究

从负效应视角研究城市交通能源供应网络优化问题，揭示城市大规模分布式动态随机补能需求和供应站排队的成因与规律，提出具有推广应用价值的城市交通能源供应网络负效应的研究方法与模型，从不同层面、不同角度设计基于负效应最小化的城市交通能源供应网络优化模型与方法，丰富城市交通能源供应网络的理论研究。

2. 国家智慧交通与绿色交通的具体实现途径之一

针对大规模分布式随机补能需求的研究有助于改进城市交通能源供应网络的整体规划，从城市交通能源供应网络负效应角度来考察和分析我国城市交通能源供应网络的性能。在保障交通能源补能需求的基础上实现城市交通能源供应网络的资源优化和节能减排，有助于缓解城市交通拥挤，促进智能交通升级和智慧城市建设。

3. 提高交通参与者的出行体验

本书从站点布局优化、站点合作博弈、车辆补能调度三个方面构建城市交通能源供应网络减负机制，多方面多角度提出减负策略，并在 AnyLogic 仿真软件中验证减负策略的有效性。多种减负策略减少补能站点的负效应，有助于驾驶员快速完成车辆补能，降低补能排队时间等补能成本，同时极大消除了驾驶员的里程焦虑，有助于健康、绿色出行，提高出行体验。

1.2 国内外研究现状分析

1.2.1 城市交通能源供应网络负效应评估研究现状分析

城市交通能源供应网络是由加油站、加气站、充电桩等设施构成的交通运输装备能源补给网络。大规模车辆补能需求呈现多模式、多周期、随机性的特点，导致站点资源利用失衡、交通拥堵、能源消耗和碳排放等负效应问题。在国内外均有学者从多个角度，运用不同的方法针对能源供应网络负效应评估进行研究。

1. 城市交通能源供应负效应影响因素研究现状

城市交通能源供应站的建设及补能需求的发生对周围环境会产生各方面影响，不少学者已从多个方面做过研究。网络负效应在站点负效应影响基础上增加了补能车辆在网络路径上行驶过程中产生的负效应。

站点运营中的负效应主要来源于车辆排队产生的时间延误和碳排放[1]。有关时间延误的研究多为电动车排队充电延误[2]，碳排放模型通常考虑混合车辆在路网中的排放情况。例如，Cen 等提出了一个混合用户均衡（mixed user equilibrium, MUE）模型，该模型考虑了电动汽车和汽油车在城市网络中的补能行为[3]；Lucas 等提出了一种评估能源使用和二氧化碳排放的方法，对电动车和化石燃油汽车能源供应站从建设、维护到废弃整个生命周期进行评估，并应用于葡萄牙的案例研究[4]。能源供应站的排队现象是大部分负效应产生的直接原因，因此，为了定量评估交通能源供应网络的负效应，有必要研究站点的排队延迟。况爱武等在考虑起止点（origin destination, OD）对出行时间可靠性影响的路网容量可靠性分析中，考虑了加油站排队[5]；Jung 等提出一种具有排队延迟的随机动态行程加油站选址问题（stochastic dynamic itinerary-interception refueling location problem with queue delay, SDIRQ）模型，该模型基于仿真的双层优化，并在目标函数中引入排队模型的复杂性[6]；de Filippo 等估计了在不同线路上运行的电动公交的能源使用，包括城市和郊区的混合驾驶，并将其与仿真模型相结合，研究了部署的充电器类型、数量及排队策略对服务时间的影响[7]。此外，很多人通过计算机模拟仿真来解决排队问题。吕奇光等将能源供应站抽象为具有多个服务台的单队列系统，模拟分析了需求车辆聚集和车辆源溢出造成的道路拥堵[8]；Johnson 等、Yang 等分别针对该领域新能源汽车的排队现象及表现进行了仿真分析[9, 10]。供应站综合性评价研究，包括服务运营及内部布局评价，如 Cahyono 评价了 Surabaya

市加油站的空间服务水平[11]。

　　加油站使用的石油和天然气燃料易燃易爆，易对员工、消费者和周围的设施造成巨大损害，尤其是在人口密集地区。学者的研究主要分为消防设施设备评估及爆炸安全距离研究。在消防设施设备评估研究方面，Chin 等提出了一个基于旅行时间提取在线地图的区域评估模型，以预测加油站对消防器材的需求[12]；Liu 等提出了一种基于在线地图出行时间的加油站消防设备需求区域评价模型[13]。随着经济的发展，能源需求不断增加[14]。案例研究表明，以往储罐场多次发生火灾爆炸事故，造成财产损失和人员伤亡[15]。近年来，加油站发生了多起火灾、爆炸事故，严重威胁着人们的生命财产安全。在大型加油站或储油罐区域，甚至有可能发生火灾引发的多米诺骨牌效应[16]。为了更好地评估风险，一些研究利用传统的量化风险分析方法（如故障树[17]）来评估风险，这些方法可以用来分析、评估甚至预测包括加油站在内的各个地点的火灾风险，但无法准确模拟加油站运营的风险，还忽略了需求车辆的严格风险分析，以及站点在运营过程中的风险。因此，Zarei 等将贝叶斯网络应用于天然气站的综合动态安全风险建模，该方法的应用提供了基于风险的调查，以识别站内所有设备的风险级别[18]；罗通元等提出了一种基于灾害理论的站点火灾爆炸事故安全评估方法，通过对天然气站的多级分解和变异系数的动态计算，实现了对天然气站的安全评价[19]。

　　加油站、加气站通常都会囤积大量的油料与气体燃料，并且会定期补充。城市加油站有成品油储存且周围有大量的活动人口，同时，每天大量补能车辆的进出严重影响站点周边环境。如何将城市站点边上的环境影响降到最低及如何保护站点边上的环境是管理者需要思考的问题。目前主要环境影响研究如下：一方面是大气污染影响。例如，Kathuria 对比了使用天然气加气站代替燃油加油站后印度德里的空气质量改善变化[20]；Narain 和 Krupnick 利用 1990~2005 年的月度时间序列数据，估计了印度德里实施的一系列遏制空气污染的政策措施对空气质量的影响[21]。另一方面是加油站地下水污染影响。例如，赵丽等在正常运行二十多年的 12 座加油站的上下游共设置了 27 口地下水监测井，对地下水中石油烃、苯系物、萘、1，2-二氯乙烷和甲基叔丁基醚的水质进行了监测[22]。

　　交通效率影响主要包括补能车辆对主干道正常行驶车辆的扰动影响以及车辆补能行为伴随产生的环境影响，这一方面的研究相对较少，但考虑该情景与普通路口车辆交会情景基本相似，相关研究同样具有重要研究参考意义。例如，诸云等在城市道路交通拥堵的神经网络评价模型中对道路交通拥堵指标进行测算[23]；Sun 等综合考虑影响交叉口交通状况的各种因素，构建综合评价指标体系用于识别交通拥堵的风险程度，预测其对未来交通流的影响[24]；Pandian 等研究了交通、车辆和交叉口特性与车辆废气排放的关系[25]。

　　可以看出对城市交通能源供应负效应影响因素的研究聚焦于站点服务、安全、环境与交通影响四个方面。但主要的问题在于各学者研究方向相对分散，鲜有学者对站点负效应进行综合评价。站点负效应问题由多方面因素组成，不仅仅是单个方面。因此构建城市交通能源供应站综合评价是负效应产生的源头，能对网络负效应分析起到基础性作用。

2. 城市交通能源供应站评估体系研究现状

对城市交通能源供应网络的评价模型选择关系到负效应评价的准确性、可靠性。国内外对指标权重的分析方法很多，主要分为主观赋权法和客观赋权法。主观赋权法主要有德尔菲法、层次分析法[26]、云模型等，其中层次分析法应用最为广泛。客观赋权法主要有变异系数法、主成分分析法、熵权法，其中使用最多的是熵权法，如Chen建立了基于熵权的模糊综合评价模型，对交通运行效率进行了实证研究[26]。根据不同的评价内容，在评价指标中可能包含不同的定性定量指标，当然也有部分学者使用主观赋权法和客观赋权法相结合的方法。

国内外学者对于评价模型构建及应用更多元化。根据其研究中具体需要评价的指标体系类型，建立合适的评价模型，主要有主成分分析法、灰色理论、逼近理想解算法（technique for order preference by similarity to ideal solution，TOPSIS）、神经网络、数据包络、云模型、物元模型、模糊综合评价模型等，其中使用较多的有灰色理论、神经网络、云模型、模糊综合评价模型，如赵少伟等运用灰色聚类方法对山东省道路交通状况进行评价，得出山东省交通安全状况不断改善的结论[27]，运用灰色关联法对山东省各城市 2015 年的交通安全水平进行横向综合评价；李雪等为了评估道路安全水平的模糊性和随机性，开发了一个评估道路安全水平的模型，分析道路安全因素，以建立评估指标和标准，对每个测量值的云模型层进行数值采集，计算并为其创建一个模型[28]；Chen对交通运行效率的实证研究也使用了模糊综合评价模型[29]。每种评价模型都有其各自优缺点，因此需要根据研究的实际情况使用合适的评价模型。

虽然国内外学者在对交通能源供应站的评价研究过程中有考虑到各个方面的影响及运营水平评价，但目前还鲜有对能源供应站的综合性负效应评价。综合性负效应评价有利于分析观察站点的整体状态及对周围的影响，能够比较多个方面因素的相关性，为城市交通能源供应系统的整体布局优化及覆盖调整提供参考。

3. 城市交通能源供应网络评估研究现状

当车辆产生了补能需求并驶往补能站进行补能活动，随着站点补能车辆增加就会产生负效应，尤其是在交通能源供给车站的服务力量无法满足需要时，汽车的溢流将会影响道路车辆，从而造成主干道拥堵，并提高道路中车辆的能耗和碳排放量。站点间的竞争也会造成当地场地资源的闲置浪费。在 Zheng 等研究加气站布局选址的过程中，发现需求车辆主要以离家最近或行程中绕行距离最小为原则完成能源补给过程，个体自利性的补能活动聚集在热门补能站点，这可能会让外界产生负效应[30]。

道路交通影响分析也被称为道路交通影响评估，是指系统分析城市交通发展项目对道路交通服务的影响程度和影响区域，从而制定保证道路交通服务质量不降低的措施或调整开发计划措施，从而降低发展项目对道路交通负荷的影响[31]。国内进行的城市交通影响评估，主要采取由 Beckmann 等所提供的传统四步骤方法，大多沿用了国际城市间交通环境影响评价的研究过程[32]。城市交通拥堵已成为大多数交通网络面临的主要挑战之一，它不仅增加了交通延误，降低了流动性，给出行者带来了诸多不便，也对环境和经济产生负面影响，增加空气污染和能源消耗。因此，交通拥堵相关问题的研究越来越受到重视，特别是在交通拥堵状态识别和扩散规律分析领域。交通拥堵既具有路段性质，又具有强烈的时空特征[33]。现有的交通拥堵识别研究通常以某一流量参数的阈值作为判别准则，建立识别模型。当实际值超过阈值时，认为发生了拥堵。一些学者提出了速度、交通密度、车辆队列长度、交通流量等评价指标，用于识别当前交通状态。在拥堵扩散规律研究中，往往根据拥堵扩散的波动性、滞后性和传播特性来量化队列长度拥挤指数。例如，Ermagun 和 Levinson 系统回顾了利用路段间空间相关性预测短期交通状况的研究，空间信息提高了预测的准确性，特别是在拥堵的交通状况下[34]。近年来，机器学习方法受到了越来越多的关注，其性能优于历史平均和指数平滑等单纯的统计方法。然而，机器学习方法与时空自回归综合移动平均等先进统计方法相比，并不能保证其优越性，且实际网络中交通链路的真实空间依赖关系与研究网络之间存在较大的差距。另外，这些文献还通过研究道路的类型为每个影响对象提供了不同的评价方法和指标，并根据每个指标的权重计算选择出综合评价指标。

作为二氧化碳排放的重要组成部分，交通运输产生的碳排放已经成为排放目标的重要关注点[35]。刘学从系统科学与系统工程的视角对城市低碳交通发展方式与调控政策进行了研究[36]。交通拥堵增加了能源消耗，进一步增加了额外的碳排放。碳排放一般从车辆碳排放和道路网碳排放两个方面进行研究。关于汽车的碳排放模型，国际上主要基于能源统计、排放系数和排放率。例如，Liu 等采用系统动力学方法，构建了包括经济子系统、人口子系统、交通子系统、能源消耗和二氧化碳排放子系统在内的北京市城市客运碳排放模型[37]；确定车辆总体碳排放量的计算方法包括测量[38]、仿真[39]和公式推导等。在实际案例研究中，许多学者已经确定并不断优化车辆运行参数，如速度、加速度、功率和迎风面积[40]，用于测量车辆的整体排放状态。道路网碳排放的研究主要集中在路段环境和交叉口环境两个方面。随着信息技术的不断发展，该领域逐渐关注信息技术的结合与应用。例如，Shan 等利用实时数据库分析排放因子[41]；黎明等基于交通指标下车速分布的计算方法和车速与排放因子之间的修正关系，对道路网车辆排放因子进行了计算和不确定性分析[31]；Mangones 等使用了一种工具，将交通模型与 COPERT Ⅳ 中的排放因子结合起来，研究了增加道路通行能力对哥伦比亚波哥大交通相关排放的影响[42]。

国内外现有研究表明，城市交通能源供应网络的研究主要集中在供应站交通拥堵的影响以及车辆和道路网络排放模型的计算上。虽然这些研究为研究城市交通能源供应网络的负效应奠定了一定的基础，但仍存在一些不足。首先，已有的研究多数是从能源经济的视角对供应站负效应作分析，没有定量研究负效应的影响。其次，现有的站点研究只考虑单一加油站或加气站，不考虑多个服务类型并存的站点，不符合实际情况。最后，虽然目前关于交通拥堵和碳排放的文献很多，但是很少有文献系统地将这两个方面结合起来，几乎没有关于供应站引起的交通拥堵和碳排放的文献。

1.2.2　城市交通能源供应网络站点布局优化研究现状分析

选址问题是运筹学的经典问题之一，该问题是通过确定选址对象、选址目标区域、成本函数、约束条件等，以总成本最小或总服务水平最优或社会效益最大化为目标，确定网络中选址对象的数量、位置，从而合理规划网络结构[43, 44]。目前常用的选址方法分为点需求选址、截流选址和混合选址，点需求选址模型包括 P-中值模型、P-中心模型、覆盖模型等。流量需求是根据站点服务交通流最大为目的建立模型，拦截尽可能多的需求流路径。

1. 点需求选址

点需求选址策略是一种静态确定型的选址问题，假设需求位于不同的地方，如居民区、工作场所等。需求计量或需求密度通常来源于人口数据、地形数据、地籍数据、调查数据等。P-中值模型是以需求点为依据，考虑需求点到站点的距离，以用户总成本最小为目标建立模型，该模型的局限性体现在假设每个站点的服务能力是无限的，站点不会产生排队[45]。随着需求的不断扩大，该模型难以满足大规模需求选址。赵晓晨考虑投资规模大小，建立以成本最小为目标的选址模型函数[46]。以上文献均是满足最小化各需求点到设施的加权平均距离。该方式的明显优势是容易找到选址的中值点，能较公平地提供服务。但是也存在一些问题，如对紧急情况下服务可达性考虑不够，仅基于中值模型无法很好地满足应急需求。P-中心模型是从站点出发，寻找到需求点总出行成本最小的模型，该模型中的服务站备选点能满足所有需求。路网中的P-中心问题最初由Hakimi提出，之后Kariv和Hakimi证明了该问题为NP-hard问题[47]。因此，后来部分学者提出求解方法，如区域局部搜索法、启发式算法来求解该问题。该选址方法在覆盖指定范围需求的前提下，最小化各需求点与设施的最远距离。以保障服务覆盖范围为前提，提高服务质量。但是需保障一定的服务范围，涉及各设施的需求点分配，导致问题较复杂。

覆盖模型是选址问题研究的重要模型之一，分为集合覆盖模型、最大覆盖模型和多重覆盖模型。在集合覆盖问题中，选址的目标是在满足需求的前提下，假设选址设施的数量无限制，寻找一种以最少数量的设施满足需求或总成本最小的方式。集合覆盖一般是根据服务半径来进行选址的[48]。关于集合覆盖模型，部分学者根据研究需求对该模型进行改进。于冬梅等考虑需求的不确定性和差异性，建立设施覆盖选址模型[49]；张云霄根据需求的紧急性定量评价，构建以需求点风险和建设成本最小化的选址模型，保证需求得到满足[50]；Guan等通过区域人口特征和需求点覆盖质量来划分覆盖阈值，并考虑时间序列特征以及储存物资的种类数量，建立具有时序特征的多目标集合覆盖模型[51]；Rodriguez等基于交通场景，通过多区域协同车辆调度策略，以紧急情况下的预期覆盖范围最大化为目标，构建期望覆盖的设施选址模型[52]。该选址策略的目的是在覆盖指定范围需求的前提下，最小化设施建设/运营费用，通过保证服务覆盖范围为前提来降低成本，以达到效益与服务需求的折中。但是要保障一定的服务范围，则会涉及各设施的需求点分配，导致问题较复杂。

最大覆盖模型是从集合覆盖模型发展而来的，目的是在出行成本的约束下，覆盖尽可能多的需求点[53]。Toregas等用最少站点覆盖尽可能多的需求，建立集合覆盖的选址模型，但受资源限制，该模型难以覆盖所有需求[54]。鉴于此，Church和ReVelle在有限数量的站点下，建立最大覆盖选址模型，使覆盖范围最大化[55]；Knay等在前人的基础上建立全覆盖建模，将OD路径考虑到覆盖范围内，通过确定最优行驶路线找出站点的最优位置[56]。关于最大覆盖选址算法的改进，孙冉和张惠珍对最大覆盖模型进行改进，通过构建区域应急需求未被满足的惩罚函数，以建设成本、二次覆盖居民数量和应急救援距离为优化目标，建立多目标双层覆盖模型，并设计改进狼群算法对模型进行求解[57]；Hossein等基于历史洪水事件数据，通过机器学习多层感知器模型预测可能有灾害发生的区域，将预测结果与气象站和观测清单事件的数据进行比较，构建最小阻抗和最大覆盖选址模型[58]。

目前，求解选址问题主要使用的算法可分为3类：①精确算法。例如，分支定界、割平面等传统精确算法。Plastria考虑了在竞争环境下使用价格决策的最大覆盖模型，并通过穷举法求解了模型[59]。虽然此类精确算法可求得全局最优解，但速度较慢[60]。②近似算法。此类算法能够保证在有限时间内求出一个常数近似比的解[61]，但是无法求出最优解。③启发式算法。例如，Davari 等设计了一种结合变邻域搜索的启发式算法，来求解模糊覆盖半径的最大覆盖问题[62]。Galvao 和 ReVelle 提出了一种拉格朗日启发式算法求解最大覆盖问题[63]。目前，选址问题求解算法的研究大多集中在启发式算法的设计上，但启发式算法通常并不能求出问题的最优解[64, 65]。

以上模型仅仅考虑了覆盖需求问题，未考虑"超覆盖"和"伪覆盖"导致站点需求过度集聚与闲置引发额外负效应的问题。因此 Gendreau 等提出双覆盖模型，满足需求点被两个及两个以上的站点覆盖，用多个站点服务于多个需求点，实现多个站点之间的联动，减少"伪覆盖"现象[66]。Liu 等改进了传统的双覆盖模型，探讨了模型的实用性，在最小覆盖标准内至少覆盖两次需求点，对需求和站点进行合理分配规划，并利用 CPLEX 求解。结果表明，在不增加资源的情况下，通过对现有设施的搬迁，可以有效地提高需求覆盖率，降低响应时间[67]。肖俊华和侯云先对传统无容量限制的多级覆盖选址模型进行了改进，构建了带容量约束的双目标多级覆盖选址模型，并设计启发式算法求解[68]。宋艳等结合备用覆盖模型，研究了应急储备设施点的多级备用覆盖选址决策问题[69]。Xu 等考虑弹性需求，通过最大化覆盖确定电池电动汽车充电站的最佳部署，提出了定制的两阶段方法来求解模型[70]。

多重覆盖模型是在站点数量有限，一个站点只服务一个需求点，导致需求不能得到满足的背景下被提出来的，满足多个需求点由多个站点覆盖，多个站点服务于多个需求点，能有效地避免 P-中值模型、P-中心模型中需求优先性问题和最大覆盖模型中站点覆盖需求量不均衡的问题，能满足在覆盖最大化的前提下，确保需求被覆盖多次，保障服务及时性、便利性、公平性。

点需求选址模型虽然在很多领域的应用中效果明显，但由于在加油站、充电站选址这类问题中，客户需求具有空间随机性，即客户需求可能发生在行程中的任意地点，司机期望在长途行驶过程中获得补能服务，而不是在某个特定的地点或目的地通过专门的行程来完成补能需求。因此，就需要构建一种新的选址模型来有效地处理这类问题。

2. 截流选址

流量需求位置方法假设消费者在前往目的地的途中就近寻找补能站点。将需求表示为沿着出行路线的流。Hodgson 基于流量提出了一种流量捕获定位模型（flow capturing location model，FCLM），其目的是确定预定数量的设施的位置，以最大限度地利用网络捕获的流量[71]。FCLM 是最大覆盖位置模型的一个推广，唯一的区别在于需求覆盖的定义。如果在行程中至少有一个充电站，则认为在给定行程上的流量被覆盖或捕获。但是，该模型没有考虑到电动汽车驾驶员面临的主要约束，即行驶范围有限。因此，Kuby 和 Lim 引入考虑电动车行驶范围限制的流量加油位置模型（flow-refueling location model，FRLM）。如果在相应的行程上放置足够数量的充电站，以允许电动汽车驾驶员从行程原点到目的地来回行驶，而不需要充电，则考虑覆盖电动车流量[72]。大部分文献都将车辆流量覆盖率最大化视为目标函数。这可以通过电动汽车充电基础设施项目中有限的财政资源来解释，因此，选择预定数量的站点的最佳位置可能是在给定预算内实现最高流量覆盖的最佳方法。还有的文献采用了一种集中覆盖方法，更侧重于成本最小化，同时确保电动汽车流量的全面覆盖，即所有电动汽车驾驶员都可以在电量不耗尽的情况下完成行程，其中包括充电站建设成本[73]，电能储存系统成本与充电站运营成本[74]，电池投资成本与变压器投资成本[75]，网络扩展[76]。也有部分文献考虑了温室气体排放[77]、充电等待时间[78]、行程时间[79]等成本。如果考虑私人投资者正在建设收费基础设施，且充电服务产生的利润与车站选址决策相关，则成本最小化措施可被利润最大化措施取代[80]。其他负效应减小目标涉及功率或能源消耗[81]，考虑驾驶员减少偏离最短路径的情况等[82]。

3. 混合选址

混合选址策略融合了点需求和截流选址策略，同时也根据研究需要考虑了其他因素建立选址模型。大部分假设中充电站容量通常不受限制，即大量驾驶员可以在每个充电站同时为其电池充电。X. Wang 等[78]、G. Wang 等[83]、Lin[84]、Zheng 和 Peeta[85]考虑了基于每单位时间可以服务的车辆数量的站容量约束[84-87]。Hosseini 和 MirHassani 在 MirHassani 和 Ebrazi 的研究中引入基于路径段的充电站选址模型的扩展，其中容量取决于每个站点所需的电量，计算为两站之间的距离乘以电量消耗率[86, 87]。将充电站容量作为决策变量，并考虑这些决策对充电基础设施产生的成本。除了预算限制和电站容量限制外，充电站选址文献中还考虑了一些其他类型的限制。Ngo 等在模型中纳入了公平约束，以确保不同需求地区之间公平使用充电站以减少充电站之间的负效应[88]；Chung 等使用基于流量的公平约束形式，以确保每个地区的加油站捕获相同百分比的流量[89]；Kuby 等考虑了政策上的因素，在每个欧洲国家强制规定最低覆盖率阈值以在欧洲国家之间获得更公平的覆盖流量分配[90]。在车站容量限制方面，一些文献使用了服务能力限制，以确保客户对车站可用性以及等待和充电的总时间感到满意。Davidov 和 Pantoš要求电动汽车电池完全充电的总时间低于某个数值以维持电力系统稳定性[91]；Yang 等引入了服务质量约束，以确保电动出租车顺利获取充电服务的概率高于一定水平[92]；Scheiper 等研究控制流量的 FRLM，考虑了确保电力系统安全运行的流量约束，最大限度地提高效益并减少能源和运输部门之间相互作用产生的负效应影响[93]；He 等介绍了一个与站点位置限制相关的侧面限制示例，以考虑已经存在充电站或地方政府不允许建设站点的节点，司机因为排队或者已知的道路拥堵可能会选择前往其他充电站，合理的充电站位置会使得这种绕行减少补能网络的负效应[94]；Kim 和 Kuby 引入了偏离流加油位置模型（deviation flow refueling location model，DFRLM），作为 FRLM 的扩展，其思想是，如果偏离保持在可接受的范围内，驾驶员将接受偏离中的最短路径[95]。这种假设可能允许在相同的预算下覆盖更多的电动汽车流量，但需要确定每条线路上应该使用哪条路径。考虑到更长的路径，电动汽车司机出行的机会更少。Capar 等提出了一种基于弧覆盖方法的容量限制偏离流加油位置模型（capacitated deviation-flow refueling location model，CDFRLM），该模型比 DFRLM 更具灵活性，因为它允许在同一条道路上使用多个 OD 对[96]；Yildiz 等也使用了弧覆盖原理，以增强基于偏差的充电站选址问题的原始基于路径段的公式[97]。

　　鉴于补能行为作为随机问题固有的复杂性，一些模型的简化旨在减少问题中约束和变量的数量。Vries 和 Duijzer、Boujelben 和 Gicquel、Lee 和 Han 提出了新的模型和解决方法，以处理行驶里程中不确定的随机充电站选址问题[98-100]。在行驶里程确定性的充电站选址模型中，充电后的电池电量被假定为常数，并固定在电池最大容量上，能量消耗被认为与行驶距离成正比。然而，在实际情况中，充电后的电池电量会受到不确定性的影响，并取决于在充电站中花费的时间、电池的使用寿命及应用技术。此外，单位能耗根据路径长度、交通情况、驾驶风格、冷却或加热装置的使用等而变化。因此，实际行驶里程是可变的，在充电站模型中应考虑其不确定性，以便获得更准确的位置解。电动汽车充电基础设施规划和更普遍的设施选址涉及战略决策，选址问题的参数（如需求和成本）在规划期内可能会发生很大变化。因此，也有许多学者对随机选址问题进行了研究，Snyder 总结了不确定性下设施选址问题（facility location problem，FLP）的模型，此外，在长期规划中，决策者必须处理随时间变化的参数，并需要根据这些变化调整决策[101]。在这种情况下，多周期模型提供了根据问题参数的演化动态做出决策的可能性，Arabani 和 Farahani 对动态选址问题进行了调查[102]。通常，在电动汽车充电基础设施规划的背景下，多阶段建模允许根据充电需求和可用预算在每个时间段计算所需数量的充电规划，而不是对整个规划范围做出一次性决策。它还允许根据每个时段的网络条件对车流和充电计划调整更多运营决策，对路网内实时负效应的评估和相关区域内充电站选址部署有实际参考价值。

1.2.3 城市交通能源供应网络站点合作博弈研究现状分析

近年来，博弈论在各个研究方面成了热门话题，在解决实际矛盾的问题时，以合作博弈和演化博弈应用最多，其中，合作博弈根据博弈方数量可分为双方合作博弈和三方合作博弈，通过分析各博弈方的收益问题，通过激励、惩罚等措施，促使博弈方调整自己的策略，达到最终的目标。同时也有一些学者将政府作为博弈方，构建三方博弈模型。此外，一些学者将博弈论运用到选址问题中，形成选址博弈。

1. 双方合作博弈

在合作博弈中，双方合作是联盟要求的最低限度，其广泛应用在多个方面。杨倩倩等认为共享汽车是近年来新出现的模式，作为一种新能源公共交通，可以减少污染，缓解交通压力，但维修成本高，而共享单车的市场份额大，可以有效解决"最后一公里"，并且停车不受约束，因此，提出共享单车和共享汽车合作，来满足乘客的出行[103]。王文宾等认为在共享经济下，新能源汽车供应链的合作将成为一种趋势，并提出构建电池制造商与汽车生产商动态合作博弈，合作双方可以进行资源互补，从而提高产品质量[104]。吕璞等根据电子商务的快速发展，发现庞大的快递量会给公路运输带来压力，而高铁运货量大等，可以弥补公路的不足，因此提出快递公司与高铁进行快递合作，提高服务质量[105]。程杉等认为电动车无序充电会对电网造成危害，提出电动汽车智能有序充放电策略，构建电动汽车代理商与电动车用户的合作，利用分时电价政策引导电动汽车分时分地充电[106]。王淏等分析国内仍以火电为主，西南地区水电富余，但存在严重的弃水问题，为了提高能源利用率以及减少碳排放，提出水-火电合作博弈模型，提高水资源的利用率[107]。通过上面的文献，可以看出合作博弈已经应用到生活中，双方合作的内容相对比较容易，只需考虑双方的利益。

2. 三方合作博弈

三方合作博弈比双方合作博弈多了一个博弈方，需要考虑的点也随之增多。林小围等假定完全信息下有限车辆竞争停车位，结果为纳什均衡分配，但其结果不够理想，因此运用合作博弈，提出智能停车诱导系统，引导早到的车辆停在远处并提供补偿，再将晚到的车辆引导到目的地附近的车位并向其收取额外的费用，实现各车辆停车成本和系统停车成本的减少[108]。王永利等以综合能源系统为研究对象，考虑系统的成本和碳排放，建立合作博弈模型，以此降低成本和碳排放量[109]。冯昌森等以智慧能源社区为研究对象，在考虑可再生能源不确定的情况下，提出一种基于合作博弈的智慧能源社区协同运行策略，以激励各个参与者的协同运行[110]。王先甲和刘佳为了确定公共河流用水主体分配水资源的方案，提出水主体之间构建合作关系，并采用动态博弈模型来确定各主体的配水量，以最大化纳什协商获得最终的资源分配量[111]。朱西平等为实现区域内多能量枢纽的协调经济运行，保障不同能量枢纽之间的信息流和能量流互联互通，基于传统能量枢纽模型，构建了多能量枢纽模型，同时考虑能量枢纽间能量交易的成本问题，提出了多能量枢纽运营商间的合作议价模型[112]。王光净等以产业结构优化为背景，以博弈论为分析工具，提出了基于合作博弈的产业结构优化模型，分析第一产业、第二产业和第三产业是否合理和协调[113]。郑士源和王浣尘利用动态合作博弈方法来分析航空企业联盟，提出纵向联盟和横向联盟，并运用联盟形成均衡过程找出其中最稳定的结果[114]。李泉林等认为超市业迅速发展的同时，出现效率低与利润分配不公平等现象，提出一个配送中心和 n 个超市的合作模型，配送中心为各个超市设计合理的库存并提高各方的收益[115]。盛锦以焚烧秸秆污染环境为背景，提出了有限经济人的假设，采用合作模型构建农户、企业和政府三方合作，通过企业收购秸秆、政府参与补贴来解决焚烧秸秆的问题[116]。通过上述的文献可知，在合作策略上，双方博弈只有两种合作方式，但三方博弈就需要考虑多种策略，同时还需考虑策略是否符合实际问题。

3. 利润分配

随着经济水平的提高，共享经济被认为是提高资源配置效率的一种有效方法。通过合作可以降低成本、提高竞争力等，为了保证联盟的稳定性，需要设计合理的分配机制。国外学者在收益分配的研究上取得了相应的成果。Krajewska 等认为货运承运人可以通过联盟来降低成本并提高市场竞争力，在利润分配上采用 Shapley 值[117]。Frisk 等针对运输协同成本分配问题，分析了 Shapley 值等共享机制，并提出新的分配方法[118]。Dai 和 Chen 研究了具有提货送货要求和时间窗约束的承运人协作问题，并提出三种利润分配机制来保证联盟的稳定性[119]。Guajardo 和 Rönnquist 分析了协同物流协同联盟的成员数量问题，建立联盟结构和联盟成本的混合整数线性规划模型。同时，通过分析文献中的协作运输问题，整理出多种成本分配方法，并介绍主要方法的使用案例[120, 121]。Hezarkhani 等为了降低联盟分配的不满意度，采用核仁解及平等利润分享方法解决卡车协作交付问题[122]。Niknamfar 和 Niaki 分析一个公司跟多个运营商的协作，建立一个双目标枢纽选址问题模型，采用双字典最大最小方法公平地优化控股公司与运营商之间的利润[123]。Yu 等为了保护配送客户的敏感信息，提出一种最小合作行程的数学模型，利用基于分解的算法算出准确的 Shapley 值[124]。Tinoco 等为了分析不同公司的成本如何受到合作的影响，提出了不同的成本分摊协议，并设计相应的分配机制[125]。Wang 等研究了协同多中心车辆路径问题，并设计了一种多阶段混合求解算法，然后利用改进的 Shapley 值模型建立利润分配方案，分析了同时交付和取货的协作多中心车辆路径问题，提出了一种混合启发式算法，并采用成本差距方法来检查利润分配方案[126, 127]。Wang 等认为合作绿色取送货问题的成本可能高于非合作，提出了一种基于博弈论的薪酬和利润分配方法[128]。Lozano 等提出承运人之间的横向合作运输可以减少成本，并采用四种合作博弈方案解决联合成本节约的分配问题[129]。Yang 等考虑"最后一公里"的合作车辆路径问题，使用核仁法以及 Shapley 值公平分配节约的成本[130]。

已有的文献研究中，最常见的是 Shapley 值及其改进方法。在应用分析中，在共同配送的基础上考虑了多中心、低碳及时间窗等约束条件，国内学者进一步分析生鲜产品、农村物流等场景，为后续的研究提供了丰富的理论基础。

4. 演化博弈

演化博弈不再假设博弈方都是完全理性的，而是通过试错的方式达到博弈均衡，类似生物进化原理。在企业的合作竞争中，参与方是有差别的，不同环境和信息导致参与人是有限理性的。鲜军基于全面推进乡村振兴过程中参与主体利益分配不均衡、村民增收不明显、合作机制不健全等相关问题，利用博弈演化理论对产村融合行为主体的合作机制进行演化博弈分析，并借助数值模拟仿真法探究产村融合助推乡村振兴的动力机制[131]。高明等从演化博弈的视角分析地方政府在大气污染治理中的行为演化路径与稳定策略，探究地方政府间达成并巩固合作治理联盟的因素[132]。李玉民等为探讨高铁快运与快递企业合作的有效机制，运用演化博弈理论构建双方的演化博弈模型，研究影响双方合作的利润及成本等因素[133]。包春兵等为分析政府通过作用于核心企业来实现中小企业污染共治的策略，揭示在环保刚性约束下中小企业污染问题对各主体的影响，构建政府、核心企业及中小企业的三方演化博弈模型，并在此基础上分析了限产力度、奖惩效果等参数对演化结果的影响[134]。汪明月等通过构建政府减排演化博弈模型，分别模拟了在无约束条件下地方政府独立减排、合作减排，以及在环境规制约束下地方政府独立减排的策略选择演化过程[135]。刘长玉等考虑到政府、企业及消费者在产品质量监管过程中的重要作用，提出了三方协同监管的新模式，构建了由政府、企业和消费者共同参与的产品质量监管博弈模型[136]。卢珂等为了促进汽车共享产业的推广，将政府管理部门、企业和出行者三个主体纳入研究框架内，采用演化博弈理论，建立了基于三方博弈的汽车共享产业推广模型，并对演化路径进行分析[137]。万晓榆和蒋婷针对我国加盟式快递企业逐渐暴露出的加盟商服务质量低下、各自为政、总部管理薄弱等引发的双方合作不稳定问题，以演化博弈模型为主要理论工具，开发了不完全信息下快递公司总部和加盟商的行为交互演化博弈系统[138]。徐建中和孙颖基于演化博弈理论，从市场机制和政府监管两个方面分析了政产学研新能源汽车合作创新行为，首先通过建立博弈模型观察多个利益相关者的合作创新行为，其次根据复制动态方程和演化稳定策略分析影响合作创新活动的动力因素[139]。通过分析可知，演化博弈广泛应用在经济学领域中，博弈主体为有限理性，无法在瞬间获得最优结果。

5. 选址博弈

选址常用的方法有重心法、层次分析法、模糊综合评价法等，但也有学者将博弈论的知识运用到选址中。李卫红和王强运用三阶段博弈模型研究了双寡头厂商面对需求非对称、产品成本内生时的定价选址决策问题，其中第一阶段为生产商各自选择建厂位置；第二阶段在位置已知的基础上，生产商与各自的供应商谈判决定原材料价格；第三阶段在位置和原材料价格已知的前提下，生产商同时确定产品的市场价格[140]。刘艳春和高立群针对传统的 Hotelling 模型中假设双寡头企业的生产成本完全相同这一问题，应用两阶段博弈模型，提出了双寡头企业成本存在差异条件下的企业选址定价模型[141]。孟尚雄考虑人口的层次嵌套特征以及市场的空间分布条件，对服务设施的选址博弈问题进行了研究，发现在纳什均衡存在的情况下，并不能保证双方市场份额相等[142]。高小永等从水库移民安置问题出发，研究如何实现稳定和谐移民，将公众参与模式引入移民安置点选址的决策中，从博弈视角研究参与模式移民安置点选址决策[143]。魏颢研究不同规模两公司在一维有限线性市场上的选址博弈问题，建立不同规模两公司的选址博弈模型，然后介绍了一家大型公司投入一家店、另一家小型公司投入多家连锁店的竞争系统，在平衡的前提下，讨论连锁大公司和小公司选址博弈时应采取的策略[144]。刘洪等针对当前主动配电网规划方法无法反映投资者先后决策的问题，提出了考虑峰谷电价的光伏和储能系统运行策略，在此基础上运用了博弈论的方法，建立了主动配电网扩展规划和光储选址定容的双层优化模型[145]。张向和和彭绪亚考虑邻避效应，从垃圾处理的产业化与市场化视角出发，借用 Hotelling 模型，利用 Bertrand 博弈，重点研究了垃圾处理场的选址与定价策略，分析了政府、垃圾处理场、居民之间的利益协调，提出了规避邻避效应的利益补偿机制[146]。董世永和张丁文探讨了我国保障性住房空间布局的问题，从三方博弈的角度分析了低收入居民的社会需求、开发商的经济诉求和政府对综合效益的平衡要求，提出了政府主导、开发商偏向和低收入居民的三方选址博弈机制[147]。韩传峰等针对反恐设施选址问题，考虑反恐设施点准备时间与反恐物资运送时间对恐怖袭击发生时紧急救助的影响，构建了完全信息下的非合作动态博弈模型[148]。王继光基于动态博弈模型研究了供应链的开放性和可扩展性导致的潜在中断风险问题，构建了两阶段两人动态博弈模型[149]。张勇和肖彦认为三线建设企业的选址关系重大，中央部门和三线企业作为选址博弈的两大主体，分别采用了不同的行动策略，三线企业的职工为变更厂址所采取的各种行动，对博弈结果产生了一定的影响[150]。程郁昆和梅丽丽认为设施选址博弈问题的无支付机制设计是组合优化和理论计算机科学的交叉学科课题，在管理科学、信息科学及社会经济学等领域有着重要的应用，具有重要的理论意义和实际的应用价值[151]。现根据不同设施类型及数量、不同个人偏好、不同度量空间及不同社会总体目标等条件，介绍各种类型的设施选址博弈模型，罗列相关的研究成果，并总结其中尚待解决的问题。朱涛认为市场经济下，零售企业成为商业投资决策的真正主体，选址恰当与否是企业经营成败的关键，采用 Hotelling 模型与 Stackelberg 模型对其选址决策行为进行博弈分析[152]。宋艳和滕辰妹研究了在恐怖袭击事件下，政府和极端组织作为参与者的博弈选址问题，在这一博弈过程中，恐怖分子袭击城市以最大化其破坏程度，政府作为 Stackelberg 博弈中的领导者预见恐怖组织的策略选择从而进行选址决策，以最小化损失程度[153]。通过以上文献可以得知博弈论在选址方面已经有一定的研究，其中大多数以非合作博弈为基础，以自身利益最大化进行选址，并没有考虑系统布局的均衡性。

综上，将博弈论的内容分为了五个部分，其中以合作博弈为主要讨论内容，从双方博弈到三方博弈，并讨论了利润分配的方式，再拓展到演化博弈和选址博弈。在利润分配中，Shapley 值强调边际贡献，核仁解偏向公平，之后又出现纳什解，这些都是静态的，之后 Owen 提出了动态的 Owen 值。合作无处不在，在经济活动中采取合作受到越来越多的关注，演化博弈正好可以帮助企业分析最佳的合作均衡点。

1.2.4　城市交通能源供应网络补能车辆调度研究现状分析

1. 补能引导研究

国内外学者对于车辆补能引导的研究主要集中在路径优化调度上，以补能路径最短或出行总成本最小为优化目标，鲜有文献从补能负效应最小化的角度来研究补能车辆引导问题，建立补能车辆与补能站点的匹配方案。例如，任丽娜等从驾驶员角度出发，考虑了地形对能耗的影响以及电池的电量约束，综合驾驶员的时间成本与经济成本为驾驶员规划充电路径[154]。杨洪明等将路径行驶时间和充电站排队等待时间归为出行成本，以出行成本与充电成本之和最小为优化目标，建立了充电引导优化模型[155]。Hung 和 Michailidis 以总出行时间最小化为优化目标，基于城市路网的实时交通数据提出考虑行驶距离和充电服务效率的电动汽车动态充电调度策略[156]。Sun 和 Zhou、Yagcitekin 和 Uzunoglu 同时考虑出行时间和充电费用对司机路径选择的影响，建立电动汽车智能充电调度策略[157, 158]。Said 等运用排队论方法构建电动汽车充电排队模型，并且考虑电动汽车排队时间最短的情况，建立面向充电站运营效益的电动汽车充电调度策略[159]。

国内外学者目前对电动汽车的补能引导大多基于实时的交通信息与充电站服务信息。郭戈和张振琳指出将道路实时信息以及充电站的实时服务信息与电动汽车导航系统结合是实现高效的电动汽车调度优化的关键[160]。Huberh 和 Bogenberger 考虑电动汽车行驶能耗和充电时间的动态特性，结合道路实时交通信息，构建两种面向动态交通环境的电动汽车最优路径搜索算法[161]。Yang 等通过实时共享交通信息，提出考虑电动汽车动态行驶能耗的路径优化算法，并且在此基础上设计电动汽车出行导航系统[162]。Shao 等基于实时路网交通状态的变化特征，考虑充电时间的影响，构建了面向时变交通路网的电动汽车路径优化模型，并且提出了一种动态路径搜索算法来求解模型[163]。邵赛等考虑动态路径更新策略建立电动汽车充电站选择优化模型，并对不同更新策略下的出行成本进行分析[164]。邓友均等利用群智感知技术获取道路网络的实时交通信息，建立以行驶时间、排队时间和充电成本为目标的电动汽车路径优化模型[165]。罗禹贡等和严弈遥等考虑实时电网和道路交通信息，建立面向电动汽车、配电网、道路交通网智能交互系统的电动汽车充电调度优化模型，并且通过模型探索了电动汽车、路网和电网之间的相互影响[166, 167]。邢强等提出了将电动汽车、配电网与交通网三方面信息结合进行研究，并在此基础上利用道路阻抗和 Dijkstra 算法为电动汽车推荐合理的充电策略[168]。

在许多研究中，规划 OD 对之间的最优路径时，交通路网中的路径规划可以抽象为在一个有向图上求最短距离的问题。目前在研究中常用的路径规划算法主要有 Dijkstra 算法、A*算法、在线搜索算法、分层算法等。在研究中通常用到的算法有 A*算法和分层算法。A*算法是非常经典的最佳优先的搜索算法，为了求出最优值，在搜索的过程中会不断使用估价函数来评估每一个节点，当距离估算值与实际值之间的偏差越小时，搜索的速度越快[169]。分层算法的分层设计思想是通过特性来提取网络分层。它的搜索过程就是沿着起始点实现各级网络分层间的切换直到达到终止规则成立[170]。Khosroshahi 等提出了一个基于车载网络和传感器来获取道路路况信息的方式，并提出了一个路径成本函数，然后利用 A*算法来规划最优路径[171]。Jayapal 和 Roy 通过采用基于神经网络的预测模型，提出了一种基于 ANN（artificial neural network，人工神经网络）的加权最短路径算法 A-Dijkstra 来预测给定位置的实时交通状况，并规划最优行车路径[172]。

综上，目前国内外学者对补能车辆引导的研究大多基于实时的交通信息与站点服务信息，优化补能车辆的行驶路径，以路径最短或出行总成本最小为优化目标，鲜有文献从补能负效应最小化的角度来研究补能车辆引导问题，建立补能车辆与补能站点的匹配方案。

2. 补能网络均衡研究

传统交通分配是基于出行者完全理性下，考虑出行时间最短或出行成本最低来进行分配。基于该假设，Wardrop 提出出行者路径选择准则，推出用户均衡（user equilibrium，UE）和系统最优（system optimum，SO）[173]。鉴于此，Zhong 等在假设出行者熟悉路网的基础上，研究了出行者路径选择行为对分配的影响[174]。Jiang 等在传统模型的基础上考虑出行者行为，提出了个人行为选择对分配的影响[175]。在实际出行过程中，出行者有各自的出行习惯，该出行习惯会直接影响到分配结果。Hu 等具体考虑了司机个性、风险偏好等行为因素，提出了基于累积前景理论的分配模型，结果发现个人行为对分配结果有直接影响[176]。赵磊等在个人行为的基础上，考虑欣喜偏好参数和出行者损失厌恶程度，建立Logit 判断路径选择模型，得出随着损失厌恶程度增加，出行者趋向于选择最短路径的结论[177]。

由于现实路网中交通情况具有时变特征，分配结果也随时间发生变化，并且出行者不能完全掌握道路信息，对路径阻抗的预测与实际阻抗间存在一定的误差。为消除随机性对路径选择带来的影响，Chen 等应用 Logit 随机用户均衡（stochastic user equilibrium，SUE）方法解决现实网络下随机性问题，并与确定性均衡（determined user equilibrium，DUE）比较，证明随机用户均衡实用性[178]。Rasmussen 等放松了 DUE 模型的假设条件，建立 SUE 模型，增加出行者对路径感知阻抗，使结果和实际更吻合[179]。为求解随机用户均衡模型，Liu 和 Wang 针对具有 SUE 约束的连续路网设计问题，提出了非线性问题线性化处理，并得到全局最优解[180]。Watling 等结合 SUE 中未使用路线和 SUE 中感知误差，提出了两个模型族，将未使用的路线与使用过的路线随机重新结合起来达到均衡[181]。Huang 和Kockelman 分析车辆需求弹性下司机对线路选择行为，建立成本最小分配模型，得到实现利润最大化的方法[182]。

闫云娟等考虑了在电动汽车与燃油车混行的路网上，通过电动汽车的随机充电行为、充电站的排队等待时间及最短路径的选择建立了混合用户均衡模型[2]。李浩等提出了在混行网络中，考虑道路网络的碳排放约束、电动汽车充电行为和在充电站的逗留时间对电动汽车路径选择的影响[183]。Xu 等研究了在有电池换电站和道路坡度约束的交通网络中混合纯电动汽车和传统燃油车的用户均衡问题[184]。Liu 和 Song 表示纯电动汽车司机在选择路线时，不仅要尽量降低出行成本，还要考虑路线的可行性，提出了一组用户均衡条件来描述考虑流量依赖性电力消耗的电动汽车驾驶员的路线选择行为[185]。李浩和陈浩研究了充电排队时间对电动汽车驾驶员选择路径以及路网均衡的影响,分别考虑充电排队时间与充电站充电流量、充电时间与充电量的关系,构建了相应的混合交通路网模型[186]。郁宁等分析了电动汽车充电需求对充电设施服务水平的影响,考虑燃油车和电动车出行者的行为差异、道路拥堵状态、充电设施布局与服务水平等因素,建立了动态交通流分配模型[187]。Nan 等在不同的网络设置和场景下,制定、求解了受纯电动汽车行驶里程限制和替代出行成本构成影响的目的地、路线及停车组合选择的网络均衡问题[188]。Huang 和 Kockelman 提出了充电站的布局和设计是影响纯电动车使用率的关键,在用户均衡交通分配的条件下,构建具有随机充电需求的快速电动汽车充电站选址模型[182]。Zheng 等研究了电动汽车的交通平衡问题,以及在距离限制条件下充电站点的最优配置问题,类似于具有流量均衡的网络设计问题[189]。熊轶等根据出行者以往的经验和交通信息选择出行路径,考虑信息准确程度和出行者接受度将出行者分类,并建立随机用户均衡模型[190]。Jou 基于实际调查数据,采用 Probit 模型分析出行者根据交通信息的掌握程度对路径选择和出发时间的影响,发现了解交通信息能改变出行者的出发时间或路径[191]。与其类似,Zhang 和 Yang 分析了因交通信息有限而造成的出行者路径惯性选择行为,并进一步分析了提供交通信息会缓解惯性用户均衡带来的影响[192]。

以上文献大多基于出行者依靠单方面的感知来获取出行时间最短或出行成本最低的路径,由于出行者的认知能力、信息获取能力具有有限性,因此在决策过程中通常寻找的是满意解而非最优解,因此及时了解整个路网情况,并以此作为补能决策,是减少补能负效应的基础。综上,国内外学者对补能车辆补能网络均衡的研究大多只考虑了排队时间和路段行驶时间这两项负效应来进行网络均衡建模,并没有综合各项负效应进行建模。

3. 补能调度激励机制研究

为了使驾驶员更好地响应调度策略,提高对调度方案的满意度,因此有必要建立调度激励机制。目前国内外学者对于激励手段的研究应用在各个领域。例如,王宁等以共享电动汽车为研究对象,考虑不同的优惠方式,建立双主体调度模型,引导用户前往指定停车站点,由此提高共享电动汽车的服务效率[193]。Aung 等通过引入激励手段提出了一种新的动态交通拥堵定价和电动汽车收费管理系统,该系统奖励选择不拥堵道路和不拥堵充电站的司机并证明了该系统能够有效缓解充电站的交通拥堵和降低总充电时间[194]。Wang 等引入车辆和站点两种激励方案,使用户改变车辆的使用和停放习惯,并结合系统中的站点,通过排序得出最合适的调度路线,提高系统调度效率[195]。李姚旺等通过用户激励,建立了微电网负荷削减策略，鼓励用户参与微电网的负荷削减，保证微电网的稳定性[196]。

考虑到用户对电价的敏感性，部分研究将充电价格作为切入点，以此研究电动车的充电调度策略，进而实现电动车与充电站的相互协调。段豪翔等考虑了电价对充电行为的影响，并通过双层规划展现充电站与配电网规划的协同性，研究充电站的选址和定容问题[197]。Yang 等考虑不同时间段的电价存在差异，结合实时的充电价格，建立分时电价的充电调度模型[198]。李明等和魏大钧等考虑价格因素对充电选择行为的影响，根据不同时段的充电价格建立电动车充电路线优化模型[199, 200]。李东东等兼顾了用户与聚合商的双向意愿，在实时电价的条件下，通过更新补贴费用引导用户在待选范围内选择合适的充电桩充放电并有效参与市场平衡[201]。常方宇等考虑充电对电网负荷的影响，结合不同时段的充电价格，建立双层优化模型，引导电动车充电以减少充电负荷[202]。Barco 等和 Sassi 等以充电站成本最低为目标，为电动车设计最优的出行路径和充电方案[203, 204]。Zhang 和 Li、Wei 等将博弈理论引入电动汽车充电调度，并对充电策略展开详细研究[205, 206]。

综上可知，目前对于补能车辆引导调度激励的研究大多是通过降低驾驶员的补能成本来引导驾驶员前往合适的补能站，在充电车辆中大多是以分时电价来引导电动汽车错峰充电，但是静态的分时电价可能会在电价较低的时候，造成一个新的充电高峰期，导致负效应的减负效果并不明显。近几年，部分学者已经开始在动态分时电价或其他动态激励的方式上展开了研究。

4. 车联网通信技术研究

目前，对车联网通信技术的研究主要集中在各种情形下为车辆提供高效、实时的路径规划，并改善城市交通状况，同时实现车辆之间的通信，使车辆可以根据当前的交通状况动态修正路线，以此达到各道路交通容量均匀的目的。Wu 等为了在道路突发拥堵时找到快速的实时路线，在获取道路路况信息的基础上提出了一种动态路径选择算法[207]。Guo 等提出了 TTE（traveling time estimation，出行时间估计），通过比较路径规划算法来避免拥挤的道路，通过实时交通信息共享机制来估计实时行驶时间并进行动态路径规划[208]。El-Wakeel 等根据模糊模型计算出各条路径的行驶时间，来推荐最优路径[209]。考虑到并不是全部的交通拥堵都要避免，Souza 等提出了一种路径规划算法 Chimera，通过对拥堵的道路进行分类来避免拥堵指数大的道路，通过分类机制和重路由算法来避免拥堵，实时调整所有车辆以及路网中可能出现的交通网络过载[210]。考虑到交通网络的过载，Akabane 等提出了情境感知和以人为本的车辆路径规划（context-aware and people-centric vehicular traffic rerouting），该方法利用历史交通信息来为网络离线时的车辆规划路径,但是离线的车辆无法获取实时道路拥堵并对拥堵进行处理[211]。He 等根据车辆当前位置以及车辆的行动预测,采用群感知系统,使系统覆盖范围最大化[212]。Wang 等根据车辆的出行路线,结合时空覆盖范围,提出时空覆盖最大化的车辆选择策略[213]。Liu 等采集车辆的时空数据,基于系统群感知,提出一种新的车辆选择策略[214]。Dong 等基于有限的感知预算,提出两种激励策略,以此来吸引更多的车辆参与感知任务,以获取更多的数据[215]。Zhou 等提出一种招募策略,让车辆主动参与,由此扩大感知的覆盖范围和提高服务效率[216]。Peng 等为了提高数据的精确性,提出基于质量的众筹激励策略,并根据每个参与者的有效贡献支付报酬[217]。蒋怡静等通过车联网云平台系统,利用无线通信网络实现云平台与电网、充电站网、交通道路网、电动汽车之间的信息传递,并将获得的信息进行分析与计算,然后对电动汽车进行引导调度,提高驾驶员、充电站、电网的利益[218]。蒋怡静等在之前的研究基础上,通过车联网云平台系统联系各个主体,然后考虑多方主体的利益提出了一种基于时空双尺度的充电引导策略[219]。

综上,虽然车联网通信技术的研究分布在各个领域上,但在补能车辆引导调度上的研究较少。要想获取实时的交通信息、补能站点服务信息,为驾驶员推荐合适的补能站和补能路线,车联网通信技术是一个合适的方法。

1.2.5　城市交通能源供应网络仿真研究现状分析

城市交通能源供应网络系统属于复杂系统,在复杂系统的研究中,基于Agent 建模技术更为突出,它为系统的隐序挖掘、状态预测和辅助决策提供了有效的实用技术。多智能体计算机建模技术的巨大理论和技术优势使得其在经济社会与控制领域的应用越来越广泛。

城市交通能源供应网络负效应适用于车流仿真,其中车流即补能车流。车流仿真是设计新设施或评价既有设施的重要工具,主要从战略层、战术层和行为层进行构建[220],交通行驶模型是在行为层描述车辆行为;战术层的模型如行为选择模型、路径选择模型等。交通仿真模型可从宏观和微观的角度分析,宏观角度研究交通道路上的车流量大小;微观角度从单个车辆分析,利用元胞自动机和排队论等模型研究车辆的出行行为。20 世纪 90 年代以来,计算机技术的不断发展为在微观层面上描述车辆的行动、为开发微观车辆交通(如元胞自动机模型[8]和社会力模型)奠定了坚实的基础。

现有的车站交通服务设施系统建模等研究主要集中在两个方面:一是基于交通服务设施系统的具体物理形态和微观层面上的单个参数仿真建模研究,如元胞自动机模型[221]及社会力模型、效率模型和磁力模型等，开发了 Legion、Evacnet、Paxport、SimWalk、AnyLogic 等行人车辆微观仿真软件[222]；二是考虑交通服务设施系统与个人构成服务和被服务的关系，并将其抽象为一类排队网络系统。根据设施系统的设计参数和乘客群的统计规律，在中观层次上进行了仿真和分析建模。

AnyLogic 是一个广泛应用于建模和模拟分散、连续和混合系统的工具[223]。它是一个面向对象的商业软件，通过混合模式可以有效地描述各种更复杂的语言。它支持控制、社会系统、资产管理、供应链、仓储物流、交通运输等领域的多智能体仿真、系统动力学仿真和离散事件仿真。AnyLogic 主要通过智能体来描述实际中的各种事物，如加油站、道路、车辆等[224]。AnyLogic 基于 Java 的语言环境，其中活动对象用于创建任意逻辑模型。它拥有自身属性和行为状态，通过参数和变量的更改设置可以调整相应属性，行为状态的改变受其相关联的其他智能体和系统环境影响，写入函数对象可以向下扫描其他对象，可以通过端口进行交互和传输消息，并从真实世界中传输信息，以实时模拟信息的传输。设计 AnyLogic 模型实际上就是将现实世界中各种对象进行简化，并对这些对象的关系进行定义。运行模型是将设计的模型显示出来，并展示对象活动的过程。

站点仿真针对车辆需求情况，可分为三种方案。第一种为正常方案，对运营的能源供应站内的设施进行布局优化；第二种为预测方案，预测未来进站的车流量是否超过最大服务能力；第三种是疏导方案，当排队车辆过多造成拥堵时，站点对排队车辆的合理引导。这三种方案采取的流程基本一致，只是对车流量和参数做了相应的调整。一般情况下，站点仿真分为站点数据获取、仿真建模、仿真展示和评估优化 4 个主要过程，如图 1.3 所示。

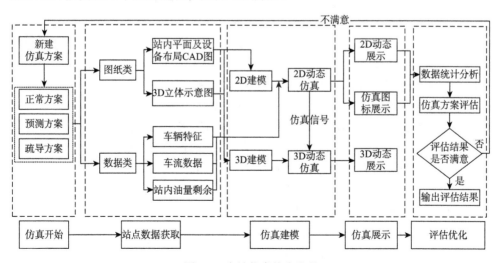

图 1.3　车站仿真技术流程

站点仿真的目的是实时反映能源供应站的补能活动，合理的仿真参数可以使仿真效果更加逼近实际情况[225]。通过对 AnyLogic 功能的分析，可将参数类型设置为车辆个体特征、车流分布规律、站内车辆引导和站内设施布局 4 类，如表 1.1 所示。

表 1.1　站点仿真参数配置表

序号	参数类型	参数作用	参数
1	车辆个体特征	描述站内车辆个体出行特征	车辆的油箱容量、车辆长度、初始速度
2	车流分布规律	描述车站客流量在车站内的分布情况	路网的实际车流量、车辆进站概率
3	站内车辆引导	根据加油机的服务状态安排车辆有序加油	站内车道数、站内排队容量
4	站点设施布局	反映站点的布局信息	加油（充电）枪数量、单个加油机的服务能力、油量剩余情况

Gerlough 在交通仿真领域中首次应用了计算机仿真[226]。相对于数值分析和算法模型，仿真可以加入更多的细节，因此可以作为一种分析手段。交通仿真可分为连续和离散。根据研究对象，可将交通仿真模型分为三种：微观仿真、中观仿真和宏观仿真。

微观仿真以车辆为单位，涉及许多详细的要素。美国联邦公共道路局提出了 7 种交通流分析模型。除了前面提到的 3 种模型（微观仿真、中观仿真、宏观仿真）外，还有一种是数值分析模型，从广义上说，数值分析也是一种仿真形式。不难看出，交通仿真在交通流分析中起到了重要的作用。微观模型来源于车辆跟驰理论和换道理论，注重路网中单个车辆行为的模拟。车辆进入路网时，其相应的车辆特征将会被记录下来并发给车辆模型。在微观模型的研究中已产生很多成果，如模拟车辆出行行为。在微观交通仿真中，驾驶员的参数是最难模拟的。因此，对驾驶员参数进行调试是保证模型有效的重要验证工作。微观交通仿真所需的数据较多，通常需要较大数据存储设备，因此其仿真的规模通常较小，如一条路段内。如果需要大规模的仿真，则需借助中观和宏观仿真模型。

中观仿真的研究对象不再是单个车辆，而是群体。与微观交通仿真模型相比，中观仿真对交通流的描述不如其细致，并且不考虑车辆的速度变化，因而中观的仿真效果低于微观仿真。但中观仿真可以处理一些微观仿真无法实现的任务，如车辆间的相互作用、车辆排队问题、车辆的时间延误等。邹智军和杨东援从三个阶段介绍了交通仿真的发展：第一阶段为起步阶段，交通仿真主要以城市的交通信号灯优化为主；第二阶段为快速发展阶段，交通流、跟驰理论等算法逐步应用到交通仿真，如 Dynamit 模型；第三阶段为成熟阶段，信息网络的快速发展，交通仿真与更先进的计算机相结合，已逐渐向智能交通系统发展[227]。

宏观仿真模型将微观中的速度、密度和流量三个参数重新定义，以适合从宏观的角度分析整个路网。宏观交通对整个路网的信息状态进行分析，而不再从车辆的角度研究。宏观交通主要研究交通网络的均衡，一般在总速度和总需求的基础上建立模型。宏观仿真的目的是重现道路的交通拥堵，以此分析相应的拥堵特征，并寻找缓解拥堵的方案。相对于微观和中观模型，宏观模型对细节的描述较少，因而不会占据太多存储空间。

1.2.6 国内外研究简要评述

根据研究内容，从负效应识别及形成机理、负效应评估方法、补能站点布局优化、能源供应站多主体合作博弈、补能车辆调度等方面对国内外相关文献展开分析。

目前现有关于城市交通能源供应网络负效应方面的研究主要集中在以下方面：①交通拥堵负效应研究，一般是指因交通拥堵对经济社会造成不良影响，如环境污染、时间浪费等。②交通碳排放负效应研究，机动车碳排放模型主要包括基于能源统计、排放因子和排放率等，通过实测、仿真、物理公式推导相结合的方式，确定车辆整体碳排放计算方法。③路网碳排放模型研究，主要集中在路段环境和交叉路口环境两种情形。关于城市交通能源供应负效应影响因素的研究聚焦于站点服务、安全、环境与交通影响四个方面。主要的问题在于各学者研究方向相对分散，鲜有学者对站点负效应进行综合评价。站点负效应问题由多个方面因素组成，不仅仅是单个方面。因此构建城市交通能源供应站综合评价是负效应产生的源头，能对网络负效应分析起到基础性作用。在城市交通能源供应网络负效应评估方面，虽然国内外学者在对交通能源供应站的评价研究过程中有考虑到各个方面的影响及运营水平评价，但目前还鲜有对能源供应站的综合负效应评价。综合性负效应评价有利于分析观察站点的整体状态及对周围的影响，能够比较多个方面因素的相关性，为城市交通能源供应系统的整体布局优化及覆盖调整提供参考。

城市交通能源供应网络负效应减负机制的研究涉及能源站点布局优化、能源供应网络多主体博弈及补能车辆调度三个方面，关于城市交通能源供应网络减负机制研究主要集中在以下方面：①站点选址研究，如加油站与充电站选址，这方面研究比较多也相对成熟，但鲜有从城市交通能源供应网络负效应极小化视角研究供应站布局优化问题；②能源供应网络多主体博弈研究，政府政策在城市交通能源供应网络负效应减负作用方面的研究，主要集中在交通能源结构优化和交通能源可持续发展，并且根据文献收集没有找到关于城市交通能源供应网络供应站协同服务方面的研究，现有研究鲜有从博弈角度来研究城市能源供应网络减负机制；③补能车辆调度研究，大多基于交通信息与站点服务信息，出行者依靠单方面的感知，来获取出行过程中的时间最短或成本最小的路径，由于出行者认知和信息获取能力的有限性，出行者通常根据满意解而非最优解来做出决策，因此及时了解整个路网情况，并以此作为补能决策，是减少补能负效应的基础。

上述国内外研究现状表明，城市交通能源供应网络的研究已经逐步展开，学者针对城市交通能源供应网络负效应形成、供应站布局优化、能源供应网络多主体博弈、车辆能源补给行为等方面进行了研究，取得了一批有价值的研究工作，这些都为本书奠定了一定的研究基础，但是缺乏对建成的既定城市交通能源供应网络进行研究。同时，已有的研究多是从能源经济效益的视角分析城市交通能源供应网络服务效率，没有定量研究城市交通能源供应网络负效应造成的影响，随着时间成本提高和环境保护的增强，这些不期望的后果变成了影响城市交通能源供应网络服务效率的重要因素，并且目前现有的研究鲜有从负效应最小化的角度来建立城市交通能源供应网络减负机制，应给予足够的重视。经中国知网、EBSCO、Spring、Eiserver、Web of Science 等中外数据库进行主题与关键词检索，鲜有与本书相同思路的文献，因此，本书的研究在学术上具备一定的前沿性与创新性。

第2章　城市交通能源供应网络现状分析

2.1　城市交通能源供应现状分析

2.1.1　城市交通能源供应结构

截至 2021 年，我国加油站数量为 12.5 万座，如图 2.1 所示。我国加油站主要分为国有企业、民营企业、外资企业三大类。国有企业加油站以"三桶油"为代表，中国石油化工集团有限公司（以下简称中石化）有 30 713 座加油站，中国石油天然气集团有限公司（以下简称中石油）有 22 619 座加油站，中国海洋石油集团有限公司（以下简称中海油）有 800 多座加油站，"三桶油"约占全国加油站数量的 45%。民营企业约占 50%，外资企业约占 5%。从成品油销量角度来看，中石化和中石油贡献了成品油销量的 7 成以上，剩余不足 3 成来自中海油、中化石油有限公司（以下简称中化石油）和其他社会加油站。

国内成品油市场中的原有中石油、中石化两大集团集中批发成品油的市场格局正在改变。其中加油站作为成品油零售的主要渠道，目前"两桶油"（中石化和中石油）占据着 50% 左右的市场份额。如表 2.1 所示，我国 80% 以上的加油站分布于国道省道、县乡道、城区等高车流量路线。其中国道省道占比达到 33.7%，县乡道占比 23.8%，城区占比 24.5%。

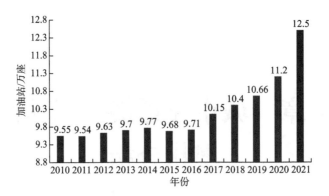

图 2.1   我国加油站数量变化趋势

资料来源：https://www.qianzhan.com/analyst/detail/220/211022-02bdb5ac.html；

https://mp.weixin.qq.com/s/jwLg9Ue5v4X1ZVlDc2OyvA

表 2.1   我国加油站分布情况

道路等级	国道省道	县乡道	城区	农村	高速路	其他
占比	33.7%	23.8%	24.5%	12%	4.8%	1.2%

资料来源：https://www.huaon.com/channel/trend/755519.html

从全国分布来看，天然气加气站分为 CNG（compressed natural gas，压缩天然气）和 LNG（liquefied natural gas，液化天然气），也有部分合建站，称为 L-压缩天然气加气站。

从全国分布来看，我国 LNG 加气站多集中分布在华北及华东沿海地区，与下游消费区域重合。排名前三的省区依次为山东（337 个）、河北（255 个）、新疆（221 个）[①]。从 LNG 加气站部分来看，我国 LNG 加气站集中分布在 LNG 消费大省及内蒙古、陕西、山西等 LNG 产出大省，其中以山东地区发展较为迅速。如图 2.2 所示，2020 年我国天然气加气站保有量约为 10 200 座，同比 2019 年增加约 600 座，增幅为 6.25%；2021 年我国天然气加气站保有量在 10 800 座左右。

1988 年我国开始引进 CNG 加气站的全套设施、改装汽车部件及高压气瓶，建设 CNG 加气站，截至 2020 年底我国 CNG 加气站保有量为 6 083 座（图 2.3）。

我国 LNG 加气站设备制造起步较晚，天然气需求和消费水平的日益增长，带动了 LNG 加气站设备行业的迅速发展，截至 2020 年底我国 LNG 加气站保有量在 4 800 座左右（图 2.4）。

---

① 资料来源：https://baijiahao.baidu.com/s?id=1667555347451995128&wfr=spider&for=pc.

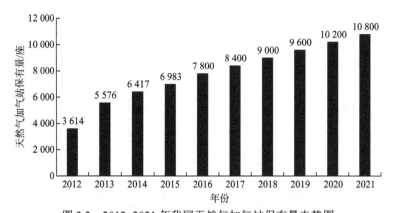

图 2.2 2012~2021 年我国天然气加气站保有量走势图

资料来源：https://market.chinabaogao.com/nengyuan/102U5N362021.html；

https://www.chinabaogao.com/market/202204/587086.html

图 2.3 2011~2020 年我国 CNG 加气站保有量走势图

资料来源：https://www.huaon.com/channel/trend/638564.html；

https://www.qianzhan.com/wenda/detail/210611-5fc0e1a4.html

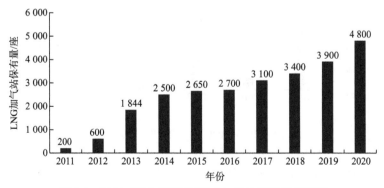

图 2.4 2011~2020 年我国 LNG 加气站保有量走势图

资料来源：https://www.chyxx.com/industry/202104/944136.html

如图 2.5 所示，截至 2021 年底，我国天然气汽车保有量约为 702 万辆，2020

年天然气汽车保有量为 632 万辆，同比减少了 40 万辆，减幅为 5.95%，但仍继续位居世界第一。

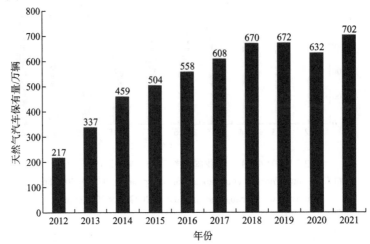

图 2.5　2012~2021 年我国天然气汽车保有量走势图

资料来源：https://new.qq.com/rain/a/20220324A08KKL00；

https://baijiahao.baidu.com/s?id=1728704745935819832&wfr=spider&for=pc

我国的天然气汽车产业从 2003 年开始起步发展，随着技术的不断发展和政策的支持，天然气汽车产量增长迅速，如图 2.6 所示，截至 2020 年，我国天然气汽车产量为 142 827 辆。

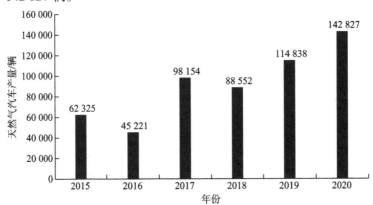

图 2.6　2015~2020 年我国天然气汽车产量

资料来源：https://www.chyxx.com/industry/202104/944136.html

在政策的大力推动下，近些年来我国天然气汽车行业得到迅猛发展，2015 年我国的天然气乘用车和商用车销量相差不大。自 2017 年以来，天然气商用车销量不断增加，至 2020 年天然气商用车销量达到了 140 210 辆，但天然气乘用车市场逐渐萎缩，2020 年的天然气乘用车销量一落千丈，仅为 274 辆（图 2.7）。

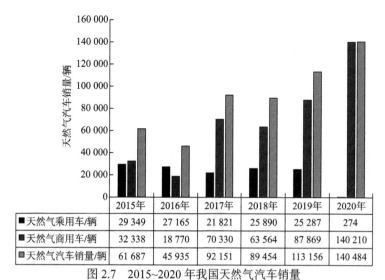

图 2.7　2015~2020 年我国天然气汽车销量

资料来源：https://www.chyxx.com/industry/202104/944136.html

	2015年	2016年	2017年	2018年	2019年	2020年
■天然气乘用车/辆	29 349	27 165	21 821	25 890	25 287	274
■天然气商用车/辆	32 338	18 770	70 330	63 564	87 869	140 210
■天然气汽车销量/辆	61 687	45 935	92 151	89 454	113 156	140 484

截至 2021 年底，我国新能源汽车保有量高达 784 万辆，与 2020 年底相比，增加了 292 万辆。纯电动汽车保有量有 640 万辆，占新能源汽车保有量的 81.63%（图 2.8）。2021 年高达 295 万辆的新能源汽车进行新注册登记，占新注册登记汽车总量的 11.25%，与 2020 年相比增速飞快，在量上增长了 151.61%[①]。从 2017 年的 65 万辆到 2021 年的 295 万辆新注册登记的新能源汽车数量，显示了新能源汽车呈指数增长趋势。

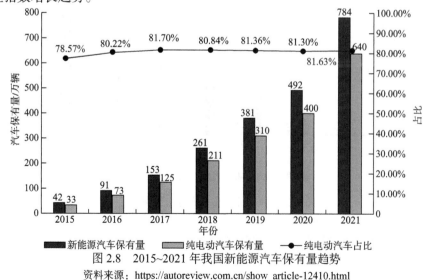

图 2.8　2015~2021 年我国新能源汽车保有量趋势

资料来源：https://autoreview.com.cn/show_article-12410.html

---

① 资料来源：https://app.mps.gov.cn/gdnps/pc/content.jsp?id=8322369。

根据中国电动汽车充电基础设施促进联盟发布的数据，我国充电站保有量已经从 2015 年的 1 069 座增加至 2021 年的 68 000 座（图 2.9）。

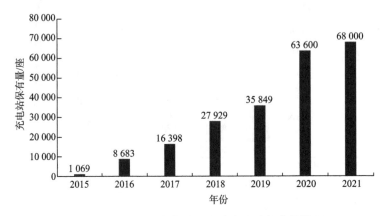

图 2.9   2015~2021 年新能源汽车充电站保有量情况

据新能源汽车的累计销量以及充电桩的保有量，可以得出我国新能源汽车与充电桩的配比情况。根据中国电动汽车充电基础设施促进联盟发布的数据，2021 年我国的充电桩保有量为 261.7 万台，同比 2020 年增长 55.7%；我国的车桩比已经由 2015 年的 6.36∶1 提升到了 2021 年的 3∶1，有大幅的提升（图 2.10）。

图 2.10   新能源汽车与充电桩的保有量

2.1.2   国内交通能源供应现状

目前我国交通能源除了仍占据主位的传统能源汽油和柴油外，还有用非石油提炼的 LNG、CNG、醇类燃料（甲醇和乙醇）、醚类燃料（二甲醚）、生物柴油及氢气等清洁替代燃料以及电能。

如图 2.11 所示, 2021 年国内原油产量 19 898 万吨, 同比 2020 年增长 2.4%, 同比 2019 年增长 4.0%。2021 年一季度原油产量 4 917.6 万吨, 同比 2020 年增长 3.3%;二季度原油产量 5 010.3 万吨, 同比 2020 年增长 9.7%;三季度原油产量 5 051 万吨, 同比 2020 年增长 8%。

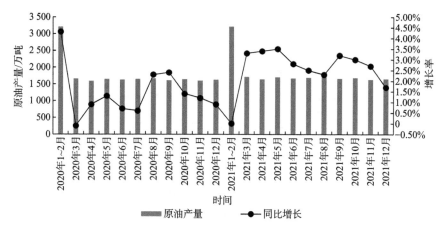

图 2.11　2020~2021 年各月国内原油产量及增长情况

资料来源: https://data.stats.gov.cn/easyquery.htm?cn=A01

我国原油资源少, 对外进口依赖严重, 2020 年我国原油进口量为 54 239 万吨, 同比 2019 年增长 7.62%, 2021 年全年我国进口原油 5.13 亿吨, 同比 2020 年下降 5.4%, 原油对外依存度有所下降。2021 年前三季度进口原油 4.2 亿吨, 同比 2020 年增长 12.7%, 增速比上半年加快 2.8 个百分点 (图 2.12)。

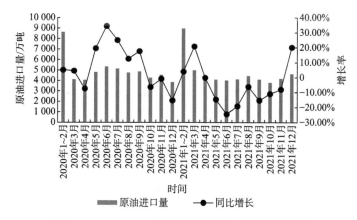

图 2.12　2020~2021 年各月原油进口量及增长情况

资料来源: https://www.stats.gov.cn/xxgk/sjfb/zxfb2020/202101/t20210118_1812463.html;

https://www.huaon.com/channel/tradedata/784686.html

近几年我国 GDP（gross domestic product，国内生产总值）增长速度一直维持在较高水平，原油消费量不断增加。《2022 中国统计年鉴》和中国海关总署的数据显示，2012~2020 年，我国原油消费量平缓增长。2020 年我国全年原油消费量为 6.95 亿吨，同比 2019 年的 6.73 亿吨增长 3.27%。2021 年上半年，我国原油消费量为 4.62 亿吨，全年的原油消费量高达 7.23 亿吨，同比 2020 年增长 4%（图 2.13）。

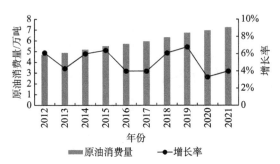

图 2.13　2012~2021 年我国原油消费量及增长情况
资料来源：https://data.stats.gov.cn/easyquery.htm?cn=C01

人们对环境质量越来越重视，在一定程度上刺激了新型交通能源的发展。如图 2.14 所示，2021 年，天然气产量为 2 075.84 亿立方米，同比 2020 年增长 7.8%，同比 2019 年增长 18.3%。2021 年我国进口天然气 12 136 万吨，其中 CNG 进口量为 4 243 万吨，同比下降 36.8%；LNG 进口量为 7 893 万吨，同比增长 17.6%。2021 年第一季度天然气产量 482.7 亿立方米，同比 2021 年第一季度增长 10.4%，其中非常规天然气贡献日益显著，占天然气的比重为 33.6%，比 2020 年同期提高1.6 个百分点。

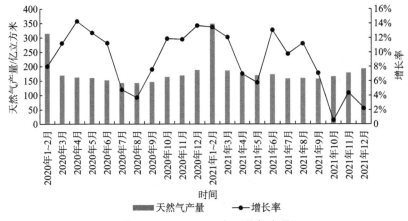

图 2.14　2020~2021 年天然气产量
资料来源：https://data.stats.gov.cn/easyquery.htm?cn=A01&zb=A030103&sj=2020-2021

　　随着新能源电动汽车需求飞涨，电池电量需求也大幅上升。如图 2.15 所示，2021 年全年动力电池装车量为 220 亿瓦时，同比 2020 年增长 175%。2021 年我国新能源汽车电池装车量呈现爆发式增长，1～11 月累计装车量为 128.3 亿瓦时，同比 2020 年 1~11 月上升了 153.1%，12 月新能源汽车电池装车量为 26.2 亿瓦时，同比 2020 年 12 月增长了 102.4%，环比增长 25.9%。

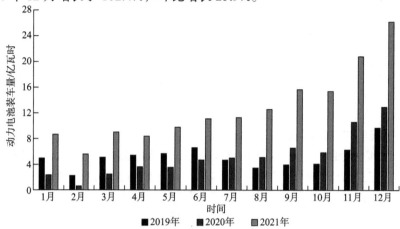

图 2.15　2019~2021 年动力电池装车量

资料来源: https://www.d1ev.com/news/shuju/165974

　　从不同车辆类型来看，乘用车的电量需求仍然占据大头。如图 2.16 所示，2021 年全年乘用车的电池需求达 13 519 万千瓦时，同比 2020 年增长 2.8 倍，客车电池用电量需求为 1 074 万千瓦时，同比 2020 年下降 10 个百分点。不论是从新能源汽车产量还是从新能源汽车用电需求量来说，对于新能源汽车动力电池而言，乘用车市场贡献了主要的动力电池装车量，其次是客车，再次是专用车。

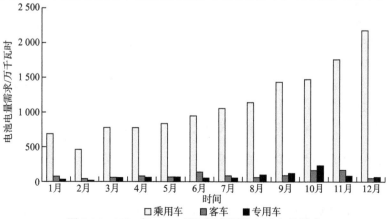

图 2.16　2021 年 1～12 月不同车型的电池电量需求

资料来源: http://news.sohu.com/a/525999055_115312

2.1.3 城市交通能源供应网络结构分析

1. 几个典型城市的路网结构

1）成都市"圆环加放射线"路网结构

成都市的路网是明显的同心圆结构，中心城区依托"十六高二十五快"高快速路构建一体化和网络化路网体系。成都市按照"外建大通道、内建大网络、共建大枢纽"的互联互通思路，建设了内部交通同城互往、对外交通快捷畅通的综合立体交通体系，建成了对外大通道的交通网络，其中包含 17 条放射状的对外大通道，有效融合了国家"八横八纵"高速铁路网，并且布局了 23 条对外高速通道，形成了"三环十七射"的高速路网。

2）西安市"方格网式"路网结构

西安市以旧城区棋盘式路网为核心，在保持方格式路网特征的基础上，向西、南、东三个方向进行了拓延。路网以"九宫格局、棋盘路网、轴线突出、一城多心"进行布局发展。西安市依靠"米"字形交通骨架建成了一个九宫格局的城市道路网。在古城墙内，西安市交通路网展现出了"棋盘"式交通路网结构；在古城墙外，路网结构展现出了"方格网式"加放射状形式。城市路网主骨架目前是"两轴、三环、八辐射"的道路骨架，西安市的中心城区路网分布密集，形成了网络状覆盖整体的局面。路网总体以网状形式呈现的概率较高，四类道路稠密分布，覆盖了西安市的所有角落，形成了一张高效、连通性极强的网状交通，尤其是定位到市中心，路网密集分布，在空间上呈现出距离中心城区越近，路网越密集的同心环分布格局。

3）重庆市"狭长式"路网结构

重庆市的路网结构表现为"狭长式"，这种路网结构受特殊地势所限，各条道路依托城市所在的地形发展、蜿蜒曲折，无法构成特定的某种几何图形，从而"被迫"出现南北向或东西向的狭长城市结构。重庆市在"十三五"期间新增"3 桥 4 隧"，累计建成"30 桥 19 隧"，中心城区快速路网通车里程再攀新高，基本形成"五横六纵一环三联络"快速路网结构。《重庆市城市道路建设"十四五"规划（2021-2025 年）》提出，至 2025 年，中心城区建成快速路网结构由"五横六纵一环三联络"提升至"六横七纵一环六联络"。

2. 几个典型城市的能源供应布局

1）北京市交通能源供应布局

北京市加油站数量处于全国领先地位。截至 2021 年 7 月，北京市以中石化、中石油加油站为主，中石化旗下加油站 690 余座、中石油旗下加油站 304 座[①]。在外资加油站中，壳牌加油站 27 座，道达尔加油站 5 座。虽然北京市加油站数量处于全国领先地位，但仍存在一些不足，主要的问题包括以下几个方面：①加油站数量基本满足市场需求但分布不均衡，局部地区加油站密度过大，部分新城区及放射性干线公路没有加油站。②北京市加油站建设速度缓慢，受到投资成本高（征地成本及拆迁成本）的影响；城市发展速度加快、规划变更导致加油站拆除，新建项目审批难度大；加油站服务多元化建设与城市用地存在矛盾等原因。③部分加油站存在着相关审批手续不全、与城市规划布局存在矛盾等问题，需要政府相关部门联动，采取有效措施，加快解决部分加油站历史遗留的问题，给具备条件、符合规划的现有加油站完善相关手续。

2）上海市交通能源供应布局

截至 2020 年底，上海市域范围内共有 844 个加油（气）站［不含水上加油（气）站、纯加气站］。全市加油站总规模 977 个，其中现有站点保留 720 个、迁建 124 个，为保证服务密度、弥补服务盲区，规划新建站点 257 个[②]。规划站点规模相较现状增加 133 个，主要集中在中心城区以外地区，其中新城地区增加 39 个，增幅 35%。高速公路加油站规模为 47 个，其中现状保留站点 44 个，规划新建站点 3 个。全市规划油氢合建站共计 47 个。规划站点规模主要增加在五大新城区，其中，浦东新区、松江区、青浦区、嘉定区分别增加 47 个、25 个、20 个、15 个，总计 107 个；宝山区和闵行区分别增加 7 个和 9 个。中心城区各区和崇明区站点规模基本维持现状。

在上海市以往的加油站建设中，由于缺乏相应的规划与管理，布局不尽合理。且在该类设施规划建设中，侧重关注交通可达性和安全性，对其商业服务属性考虑不足，导致需求与供给不匹配，一方面加油难，另一方面部分站点销售低迷、资源浪费。从上海市加油站布局规划编制看，规划站点年需求总量预测至关重要，加油站布局规划在考虑安全、均衡等原则的基础上，还应考虑不同区域加油需求的差异化以及当前土地资源情况。

3）成都市交通能源供应布局

成都市目前的补能站分布存在以下问题：①加油站分布不均衡。由于政策导向和市场需求，加油站的分布出现了城区某些区域密度大，而边远乡镇、部分新区及工业园区缺少加油站的现象。②经营效益高低不均。目前经营成品油零售的主要为中石油、中石化、社会加油站和一些农机加油站。加油站经营效益高低不均，在中心城区三环以内，绝大部分加油站日均销售量在 10 吨以上，而某些乡镇

① 资料来源：https://baijiahao.baidu.com/s?id=1719927946313087709&wfr=spider&for=pc。
② 资料来源：《中国加油站行业未来发展规划及投资战略研究报告 2018-2023 年》。

加油站日均销售量不足 1 吨，差别很大的原因在于各自地理区位和经营水平不同。③部分加油站设施落后。与其他地区相比，成都市在加油站建设的硬件设施上存在巨大差异，部分加油站加油设施老化，消防设施配备不齐全，工艺不满足环保要求，存在一定的安全隐患。④少数加油站存在规划设计不达标、违规建设现象。成都市域现有部分加油站未严格依据现行的基本建设程序进行建设，但在城市快速发展的大环境下，为了改善加油站供不应求的现状，存在盲目求新求快、不按程序、擅自新建或不按批复建设、擅自迁建、擅自改扩建等违规建设的现象，这必然会造成部分加油站存在选址布局不合理、规模不达标、设计不规范等问题。

4）兰州市交通能源供应布局

在兰州市潜在价值较好的城区、国道省道中，加油站分布呈现"抱团"现象，如 G212 城区至西果园方向 5 千米内，具有陇慧、韩家河、交运集团韩家河、金城、生荣及振兴 6 座加油站，高于规范要求；城区核心区域用地紧张且投资成本过高，城关区加油站主要分布于天水路东侧，天水路西侧、南山路以北无加油站，安宁区加油站主要集中于中部，西部砂之船奥特莱斯附近无加油站，站点分布不均极其明显。开发片区未同步配套建设加油站用地，如盐池、九州片区。各区县乡镇、农村及边远地区的加油站建设诉求较高，但是偏远地区加油站单站销售量较低，企业投资回报受限，加油站建设难度大。

5）重庆市交通能源供应布局

通过对重庆市主城区八大区进行实地考察调研，统计得出重庆市主城区共有 334 个加油站，其中巴南区 34 个、大渡口区 16 个、江北区 33 个、九龙坡区 74 个、南岸区 46 个、沙坪坝区 40 个、渝北区 77 个、渝中区 14 个；重庆市主城区共有 851 个充电站，其中巴南区 76 个、大渡口区 22 个、江北区 118 个、九龙坡区 99 个、南岸区 98 个、沙坪坝区 102 个、渝北区 252 个、渝中区 84 个。

2.1.4　交通能源供应站分类及网络分布

本小节主要以重庆市交通能源供应站网络为对象，研究重庆市交通能源供应站分类及网络分布情况。

1. 供应站分类及数量

能源供应站是汽车补充燃料的基地，其主要功能是高效、精确、安全地为汽车补充燃料。对于给供应站投资的理财者，供应站应具有创造经济财富的功能；对于汽车用户，供应站在城市内应该广泛分布，提供便捷、安全的补能服务；对于宏观管理者，供应站作为服务企业应产生税收经济效益，并尽可能缩减对交通、环境和安全的影响，这决定了城市能源供应站的规划布局和评价的多目标性与复杂性。

根据重庆市主城区经济发展和环境保护的要求，重庆市主城区供应站类型主要有加油站、加气站、充电站。本书收集了重庆市绕城高速以内所有供应站数据，如表 2.2 所示，加油站 334 个、加气站 85 个、充电站 851 个。

表 2.2　重庆主城区供应站类型及数量

供应站类型	加油站	加气站	充电站
数量/个	334	85	851
百分比	26%	7%	67%

2. 供应站布局

根据城市能源供应站布局原则、选址应考虑到的因素及国家政府管理机制，如图 2.17 所示，本书按照相关分类标准收集了重庆市绕城高速以内所有加油站、加气站、充电站等供应站的经纬度坐标，并分析重庆市供应站布局特点和存在的问题。

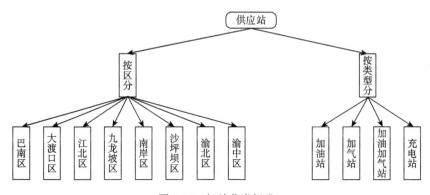

图 2.17　相关分类标准

本书通过百度地图和实际调研考察收集了充电站、加气站、加油站共 1 302 个能源供应站的经纬度坐标。本书主要收集了重庆市 8 个市区的供应站信息，具体包括南岸区、大渡口区、沙坪坝区、巴南区、江北区、渝北区、渝中区、九龙坡区。每个市区收集到的供应站数据如表 2.3 所示。

表 2.3　重庆市主城区供应站数据（单位：个）

供应站	南岸区	大渡口区	沙坪坝区	巴南区	江北区	渝北区	渝中区	九龙坡区	合计
加油站	46	16	40	34	33	77	14	74	334

续表

供应站	南岸区	大渡口区	沙坪坝区	巴南区	江北区	渝北区	渝中区	九龙坡区	合计
加气站	11	5	9	9	5	26	6	14	85
加油加气站	5	3	2	1	0	13	3	5	32
充电站	98	22	102	76	118	252	84	99	851
合计	160	46	153	120	156	368	107	192	1 302

1）供应站布局未得到充分重视

目前，供应站的商业活动处在城市商业活动中难堪的位置。从政府的角度来看，供应站的功能只需要满足汽车加油需求即可，含有专门功能性的基层商业活动网点，完全可以交付给相应的建设单位进行自主建设，政府无须资助相关资源；从城市规划者的角度来看，供应站是基础性的商业活动设施，大多数人将加油站视为一种商业活动，一种从城市规划中获取经济效益的基础资源；从供应站企业的角度来看，改革开放以来，供应站企业就身处企业经营管理思想当中，轻零售重批发，对供应站能源网络建设和发展认识不足，因而形成了营运结构的"比例失调"和营销谋略中的"头重脚轻"。

2）行业内无统一布局标准

目前中国城市总体规划的指标未把供应站纳入公共配套设施规划和配置过程中，并且没有明确的规定来约束与指导供应站的选址和布局，使得供应站的选址方式杂乱无章，从而导致供应站准入门槛低、营运者综合素质差异较大、服务水平参差不齐等问题，给供应站建设的科学性和合理性带来了更艰巨的挑战。

供应站的构建与城市发展和重新布局之间缺乏计划之间的联系，并且未能使规模控制顺应地方的实际需求，存在供应站的设施空置及某些供应站规模供应不足，导致汽车用户长时间排队等待的现象。

3）布局方法缺乏科学性

长期以来，对供应站的管理和规范缺乏系统的研究，社会经济和供应站的发展先于规划的发展。虽然政府和相关部门也引进了一些供应站管理系统，但存在实际操作可行性不足等问题。在此情况下，多数供应站仅仅依托经营者和相关规划人员的日常经验来进行选址规划或竞争，这种主观的随机性直接引起了供应站规划的不合理。例如，加油站规模与用户规模之间的有机联系极其疏远，加油站的辐射范围和服务有机联系也极其疏远，规模估计误差、交通组织误差等影响供应站的运行效率和经济效益。

4）供应站整体布局缺乏合理性

从我国整体情况来看，大约 10% 的供应站存在明显的经营亏损，大约 15% 的供应站存在较长的投资回收期。究其原因，供应站集中在交通流量较大的区域内是导致供应站投资回收期长或经营亏损的关键所在。将供应站在水经注中进行标注可以看出，供应站几乎都是在主干线上，少数在支干线上。重庆市中心区的加油站较少、服务强度高，但服务水平低。在早晚高峰时段，加油站服务能力难以有效满足用户的需求，影响加油站附近道路交通。

2.1.5　补能站点的典型布局

通过线上百度地图实景查找及线下实地调研两种方式，对收集到的所有供应站进行结构调查并统计，数据包括供应站外部车道数、站内出入口车道数及内部加油桩布局结构。了解供应站外部车道数，也就是供应站地处于主干道路上还是支路上，有助于了解站点外部路网的流量，宏观分析供应站排队成因及机理；站内出入口车道数及内部加油桩布局结构直接影响着供应站的服务效率，合理规划站内出入口车道数有助于疏导分散进站补能车辆，合理的内部结构布局在一定程度上可以提升站点服务率。对车流量较大的几个主城区供应站进行分析，提炼出几种典型供应站布局结构。从表 2.4 中可以得出，重庆市主城区供应站主要有 2×2、2×3 或 3×2、2×4 或 4×2、3×3 的布局结构。2×2、2×3、3×3 的布局结构如图 2.18~图 2.20 所示。内部结构为 2×2，表示有两排两列加油柱。不同布局结构的加油站会形成不同形式的排队队列，从而造成不同程度的拥堵。

表 2.4　重庆市主城区典型供应站布局结构

内部结构	外部车道数	典型站点名称	所属区域
2×2	2	中石油兰馨加油站	渝北区
		中石油一碗水加油站（银鑫路店）	
		中石化加油站（人和站）	
		中石油回兴加油站	
		中石化（礼嘉加油站）	
		中石油（青龙路加油站）	南岸区
		中石化加油站（海棠溪站）	
		中石油沙岚垭加油站（大石店）	
		中石油（宏声路店）	

内部结构	外部车道数	典型站点名称	所属区域
2×2	2	中国石油（长生加油站）	南岸区
		壳牌九中路加油站	九龙坡区
		中石化加油站（银燕路店）	
		中石油华田加油站	
		中石化加油站（黄桷坪站）	
		东部石油（龙腾加油站）	
		中石化加油站（华德站）	
		壳牌翼龙路加油站	
		中石化加油站（陈家坪站）	
		中石油加油站（木兰路）	江北区
		中石油（徐工加油站）	
		轩渝石油（巴福加油站）	
		中石油（蚂蝗梁加油站）	
	3	中石油（兴盛大道店）	渝北区
		中石油溜马加油站	
		中石油（经开店）	
	4	中石油（大兴村加油站）	江北区
		中石油天然气股份有限公司（重庆销售分公司石马河加油站）	
		中石油柏子桥加油站	南岸区
		中石油（五公里加油站）	
		中石油（七公里加油站）	
		中石油（九龙园加油站）	九龙坡区
		中石油（大龙加油站）	
		中石化陈家坪加油站	
		重庆凯源陈家坪加油加气站	
		壳牌金开大道加油站	渝北区
2×3 或 3×2	2	中石化（大石坝加油站）	渝北区
		中石化（金童路店）	
		中石油（新南路店）	江北区

续表

内部结构	外部车道数	典型站点名称	所属区域
2×3 或 3×2	2	中石化加油加气站（弹子石新街）	南岸区
		中石油（盘龙加油站）	
	3	中石化（大竹林加油站）	渝北区
		中石化加气站（人和站）	
		中石化加油站（虾子蝙站）	江北区
		中石油（黑石子加油站）	
		中石油茶园加气站	南岸区
		中石化加油站（水碾站）	九龙坡区
		重庆交运石桥铺加油站	
	4	中石油嘉华西加油站	江北区
		中石化农业园区加油站	渝北区
		中石化（腾龙加油加气站）	南岸区
		中石油（腾龙加油站）	
2×4 或 4×2	1	中石化回兴加气站	渝北区
		中石化龙坝 CNG 加气站	
	3	中石化龙禹加油加气站	渝北区
3×3	3	中石化加油加气站（人和站）	渝北区
		中石油（石门加油站）	江北区

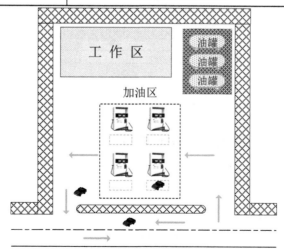

图 2.18　加油站 2×2 布局结构

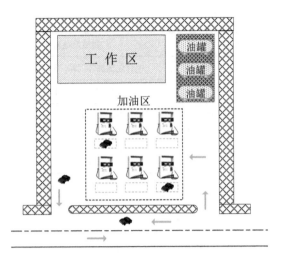

图 2.19　加油站 2×3 布局结构

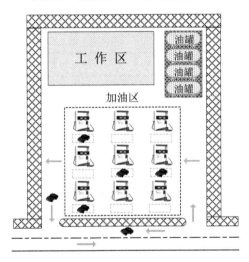

图 2.20　加油站 3×3 布局结构

2.1.6　交通能源供应站发展趋势

1. 加油站发展趋势

1）中国加油站行业格局更迭

《外商投资准入特别管理措施（负面清单）（2018 年版）》明确取消了超过三十多家需中方控股的外资连锁加油站的限制，石油的下游环节的销售范围完全开放，同时在国内庞大的零售市场份额以及效益利润的驱动下，外资加油站以快速前进的趋势在中国进行规模布局，零售端竞争的主体与日俱增。2019 年，《国务院关于取消和下放一批行政许可事项的决定》指出，"石油成品油批发、仓储经营资格审批"列入决定取消的行政许可事项目录，"成品油零售经营资格审批"列入决定下放审批层级的行政许可事项目录；指定部门严格落实成品油流通行业监管职责；地方政府严格落实属地监管职责；相关部门严格落实专项监管职责；加强成品油零售行业监管信息共享运用。随着成品油批发业务的日益剧增，2021 年中国石油市场进入快速的改革时期，商务部办公厅印发了《石油成品油流通行业管理工作指引》，贯彻落实国务院"放管服"改革决策部署，撤除石油成品油批发仓储经营资格的申请流程，做好成品油零售经营资格申请流程，从而使成品油市场化进程飞速发展。

2）中石油、中石化南北市场份额差异

地理布局的不同使得中石油、中石化占据不同地区的市场份额优势。如表 2.5 所示，中石油在东北、西北地区拥有较强的市场份额优势，在西南地区也拥有较多的市场份额；中石化的市场份额在华南地区占比最大，其次是华北地区、华东地区、华中地区，分别为 33%、33%、32%。也就是说，中石油和中石化分别在各自的区域市场占有主要的市场份额。

表 2.5　中石油、中石化区域占比情况

地区	中石油	中石化	其他
东北地区	32%	5%	63%
西北地区	45%	15%	40%
西南地区	27%	22%	51%
华北地区	25%	33%	42%
华中地区	14%	32%	54%
华南地区	22%	43%	35%
华东地区	13%	33%	54%

3）线上线下融合发展

在成品油零售行业政策变化以及终端布局进一步扩张的背景下，零售行业在商业模式运营方面面临转型，"互联网+"或许将开启零售行业的新篇章，推动加油站在基于人工智能和大数据分析的基础上架构起全新的商业模式，实现线上线下大融合发展，移动加油平台由此成为加油站与车主连接的纽带，并通过线上引导提升非油业务收入，从而实现效益的共享和利润的提升。

2. 加气站发展趋势

加气站建设增多,将在一定程度上缓解车与站的不匹配矛盾。国家石油天然气管网集团有限公司重组整合并正式运营,改革红利开始释放。LNG 加气站毕竟尚属于"青年产业",从长远来看,其必将成为开拓 LNG 下游终端需求的主要渠道。从目前来看,车与站不匹配的现象在逐步缓解。

国家发展改革委、国家能源局印发《"十四五"现代能源体系规划》的规定:完善产供储销体系,充分发挥市场在资源配置中的决定性作用,加快完善农村和边远地区能源基础设施,建立健全以企业社会责任储备为主体、地方政府储备为补充、产品储备与产能储备有机结合的煤炭储备体系,加快推进储量动用,保障持续稳产增产,统筹推进地下储气库、液化天然气(LNG)接收站等储气设施建设,增强油气供应能力。至 2025 年,中国油气管网规模达到 21 万公里左右;全国集约布局的储气能力达到 550 亿~600 亿立方米,占天然气消费量的比重约 13%。展望 2035 年,能源高质量发展取得决定性进展,基本建成现代能源体系。能源安全保障能力大幅提升,绿色生产和消费模式广泛形成,非化石能源消费比重在2030 年达到 25%的基础上进一步大幅提高,打造东北、华北、西南、西北等数个百亿方级地下储气库群。

1)高度自动化

随着我国科技的发展,在"互联网+"的大力推动下,高度自动化管理,无人值守,运用好"互联网+"智慧能源,实现运贸经营一体化是 LNG 的发展趋势之一。

2)分布式能源

大批天然气分布式能源已进入了实质性开发阶段,相比于集中式供能方式,天然气分布式能源具有环保、节能、安全性较好等优势。相关行业内的专家认为,天然气分布式能源是现存供能体系的良好补充,集中式与分布式供能互助共存是行业发展趋势,《"十四五"现代能源体系规划》也提出要发展分布式能源。

3. 充电站发展趋势

1)中国将成为世界上最大的新能源汽车市场

"十三五"以来,中国逐渐站在了世界新能源汽车市场舞台的中央,并处于世界新能源汽车市场的核心地位。数据表明,至2020 年中国新能源汽车总销量已达400 万辆,并已超越了美国成为世界新能源汽车市场舞台的主角[①]。中国汽车市

---

① 资料来源:https://www.199it.com/archives/1306716.html.

场不仅规模庞大，而且汽车产品的品种极多，中国已成为世界上最大的新能源汽车生产国。中国新能源汽车市场将变为新一代竞争的"红海"。中国的新能源汽车市场不仅是个人消费主导的市场，更是一个多元化的市场，其增长重点不仅依靠个人消费，并且在城市出租车、物流车及租赁领域前景更为广阔。

2）充电设施配置日渐完善

2020 年，充电基础设施建设规划开始得到高度重视，新型基础设施建设的部分充电基础设施中包含了"充电桩建设"。截至 2021 年，中国的公共类充电桩达到了 114.7 万台，其中直流充电桩和交流充电桩分别为 47 万台和 67.7 万台，车桩比约为 3.5：1，这远远不能满足纯电动汽车对充电桩的需求[①]。纯电动汽车的数量以指数型增加，有效促进了充电站的发展。根据《中华人民共和国国民经济和社会发展第十四个五年规划和 2035 年远景目标纲要》，到 2025 年，中国新能源汽车充电站的市场规模可达到 1 260 亿元，充电站产业年利润也可达到 18 亿元至 27 亿元。在未来，新能源汽车的充电设施年建设规模达到千亿元，充电站产业的年利润也可达到 70 亿元至 100 亿元，充电设施领域热潮也将会持续延长。

2.2　城市交通能源需求现状分析

2.2.1　城市人口及机动车保有量现状

根据《中华人民共和国 2021 年国民经济和社会发展统计公报》，2021 年全国总人口数为 141 260 万人，比 2020 年增加 48 万人（图 2.21）；2021 年底，中国的人口密度已经达到了 148.38 人/千米^2。随着人口的不断增长，能源消耗量也在增加，2021 年我国能源消耗量达到 524 000 万吨标准煤（图 2.22），其中原油消费比 2020 年增加了 2.4%。人口的增长会导致能源需求的增加，特别是交通方面，能源需求量会影响加油站的数量及分布。

人口城市化会推动能源消费的增长，同时也会改变能源需求结构。1990 年我国城市化水平为 26.41%[②]，2021 年城市化水平已经达到 64.72%[③]。城市化和

---

① 资料来源：https://www.sohu.com/a/521652160_649849.

② 资料来源：http://www.hprc.org.cn/gsyj/yjjg/zggsyjxh_1/gsnhlw_1/erguoshixslwj/200906/t20090628_12795_5.html.

③ 资料来源：https://www.gov.cn/xinwen/2022-02/28/content_5676015.htm.

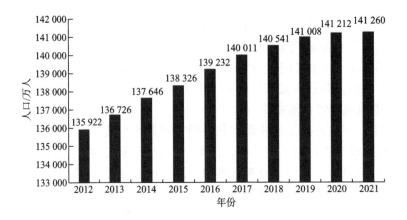

图 2.21　2012~2021 年我国人口数量

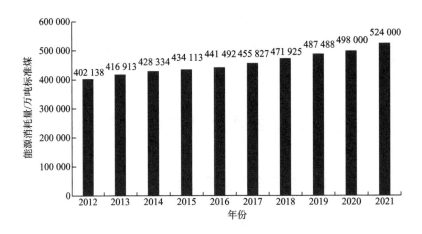

图 2.22　2012~2021 年我国能源消耗量

人口增长会扩大城市规模，从而增加单位产出的能源消耗；城市规模越大，通勤和拥堵引起的能源浪费量越多。这给未来改善交通结构、缓解交通拥堵提出了挑战。

经济的发展和人民生活水平的提高，使得汽车的保有量不断增加。如图 2.23 所示，2021 年全国民用汽车保有量达到 29 419 万辆，比上年增加了2 078 万辆。车辆的不断增加，使交通路网不断扩大，同时给能源供应保障带来了不小的挑战。

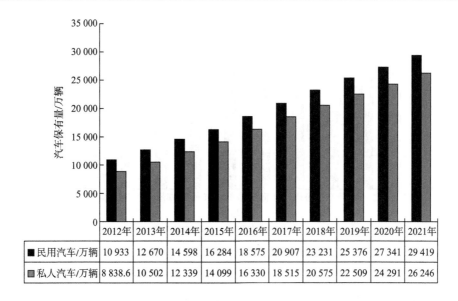

	2012年	2013年	2014年	2015年	2016年	2017年	2018年	2019年	2020年	2021年
■民用汽车/万辆	10 933	12 670	14 598	16 284	18 575	20 907	23 231	25 376	27 341	29 419
■私人汽车/万辆	8 838.6	10 502	12 339	14 099	16 330	18 515	20 575	22 509	24 291	26 246

图 2.23　2012~2021 年全国汽车保有量

　　各个地区的汽车保有量不同，车辆密度越大的地区对交通路网的要求越高。2020 年我国 4 个直辖市的汽车保有量分别如下：北京市 603.2 万辆、天津市 329.1 万辆、上海市 440.3 万辆、重庆市 504.4 万辆[①]。由于上海市的土地面积仅有 0.63 万平方千米，路网结构趋于稳定，汽车保有量的增长必然会提高道路拥堵的概率；从 2020 年第三季度来看，重庆市以平均速度 23.32 千米/小时成为全国路网高峰时期最拥堵的城市[②]。大城市机动车增长迅速的同时，容易引发道路资源增长缓慢、平均车速下降等问题。

　　从图 2.24 可以看出，上海市的车辆密度是最高的，达到 759.17 辆/千米^2，尾气污染、交通拥堵的负效应更明显。已知资料显示，不同路网的网络布局结构对车辆的承载能力是不一样的。上海市的路网属于混合式，可以有效发挥不同路网的优势，降低车辆密度，提倡公交出行是当前上海市需要解决的难题。重庆市的车辆密度虽然只有 61.29 辆/千米^2，但受限于地形，部分地段容易出现交通拥堵。

　　不同司机群体对车辆补能行为不同，这对加油站的位置布局产生影响。从宏观角度来说，通勤车群体和载货车群体的数量多，因而城区和高速路段的车流量比较大，加油站也大都集中在这两个地方，同时站内规模也会较大；从微观角度

[①] 资料来源：https://baijiahao.baidu.com/s?id=1690116032438564333&wfr=spider&for=pc.

[②] 资料来源：https://baijiahao.baidu.com/s?id=1681773635802830062&wfr=spider&for=pc.

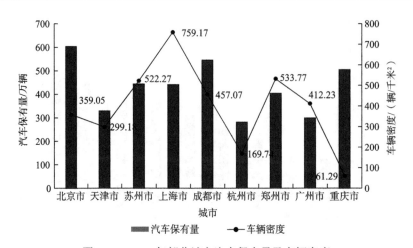

图 2.24　2020 年部分城市汽车保有量及车辆密度

资料来源：https://baijiahao.baidu.com/s?id=1689663872418046474&wfr=spider&for=pc

来看，司机的个人行为也会影响加油站的供给情况，一部分司机对加油站的品牌比较看重，如司机喜欢在某品牌加油站进行补能，那么即便附近有其他品牌的加油站，他也宁愿多行驶几千米到某品牌加油站补能。补能时间及加油量也会对加油站的销售产生影响。

2.2.2　城市车辆出行目的分析

居民出行是指居民为达成某一目的（如工作、购物、旅游、休闲娱乐等），使用某种或多种交通方式，花费一定的时间，从起点经过某一路径到达终点的位移过程。出行目的是出行者出行前规划好的目标，是交通出行行为的关键属性，对了解城市居民出行行为具有关键作用。居民的出行目的一般分为以下几种类型：工作、上学、休闲娱乐、旅游、就医、走访、购物和回程。随着居民可支配收入逐渐增加，居民对生活、娱乐等方面的要求和需要越来越高，加上居住及周边各项娱乐餐饮配套设施不断完善且变得更加丰富，更多的居民选择外出就餐、购物及进行休闲娱乐活动等为主的弹性出行需求占比也因而大幅上升。如图 2.25 所示，日常出行中工作、购物、休闲娱乐的居民出行占比较高，总计80%，特别是工作的出行占比最高，高达 49%。因大部分居民节假日的出行目的为本源性，与日常通勤出行目的派生性不同，因此在规模、时间和空间上显著表现出与日常交通完全不同的特征，出行目的大多数为休闲娱乐、旅游。

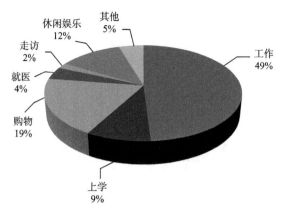

图 2.25　居民日常出行情况

2.2.3　城市车辆补能需求分析

随着机动车销量快速稳定增长和保有量逐步提升，不同的机动车出行者对补能需求略显差异。出行者的补能是指出行者根据车辆能源的剩余量判断是否需要进行补能来达到出行的目的。例如，电动汽车出行者会根据电动车的剩余电量判断是否需要充电，充多久的电才能满足出行的目的。充电习惯是指日充电次数和最小荷电状态（state of charge，SOC）阈值两方面。英国的 My Electric Avenue 项目对电动汽车日充电次数占比进行了统计。统计表明，日充电次数和出行日期的关系并不大，70%的电动汽车用户日充一次电，20%的电动汽车用户日充两次电，更多日充电次数的总计不足 10%。同时也表明，较大一部分电动汽车的荷电状态均维持在 15%以上的水平，超过 60%的电动汽车用户开始充电时的荷电状态在 20%~70%。

有关充电量的数据统计，2021 年 1 月，重庆全市总充电量为 325 210.1 万千瓦时，其中渝北区为 643.2 万千瓦时，高居榜首。在充电时间的分布上，全天的充电高峰出现在 11：00~15：00，21：00 以后迎来第二波充电小高峰（图 2.26）。充电高峰时间段是一种极其不平衡的补能需求现象，这将加剧电网的负荷以及公共充电桩的负荷。

不同类型车辆的补能需求也有着非常显著的差异。营运电动汽车（出租车、公交客车、租赁乘用车、物流车）的月平均充电次数明显高于非营运电动汽车（图 2.27）。这总体反映了新能源车辆的高电量需求特性，也反映了新能源汽车的高频使用特征，特别是营运电动汽车。

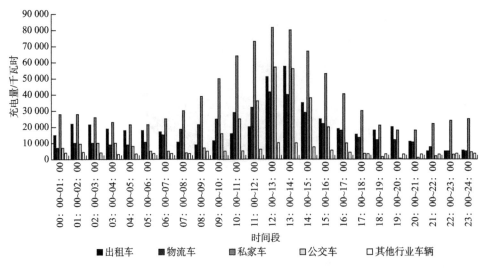

图 2.26　各车辆类型单日充电时间分布

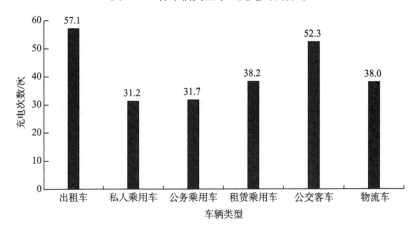

图 2.27　不同类型车辆的月平均充电次数

2.2.4　城市交通能源需求变化趋势分析

传统汽车以燃油作为能源动力,使用燃油发动机驱动车辆行驶。电动汽车以车载电源(蓄电池)作为能源动力,使用电机驱动车辆行驶。混合动力汽车以燃油或电力作为能源动力,使用两种驱动方式驱动车辆行驶。

根据全国乘用车市场信息联席会数据,传统燃油车从 2018 年销售占比95.53%下滑至 2021 年的 87.27%(图 2.28)。在销量增长情况方面,2019 年传统燃油车销量增量下滑了 8%,2020 年同比下滑了 8%,2021 年同比下滑了 6%,可以明显地看出,传统燃油车需求市场在连续几年呈持续快速下滑状态。

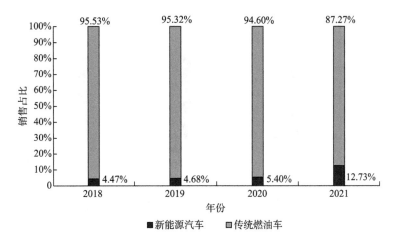

图 2.28　2018~2021 年新能源汽车销售占比趋势变化

新能源汽车在汽车消费群体中越来越受欢迎，其销量不断增长。2021 年新能源汽车销量 333.41 万辆，其在乘用车市场的渗透率从 2017 年的 2.40%高速增长至2021 年的 16.00%（图 2.29）。新能源汽车保有量在 2020 年只有 492 万辆，到了2022 年第一季度就高达 891.5 万辆，可以看出，中国新能源汽车的需求量在高速增长。

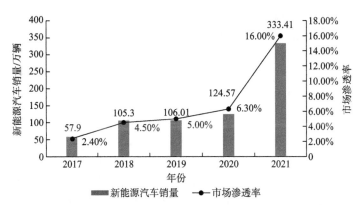

图 2.29　2017~2021 年新能源汽车销量及渗透率变化趋势

如果新能源汽车得到快速发展，以 2020 年我国汽车保有量 1.4 亿辆来计算，可以节约石油 3 229 万吨，替代石油 3 110 万吨，节省和替代石油共 6 339 万吨，相当于将汽车用油需求削减 22.7%[①]。新能源汽车的猛速增长（图 2.30），使得传统燃油车用油需求大幅度下降。

---

① 资料来源：新能源汽车是不是未来的发展方向. http://www.zhengquantouzi.com/gupiao/8118.html.

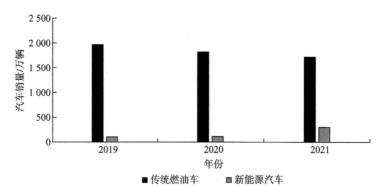

图 2.30　2019~2021 年传统燃油车与新能源汽车零售变化趋势

2.3　城市交通能源供需现状分析

2.3.1　城市交通能源供需平衡宏观分析

我国交通能源供应总体呈现稳定增长趋势；成品油市场发展迅猛，原油消费量平缓增长；石油行业进入加速改革时期，原油进口量逐步下降；国内加油站数量逐年递增。我国天然气行业发展增速减缓，但随着天然气产量的增长，天然气消费量仍呈现上升趋势，这在一定程度上促进了新能源汽车的发展。国内加气站多集中分布在华东及华北沿海地区和天然气消费大省。我国新能源汽车特别是纯电动汽车在近五年的时间里呈现高度发展趋势，由此，充电基础设施的建设受到国家的重视，充电桩保有量不断提升，充电站的数量也不断增长。我国全面建成小康社会，经济飞速发展、人民生活质量提升，使得汽车的保有量不断增加，从而对能源的需求量增加。不同类型的机动车出行的补能需求略显差异，机动车类型的未来走势越来越明显，发展新能源汽车是我国从汽车大国迈向汽车强国的必经之路。我国提出了大量补贴政策来推动新能源汽车的发展，那么未来对于电力需求及消耗会急剧增加，对燃油、天然气的消耗相对会减少。但目前在汽车保有量中，燃油车占据了九成，未来燃油消耗仍占据主导地位。

通过对不可再生能源的依赖来促进我国经济发展的方式已明显不能满足现今的需要，在未来能源的舞台上，石油和煤炭的化石能源时代将逐渐淡出，新能源和化石能源互补的"混合能源时代"是我国在未来经济发展过程中要面临的新时代。未来我国的能源需求类型势必将会实现从燃油消耗为主转向电能消耗为主的改革。一方面，燃烧煤炭、石油是造成大气污染的主要因素，尤其散煤燃烧危害更大；另一方面，天然气虽然较煤炭而言很清洁，但在利用它的过程中也会释放部分氮氧化物，氮氧化物是形成灰霾的重要原因之一。因此，提高电能在终端能源上的利用，对防治大气污染确实大有裨益。虽然我国能源供应总体情况呈现稳步上升趋势，但是我国人口基数大，对能源的消耗量也不断增加。新能源汽车发展势头正猛，未来渗透率将持续攀升，为更好地支撑新能源汽车的推广，加快充电桩、换电站等配套基础设施建设已迫在眉睫。如图 2.31 所示，从配套需求上看，电动汽车充电需求大幅增大，我国目前的充电设备数量远未达到设计要求，尽管我国的充电设施数量在逐年增加，但是与每年增加的电动汽车数量相比还存在较大差距。这种供需不匹配的现实问题会对电动汽车用户的出行造成困扰。

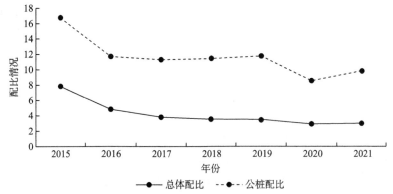

图 2.31　2015~2021 年新能源汽车与充电桩配比情况

该部分数据由电动汽车保有量和充电桩数量计算得来

2.3.2　城市交通能源供需均衡中观分析

道路是城市的脉络，是城市最重要的基础设施之一，也是交通运行的基础和载体，每个城市都有自己独特的地理环境、历史积淀，结合自身的区位优势逐渐形成自己独特的路网结构，如成都市的"圆环加放射线"路网结构、西安市"方格网式"路网结构和重庆市"狭长式"路网结构等。城市的路网结构对于能源供应网络的搭建、能源供应站的选址和布局也有重要影响。能源供应站是汽车充装燃料的基地，需要结合城市的路网结构特点进行布局，它们应该沿着城市脉络在城市内部广为分布，为城市居民提供便捷、安全的服务并尽可能减轻对交通、环境和安全的影响。供应站的网络结构和布局既要结合城市路网特点，也要考虑居民的需求特点和需求习惯。随着我国居民的可支配收入逐渐增加，市民对生活质量的追求在不断提升，加上居住及周边各项娱乐餐饮配套设施不断完善，居民的弹性出行需求占比大幅上升；居民补能行为规律性强，车辆补能行为会集中于某一个或某几个时间段，由此就产生了补能高峰时段和补能空闲时段，特别是电动汽车用户的充电行为产生的充电高峰时间段与居民日常用电高峰时间段存在高度重合，这就给补能供应站周围的路网和电网系统提出了新的挑战。

通过对供应站的布局情况进行了解，并结合相关国家政策、企业战略、各地区经济发展情况发现，我国供应站现阶段布局存在不合理现象。供应站的布局方法缺乏科学性，整体布局规划缺乏合理性。因此，不规范不合理的供应站布局无法有效匹配居民日常补能需求，从而导致供需矛盾加剧。然后通过对居民出行目的和居民补能需求特点分析可知，居民补能行为存在明显的高峰时段和空闲时段。在补能高峰时段易造成车辆补能困难或"排长龙"现象，从而影响供应站周围局部交通造成交通拥堵，增加居民补能时间，降低居民补能满意度；在补能空闲时段补能供应站设施资源闲置浪费，会降低供应站利用效率。在高峰时段如何合理地引导车辆进行补能，从而缓解高峰时段的路网和电网压力均是很重要的；在空闲时段如何提高供应站的利用率、降低运营商的成本也需要考虑。

2.3.3 城市交通能源供需矛盾负面影响

城市交通能源供应网络是由加油站、加气站和充电桩等设施构成的交通运输装备能源补给网络，是保障城市交通发展的生命线，也是支撑城市人员与货物流转的重要基础设施。我国交通能源供应总体情况呈现稳定增长趋势，但是我国人口基数大，机动车保有量逐年递增，所以能源的消耗量不断增加，导致交通能源供需不匹配，补能基础设施建设不完善又加剧了交通能源供需矛盾。供需不平衡使车辆在补能过程中容易出现"排长龙"现象，增加补能成本。站点布局不合理极易导致供应站间恶性竞争。居民补能行为的规律性会导致高峰时段电网和路网压力激增，部分车辆的补能需求无法得到满足；空闲时段补能供应站利用效率低下，进一步增加供应商的运营成本。路网中大规模的补能行为不仅增加了驾驶员的行程时间和补能成本，而且易造成局部充电站拥堵，甚至影响交通，造成交通堵塞。超负荷站点产生的排队现象，会对站点周边干道造成交通拥堵，拥堵延迟促使能耗加剧，对环境造成严重污染。

2.4 未来交通需求发展前瞻

传统化石能源转型在交通领域的探索和实践是绿色交通的重要组成部分。《新能源汽车产业发展规划（2021—2035年）》指出，新能源汽车产业生态正由零部件、整车研发生产及营销服务企业之间的"链式关系"，逐步演变成汽车、能源、交通、信息通信等多领域多主体参与的"网状生态"。《交通与能源融合发展报告 2022》指出，预计到 2030 年，交通领域新能源年发电量将达到 130 亿千瓦时以上，年节约石油消费总量达到 2 500 万吨以上。预计到 2060 年，交通领域新能源年发电量将达到 650 亿千瓦时以上，年节约石油消费总量达到 1.2 亿吨以上。2022 年 1 月，《国家发展改革委等部门关于进一步提升电动汽车充电基础设施服务保障能力的实施意见》明确提出，加快推进居住社区充电设施建设安装，提升城乡地区充换电保障能力，加强车网互动等新技术研发应用。综上，"十三五"以来，我国出台了多项政策努力推动构建清洁、低碳、安全、高效的交通能源体系，未来我国的交通出行将加速向电气化领域转型，尤其在电动汽车领域，实现车、桩、网、储智能协同，向更安全、更绿色、更智慧的出行目标前进。

自 2018 年以来，我国的传统燃油车需求在连续几年呈现持续快速下滑状态；新能源汽车发展势头正猛，其中电动汽车占据主体。相关国家、地方层面政策的出台有效推动了新能源汽车的发展，也使我国电力需求及消耗急剧增加，一定程度上缓解了燃油、天然气等不可再生的传统能源的消耗压力。但是我国人口基数大，随着机动车保有量逐年递增，能源消耗激增且补能基础设施建设不完善，导致交通能源供需不平衡；补能站点布局不科学、补能站点诱导策略、激励机制不合理导致补能基础设施利用率低。总之，新能源和化石能源互补的"混合能源时代"是我国在未来经济发展过程中要面临的新时代；未来我国的能源需求类型势必会实现从燃油消耗为主转向电能消耗为主的改革。

但是我国在交通能源需求转型中也面临着一些难题和挑战。从交通与能源协同的视角看，大功率充电、换电及车网互动标准化问题仍未破解，新能源汽车消纳大规模可再生能源的潜力有待挖掘；从城市的视角看，基础设施在土地资源紧缺的城市空间落位问题已经成为制约交通能源基础设施发展的痛点；从城市对外交通系统的视角看，能源补给设施空间分布不均匀，仍集中于长三角、京津冀、珠三角等核心城市群，难以满足用户节假日高峰期多元化补能需求。充电问题、续航问题和安全问题仍然是影响消费者购买电动汽车的主要因素。面对这些挑战，未来要围绕汽车与能源协同耦合机制、功率平衡与网络优化控制、车辆信息互通互联等关键领域展开前沿技术研究；加快推动有序充电和车网互动的政策标准体系建设；推进新技术应用与商业模式探索，由此带动新能源汽车和可再生能源协同发展，推动交通能源结构调整。

2.5　本 章 小 结

本章从城市交通能源供应网络的供需两方面入手，首先，通过收集国内城市交通能源供给网络的相关数据，整理分析了国内城市交通能源供应现状、能源供应网络结构。以重庆市具体能源供应网络运行现状的数据为基础，总结归纳了能源站点分类、数量、分布，并提出交通能源供应站的发展趋势。其次，通过收集国内人口及机动车保有量相关数据，分析了在城市出行中出行者对能源的需求变化，总结分析得到城市能源需求的变化趋势。再次，基于所收集的城市能源供需数据，分别从中观和宏观角度对目前我国城市能源供需平衡进行分析，总结当前城市交通能源供需矛盾所引起的一系列负面影响。最后，结合相关政策对我国目前的交通能源转型现状进行了分析，并且就我国交通能源结构转型面临的难题和挑战给出了一些建议。

第3章 城市交通能源供应网络负效应界定与评估

3.1 城市交通能源供应网络负效应的概念界定

3.1.1 城市交通能源供应网络负效应的定义

交通能源供应网络的有效运行是车辆正常行驶的根本基础，也进一步保障了经济社会的正常发展。由于车辆补能需求的大规模随机性、站址选择不当、能源供应不足等，车辆补能行为会产生负效应。这里的负效应是指，城市能源供应终端站点给人和环境带来的不利因素，这些不利因素是人们不愿产生且需要尽量避免的。具体而言，由于补能车辆在城市交通网络上具有时空上的随机性，当车辆有补能需求时，其行驶的目的地、速度、车道选择就会发生变化，从而影响车道上原来正常行驶的车辆和交通流，产生行为扰动。当遇到补能高峰时期，供应站点补能车辆出现排队等待现象，会对站点周边干道造成交通拥堵，拥堵促使能耗加剧，从而增加碳排放，对环境造成严重污染。同时，对驾驶者个人造成时间浪费，产生负面情绪等，这些负面的影响反过来又会对新到达的补能车辆和交通流进行干扰，从而加剧负效应。此外，闲置站点面临的资源浪费现象也影响城市经济的发展。

3.1.2 城市交通能源供应网络负效应的表现形式

城市交通能源供应网络负效应是指机动车在城市能源供给网络中进行补能活动，能源供应站给人和环境带来的不利因素与负面效应。

补能需求的随机性等原因造成补能行为在时空上的供需不匹配、交通拥堵、补能效率低下等问题，这些问题带来了一系列的补能负效应，主要表现形式为交通拥堵和补能站点排队，由此产生的负效应有尾气排放、时间损耗、燃油消耗、噪声污染、焦虑驾驶、安全风险等。

根据负效应是否能够进行量化，将负效应分为以下两类。

1. 可量化的负效应

1）额外碳排放

从社会污染的角度来看，车辆在补能站点进行补能排队时，发动机会在一定时间内空挡怠速运转，造成额外的尾气排放，特别是碳排放。此外，大量的车辆进出补能站点，对补能站点所在的道路交通流造成扰动，当一辆补能车辆完成补能行为，从匝道汇入主道时，在后方的正常通行车辆会根据安全车距而减速，随后再逐渐加速至一个稳定车速。该扰动甚至会在后方多辆车上依次传播。补能车辆出站的扰动导致道路中正常行驶的车辆产生不必要减速、加速行为，使得站点附近车辆的碳排放量额外增加。当道路车辆较多时，该扰动甚至会对道路通行能力造成折减，增加出行者的出行时间，使得道路累积更多的碳排放量，加剧道路中车辆的尾气污染程度，对出行者及补能站点附近的居民造成身体伤害。

2）额外能源消耗

从道路交通的角度来看，补能站点所引起的车辆额外油耗是由于补能车辆对正常交通流造成扰动，形成交通拥堵、通行速度减缓等现象，不仅增加出行者的出行时间，也额外增加车辆能耗。另外，从出行者的出行路径选择角度来看，考虑到必要的补能需求，出行者对出行路径的选取受到很大的限制，存在为了满足补能需求而选择相对偏远出行路线的情况，因此增加出行者的能源消耗。

3）通行时间延误

补能站点一旦设立，补能出行者会出于补能的考虑，在出行路径的选择上有所限制。此外，由于补能站点的设立，补能车辆在进出补能站点时，势必对干道的交通流造成影响，形成交通流的瓶颈节点。在上下班等交通出行高峰时期，其造成的影响更加严重，如交通拥堵、车流缓慢前行等。整个道路的通行车速难以达到道路设计的理想状态，最终导致道路通行速度减缓、通行时间增长。

4）补能时间增长

出行车辆补能需求的随机性及道路等级的不同，导致在商业活动区域、城市通勤路线上的主干道补能站点在某些特定时期产生超量的补能活动。由于站点补能服务能力由站点补能设施、站点布局等因素决定，补能服务能力具有上限，超量的车辆补能需求形成了站点补能排队的现象，增加了车辆补能的等候时间。对于需要补能的出行者来说，这些时间的增加是在出行之前难以准确估量的，额外增加了出行者的出行时间成本。

5）通行能力折减

补能站点对补能车辆的吸引导致道路通行车辆密度增加，道路交通拥堵，车辆行驶速度难以达到道路设计的标准速度，使得道路通行能力折减。

6）补能站点危险品风险

补能站点由于其特殊的功能，在站点中存有大量易燃易爆的危险品，尽管现在油料、燃气、高压电能的输送和安全保护都有较大的提升，但其仍存在发生危险的概率，该危险一旦发生，将会造成极大的损失。根据补能站点设施布局是否合理、安全防范是否到位来评估风险大小，风险发生时所造成的损失因周边环境不同而程度不同。

7）交通安全风险

补能站点对补能车辆出行路径的吸引，以及补能车辆对正常交通流的扰动，导致车辆的拥挤出行，提高了交通安全事故的发生概率，有可能造成人员的伤亡和财产的损失。交通风险可以由一个时期内交通事故所造成的损失来体现。

2. 不可量化的负效应

1）噪声污染

城市能源供应站内机动车进出场地产生的噪声，以及站点所附着的道路由于补能车辆的交通扰动而产生的鸣笛等交通噪声对周边的交通出行者、附近居民产生了健康危害，由于该危害的长期性，且严重程度因受危害者的体质不同而程度不同，难以进行真正的量化。

2）焦虑驾驶

在交通高峰时期，车辆在补能站点的补能行为所引起的交通扰动、补能车辆排队等现象，造成出行者（或补能者）在路段通行中需要付出更多的时间，这一部分额外的时间是出行者在出行前无法预知或精准评估的。出行时间造成了预料外的延误，使得驾驶员发生焦虑驾驶，对驾驶员心理造成负面的影响，进而使得非理性驾驶行为的发生概率增加，对个人与其他交通参与者产生危害风险。

3）光污染

在城市中，机动车辆上的多个反光装置（如后视镜、车身特殊涂料等）会对自然光产生反射，尤其是在阳光充足的天气条件下。补能站点对具有补能需求车辆的吸引力，以及补能车辆对道路交通的扰动，都使补能站点附近的车辆密度大增，引起光污染，影响周围居民甚至行人的正常活动。此外，补能站点在夜晚的持续运作，对周围居民的休息也造成一定的影响。

城市交通能源供应网络负效应表现形式如图 3.1 所示。

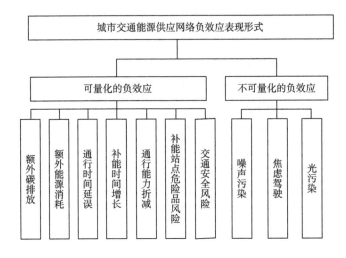

图 3.1　城市交通能源供应网络负效应表现形式

3.2　城市交通能源供应站负效应评估

城市交通能源供应网络属于复杂系统，涉及路网基础设施架构及车辆补能行为等多方面评价指标。综合国内外研究，基本上可以将评价方法归纳为三个大类，分别是主观分析法、客观分析法和主客观结合分析法。三者的区别主要在于评价指标的衡量计算和权重的确定方法。

3.2.1　城市交通能源供应站负效应评价指标选择

城市交通能源供应体系是集补能需求车辆、城市能源供应站及政府相关部门于一体的维持城市交通体系运转的关键节点之一。车辆补能作为机动车辆额外行为的发生必定会对外部环境产生负面影响。能源供应站负效应评价指标的构建是产生客观合理的评价结果的重要前提。结合各学者对城市交通能源供应站不同方面的相关影响研究及实地调研情况，综合考虑站点负效应评价影响因素，遵循系统性、数据可获得性、可操作性及量化方法科学便捷性的原则构建评价指标。针对城市交通能源供应站负效应的产生，从交通效率影响、站点服务影响两个方面建立综合评价指标，如图 3.2 所示。

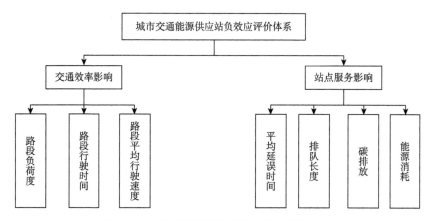

图 3.2　城市交通能源供应站负效应指标体系

3.2.2　城市交通能源供应站评价指标数据采集与测算

明确城市交通能源供应站负效应的评价指标体系后，需要根据实地调研收集的大量数据进行每一指标的数值计算，评价路段为设置有交通能源供应站的路段，其相关测算方式如下。

1. 交通效率影响

交通效率影响代表交通能源供应站设置对该主干道路的车流及交通运行效率的影响情况，主要从路段负荷度、路段行驶时间、路段平均行驶速度方面进行评价。

路段负荷度是指评价路段上拥有补能需求的机动车辆数量与该路段交通最大通行量的比值，反映了补能需求车辆对该路段交通的负荷情况，负荷度越高证明该路段上有补能需求车辆对该路段发生拥堵风险的影响越大：

$$\frac{v}{c} = \frac{Q_{ed}}{C_{es}} \qquad (3.1)$$

其中，$\frac{v}{c}$ 为评价路段负荷度；Q_{ed} 为单位时间拥有补能需求的机动车辆数量（标准车辆/小时）；C_{es} 为设置有能源供应站路段的单位时间通行能力（标准车辆/小时）。

路段行驶时间是指评价路段车辆实际通行该路段需要的时间：

$$T_{es} = t_{ex} - t_{en} \qquad (3.2)$$

其中，T_{es} 为评价路段的机动车辆行驶时间（小时）；t_{ex} 为补能需求被满足的机动车辆驶离该路段时间（小时）；t_{en} 为补能需求车辆驶入该路段时间（小时）。

路段平均行驶速度是指评价路段上所有车辆的行驶速度的平均值：

$$\overline{V_{es}} = \frac{L_{es}Q_{es}}{\sum\limits_{i=1}^{N} t_{es.i}} \tag{3.3}$$

其中，$\overline{V_{es}}$ 为评价路段上机动车辆的平均行驶速度（千米/小时）；L_{es} 为该路段的长度（千米）；Q_{es} 为单位时间内该路段上的交通流量（标准车辆/小时）；$t_{es.i}$ 为单位时间内通过该路段的第 i 辆机动车辆的时间（小时）。

2. 站点服务影响

补能车辆在能源供应站进行补能动作所产生的相关影响，主要从平均延误时间、排队长度、碳排放及能源消耗方面进行评价。

延误时间是指拥有补能需求的机动车辆在能源供应站补能过程中，实际耗费的时间与自由流状态下的补能耗费时间的差值，反映了补能过程中的排队情况。平均延误时间为单位时间内所有补能车辆延误时间的均值：

$$D_{ed} = \frac{1}{Q_{ed}} \sum_{i=1}^{n} \left(\frac{L_{ed}}{V_{ed.i}} - \frac{L_{ed}}{V_f} \right) \tag{3.4}$$

其中，D_{ed} 为补能车辆的平均延误时间（小时）；L_{ed} 为车辆在能源供应站行驶的里程（千米）；$V_{ed.i}$ 为在能源供应站内第 i 辆补能车辆的行驶速度（千米/小时）；V_f 为在能源供应站内的自由流状态下车辆行驶速度（千米/小时）；Q_{ed} 为单位时间拥有补能需求的机动车辆数量（标准车辆/小时）。

排队长度是指能源供应站内拥有补能需求的车辆产生排队所占用供应站道路的长度：

$$L_{eq} = (Q_{ed} - Q_{ed}') \overline{l_{ed}} \tag{3.5}$$

其中，L_{eq} 为单位时间内能源供应站内的补能车辆的排队长度（千米）；Q_{ed}' 为单位时间内完成补能的机动车辆数量（标准车辆/小时）；$\overline{l_{ed}}$ 为补能车辆平均车身长度（千米）。

碳排放是指评价单位时间内补能车辆在能源供应站内补能过程中产生的二氧化碳排放量：

$$CE_{ed} = \sum_{j} EC_{ed} RF_{ed.j} / 1\,000 \tag{3.6}$$

其中，CE_{ed} 为单位时间内补能车辆在能源供应站内的二氧化碳排放量（千克）；$RF_{ed.j}$ 为第 j 类机动车辆的二氧化碳排放因子（千克/升）。

能源消耗是指评价单位时间内补能车辆在供应站内补能过程中的能源消

耗量：

$$\mathrm{EC_{ed}} = \gamma \sum_j \left(P_j L_{\mathrm{ed}} \mathrm{FC}_j \right) \times 100 \qquad (3.7)$$

其中，$\mathrm{EC_{ed}}$ 为单位时间内补能车辆在能源供应站内的能源消耗（千克）；γ 为标准煤转换系数；P_j 为第 j 类机动车辆的分担率；FC_j 为第 j 类机动车辆的单位能耗量（千瓦时/百公里）。

3.2.3　城市交通能源供应站负效应评价模型

1. 评价指标数据标准化

由于各个评价指标数据的单位、量级各不相同，在对能源供应站负效应评价前需要对评价指标的数据进行标准化处理，使其处于同一量级，这里采用极差值法。另外，根据各个评价指标中的正向性和负向性不同需要采用不同的标准化公式。正向指标表示该指标数值越大越好，负向指标则相反，具体处理如下：

$$X_{\mathrm{po}} = \frac{x_{ij} - x_{\min}}{x_{\max} - x_{\min}} \qquad (3.8)$$

$$X_{\mathrm{ne}} = \frac{x_{\max} - x_{ij}}{x_{\max} - x_{\min}} \qquad (3.9)$$

其中，X_{po} 和 X_{ne} 分别为正向指标和负向指标；$x_{\max}$ 和 $x_{\min}$ 分别为指标样本数值的最大值和最小值。

2. 指标权重确定

指标权重的确定方法有很多，主要分为主观赋权法和客观赋权法。主观赋权法主要由专家根据经验评分或以调查问卷形式对个体采访，赋权时可能会削弱客观性。对于城市交通能源供应站的负效应评价，在建立评价指标体系时其指标值是可观测计算的，因此选择客观赋权法比主观赋权法更为合适，这里选择客观赋权法中使用较多的熵权法。计算指标熵值能够客观地挖掘信息量大小从而确定指标权重，主要步骤如下。

1）构建评价指标价值矩阵

本书基于大量实地调研采集的实时数据对城市交通能源供应站的负效应进行评价，价值矩阵为 m 个评价时间段的 n 个评价指标。

$$R_{m \times n} = \begin{bmatrix} x_{11} & x_{12} & \cdots & x_{1n} \\ x_{21} & x_{22} & \cdots & x_{2n} \\ \vdots & \vdots & & \vdots \\ x_{m1} & x_{m2} & \cdots & x_{mn} \end{bmatrix}_{m \times n} \qquad (3.10)$$

2）确定评价指标熵值

根据评价的 j 个时间段，可以确定评价指标的熵值 E_j，熵值的大小代表指标所含信息量大小，是权重确定的基础。

$$x'_{ij} = \frac{1 + x_{ij}}{\sum\limits_{i=1}^{m}\left(1 + x_{ij}\right)} \qquad (3.11)$$

$$E_j = -\left(\ln m\right)^{-1} \sum\limits_{i=1}^{m} x'_{ij} \times \ln x'_{ij} \qquad (3.12)$$

其中，若式（3.11）和式（3.12）计算等于 0，为使其有意义，取一极小值代替 0 计算。

3）确定评价指标熵权

计算出第 j 个评价指标的熵值后可以确定第 j 个评价指标的熵权 W_j，熵权代表评价指标的权重。

$$W_j = \frac{1 - E_j}{n - \sum\limits_{j=1}^{n} E_j} \qquad (3.13)$$

其中，分子为第 j 个指标的评价差异性系数。

按照上述步骤得到城市交通能源供应站负效应各评价指标权重，如表 3.1 所示。路段行驶时间对城市交通能源供应站负效应影响最大，其次是平均延误时间和路段负荷度，油罐储量影响最小，这与实地调研情况也是相符的。根据加油站大小等级，不同级别加油站油罐储量基本水平是保持一致的，路口的交通效率低对补能车辆进出站点路口会造成延误及停顿，进出口车辆的驶入与汇出也会对路口主干道交通效率造成较大影响从而产生排队现象，加大车辆的碳排放及能源消耗。

表 3.1　各评价指标权重（一）

评价指标	符号	权重	等级
路段负荷度	W_1	0.121	3
路段行驶时间	W_2	0.124	1
路段平均行驶速度	W_3	0.050	9

续表

评价指标	符号	权重	等级
平均延误时间	W_4	0.122	2
排队长度	W_5	0.118	5
碳排放	W_6	0.120	4
能源消耗	W_7	0.051	8
噪声污染	W_8	0.045	11
污染物影响	W_9	0.059	7
空气质量	W_{10}	0.048	10
油罐储量	W_{11}	0.044	12
消防能力	W_{12}	0.097	6

3. 基于 GA-BP 的评价模型

BP 神经网络是一种模拟生物神经系统方式，通过对样本数据的不断学习来处理非线性问题的模型。根据城市交通能源供应站评价指标在早晚运营高峰时段的大量数据及客观性，选择基于神经网络算法的评价模型较为合适。BP 算法虽然有很多优势，但也存在一些问题：①确定初始值问题。神经网络初始阈值与权值往往是根据经验或随机生成的，会直接影响网络。②局部最优解问题。由于算法原理为梯度下降，算法对于某些问题可能会不可避免地出现局部最优解问题。利用 GA 具有的全局搜索性，降低 BP 初始值对网络的影响，可以使问题解得到全局最优。

1）确定城市交通能源供应站负效应评价系数

这里的样本数据为城市交通能源供应站负效应的评价系数。通过对多个影响因素进行分析，建立评价指标体系并确定评价指标权重系数后，可以得到城市交通能源供应站负效应的评价系数。

$$A_j = \sum_{j=1}^{n} W_j X_j \tag{3.14}$$

2）构建 GA-BP 网络

选用三层典型 BP 神经网络，即一个输入层、一个隐含层和一个输出层。输出层节点数取决于输出值，传递函数使用 logsig 函数，输出为[0，1]的任意数。隐含层的设定根据以往研究总结的隐含层节点数规律及参考公式，选取隐含层 4~12 层结果对比，如表 3.2 所示，隐含层节点数为 8 时，均方误差和平均相对误差的值最小，因此设置隐含层节点数为 8。在相同误差 0.000 01 目标下选择 trainbfg 算法。遗传算法部分是选取最优初始权值和阈值的过程。染色体的长度是由连接权值和阈值的个数决定的，其中输入层到隐含层有 12×8+8=104 个权值和阈值，隐含层到输出层有 8×1+1=9 个权值和阈值，所以染色体的长度为 113。通过实数编码方法将 BP 的权值和阈值转换成多个体组成的种群，GA-BP 的相关参数设定如表 3.3 所示。

表 3.2　不同隐含层节点数结果对比

隐含层节点数	均方误差（MSE）	平均相对误差
4	0.001 044 7	8.66%
5	0.000 834 92	7.18%
6	0.000 852 7	9.07%
7	0.000 938 37	8.88%
8	0.000 384 34	5.52%
9	0.004 463 7	16.82%
10	0.002 889 2	16.95%
11	0.005 200 9	19.40%
12	0.005 502 2	23.43%

表 3.3　GA-BP 相关参数设定

名称	数值	名称	数值
输入层	12	种群规模	100
输出层	1	迭代次数	150
隐含层	8	最小误差	0.000 01
交叉率	0.85	训练次数	2 000
变异率	0.001	学习速率	0.1

3）划分城市交通能源供应站负效应评价等级

为清晰明了表示城市交通能源供应站负效应状态，根据评价系数将城市交通能源供应站负效应状态等距划分为 5 个等级。对于不同的城市交通能源供应站，可以根据其评价系数直观地分析出其负效应等级，如表 3.4 所示。1 级表示补能车流溢出能源供应站并严重扰乱主干道车流，密集的补能车辆行驶、停顿产生大量能源消耗及碳排放；2 级表示补能车辆在能源供应站内部发生排队现象且最高达到能源供应站容量，同样也会产生各种污染与能源消耗；3 级表示补能车辆在能源供应站产生轻微排队等待现象，但等待时间较短且站点支路上无车辆停靠；4 级表示补能车辆基本实现随补随走，站内车流相对顺畅，污染物及碳排放等维持在合理范围内；5 级表示能源供应站内无连续补能车辆，补能行为零散或无补能行为发生，因补能车辆数量较少，所以污染及能源消耗较小。

表 3.4　城市交通能源供应站负效应评价等级划分标准

等级	系数区间	负效应程度
1 级	(0.8, 1.0]	非常严重
2 级	(0.6, 0.8]	较严重
3 级	(0.4, 0.6]	一般严重
4 级	(0.2, 0.4]	较不严重
5 级	(0.0, 0.2]	不严重

3.3　城市交通能源供应网络负效应评估

3.3.1　城市交通能源供应网络负效应指标选择

城市交通能源供应站负效应主要是指站点在运营过程中对周围环境产生的负面影响，包含车辆发生补能行为及站点运营建设本身两部分。在城市道路中通行的车辆分为电动汽车和燃油汽车，因此交通能源供应站可分为两类：快速加油加气站和充电站。快速加油加气站可以快速加注化石燃油且典型加油时间不到 5 分钟。相反，充电站需要更长的时间来充电，即使是快充也需要两个小时左右，过程中势必会造成车辆排队的时间延误、二氧化碳排放、能源消耗及对周围的噪声、场地安全等负效应。负效应产生所涉及的影响因素较多，因此利用评价模型可以综合考虑各方面因素来分析站点在时间段内负效应的周期变化情况。

结合各学者对城市交通能源供应站不同方面的相关影响研究及实地调研情况，综合考虑车辆发生补能行为负效应评价影响因素，从交通效率影响、站点服务影响、环境影响及安全风险影响 4 个方面共统计划分出 12 个影响因素，归一化统一量纲后采用熵权法可得到 12 个影响因素的权重关系，如表 3.1 所示。

由于各指标因素之间相互影响关联，按照全面性、测量便捷性等原则合并舍弃部分因素，最终选出 3 个指标作为衡量城市交通能源供应网络负效应代表性指标，即路段行驶时间、平均延误时间、碳排放。

路段行驶时间是指在设有能源供应站节点的前后路段上车辆实际通行该路段需要的时间：

$$T_i = \frac{l_a}{v_a} - \frac{l_{a+1}}{v_{a+1}} \tag{3.15}$$

其中，T_i 为车辆行驶时间；l_a 为站点前一路段长度；v_a 为站点前一路段平均行驶速度。路段行驶时间成本 C_t^s 为

$$C_t^s = p_v T_i = p_v \left(\frac{l_a}{v_a} - \frac{l_{a+1}}{v_{a+1}} \right) \tag{3.16}$$

其中，p_v 为车辆行驶中的单位时间成本。

平均延误时间为单位时间内所有补能车辆延误时间的均值，包括排队时间和补能时间，根据 $M/M/S$ 排队模型可得到车辆补能延误时间：

$$\rho = \frac{x_{j.d}}{\kappa_j \mu} \tag{3.17}$$

$$P_0 = \left[\sum_{\kappa=0}^{\kappa_j-1} \frac{1}{\kappa_j!} \left(\frac{x_{j.d}}{\mu} \right)^k + \frac{1}{\kappa_j!} \frac{1}{1-\rho} \left(\frac{x_{j.d}}{\mu} \right)^{\kappa_j} \right]^{-1} \tag{3.18}$$

$$L_q = \frac{P_0 \rho (\kappa_j \rho)^{\kappa_j}}{\kappa_j!(1-\rho)^2} \tag{3.19}$$

$$W_{\kappa_j} = \frac{L_q}{x_{j.d}} + \frac{1}{\mu} \tag{3.20}$$

其中，ρ 为系统服务强度；$x_{j.d}$ 为单位时间到达补能站点 j 的补能流量；κ_j 为站点 j 的独立服务器数量；μ 为单位时间服务率；P_0 为服务器空闲率；L_q 为平均车辆等待量；W_{κ_j} 为车辆平均延误时间。

总延误时间成本 C_d^s 可表示为

$$C_d^s = p_v W_{\kappa_j} \tag{3.21}$$

碳排放指补能车辆在站点内行驶或因排队频繁启动怠速等行为产生的碳排放，又称为冷排放，排放成本 C_c^s 可以表示为

$$C_c^s = f_c A_i N_i D_{ed} \gamma_{i.d} \tag{3.22}$$

其中，f_c 为碳排放量的单位成本；A_i 为车辆每小时怠速油耗量；$\gamma_{i.d}$ 为碳排放转换系数；N_i 为怠速车辆数；D_{ed} 为平均怠速时间。

根据三个指标之间的权重关系并归一化处理，计算得到站点 j 的负效应系数：

$$NE_j = W_t C_t^s + W_d C_d^s + W_c C_c^s \tag{3.23}$$

其中，W_t 是 C_t^s 的权重系数，W_d 是 C_d^s 的权重系数，W_c 是 C_c^s 的权重系数。

通过对不同站点每一时间段的指标数据进行测量，得出区域内所有站点的负

效应系数随时间变化的数值，将其作为原始数据样本，将一个周期根据负效应的变化关系划分为多个时间段，利用神经网络算法能够评估出区域内站点负效应变化趋势。

3.3.2　城市交通补能车辆路径负效应评估

在车辆补能行为发生时产生的负效应主要包括车辆能源消耗、延误时间及司机心理焦虑等。将额外行驶里程折入司机总行驶里程与能源消耗一起计算司机行驶成本来量化司机路径负效应。因此，城市道路考虑为一大型交通网络 $G(N,A,S)$，其中，N 为网络节点集合，A 为网络中的路段集合，S 为网络节点中设置的能源供应站。将该网络任一入口到任一出口设定为一个 OD 对，拥有补能需求车辆进入该区域后根据车辆剩余行驶里程及行驶方向划分该补能车辆选择支持的补能站点。网络中对于所有 OD 对 $w \in W$ 的日常行驶车辆在路径 $p \in P$ 上的车流主要由三类车辆组成，即无补能需求车辆、需要补能的电动车和需要补能的燃油车。车辆在 OD 对间通过的路径为 P^w，车辆从产生补能需求并完成补能回到其 OD 路径上为 p'^w，当车辆在其 OD 路径上没有可选站点时会发生路径偏离，产生额外里程 ω_0，更新车辆新的行驶路径 $\overline{P^w}$，其中，$p'^w \in \overline{P^w}$ 且路径长度 $L\left(\overline{p^w}\right) \geqslant L\left(p^w\right)$。因此得到路径偏离产生的额外里程为 $\omega_0 = L\left(\overline{p^w}\right) - L\left(p^w\right)$，其中，当 $L\left(\overline{p^w}\right) = L\left(p^w\right)$ 时，$\omega_0 = 0$，表示车辆在产生补能需求后要前往的目的充电站位于该车辆的原始路径上。

假设车辆在旅行过程中最多补能一次且不同类型车辆补能需求与其流量有关，设电动车与燃油车比率为 r，其中电动车充电比例与车辆剩余里程 ξ_0 及司机心理焦虑程度 ψ 有关，设为 α_e^w：

$$\alpha_e^w = \frac{2L_e^w}{\xi_0 \psi} \tag{3.24}$$

$$L_e^w = \frac{\sum\limits_{p \in P^w} f_{p.e}^w L\left(\overline{p^w}\right)}{\sum\limits_{p \in P^w} f_{p.e}^w} \tag{3.25}$$

其中，L_e^w 为 OD 对之间电动汽车的加权平均行程距离，日常旅行车辆往返途中充电距离应小于车辆剩余里程；$f_{p.e}^w$ 为 OD 对 $w \in W$ 之间的路径 $p \in P^w$ 上在时间周期 $t \in T$ 内的电动车流量。

根据路径 $p \in P$ 上能源供应站不同时间段 $t \in T$ 的负效应变化，在每一时间段内将在上一时间段的基础上迭代分配。前一时间段 Δt 内需要补能的车辆在该时间周期结束后未能到达站点进行补能，则在下一时间周期 $\Delta t+1$ 中与其本来需要分配的补能需求车辆一起分配，得到每一时间段的路段流量，就能计算车辆行驶路径负效应，其中行驶里程能源消耗根据车辆类型不同，需要分别计算。司机出行成本使用美国联邦公共道路局函数表示，路径 $p \in P$ 由路段 $a \in A$ 组成，每一路段的长度 l_a 在实际路网中往往有所差异，且根据道路等级不同通行能力也有所不同：

$$t_{a,t}(x) = t_{a,t}^0 \left[1 + 0.15 \left(\frac{x_{a,t}}{c_{a,t}} \right)^4 \right] \tag{3.26}$$

$$C_{a,t}(x) = C_{a,t}^0 \left[1 + 0.15 \left(\frac{x_{a,t}}{c_{a,t}} \right)^4 \right] \tag{3.27}$$

其中，$t_{a,t}(x)$ 为时间段 $t \in T$ 出行时间；$t_{a,t}^0$ 为路段 $a \in A$ 在时间段 $t \in T$ 的自由流出行时间；$c_{a,t}$ 为时间段 $t \in T$ 路段容量；$C_{a,t}^0$ 为路段 $a \in A$ 在时间段 $t \in T$ 的自由流出行费用；$x_{a,t}$ 为时间段 $t \in T$ 路段交通量；$C_{a,t}(x)$ 为时间段 $t \in T$ 出行费用。

3.3.3　城市交通能源供应网络负效应评估模型

神经网络是前向神经网络中最核心的部分，但是存在一些缺陷，如学习收敛速度较慢、不能保证收敛到全局最小点、网络结构不确定等。遗传算法是一种经典的优化算法，具有收敛速度快，实用性广等优点。通过遗传算法对 BP 神经网络的关键权重及阈值进行优化，提高神经网络的训练速度和评估准确度。这里使用三层经典网络即一个输入层、一个隐含层和一个输出层。传递函数使用 tansig 函数，选取隐含层节点为 5，采用梯度下降法训练。遗传算法部分是选取最优初始权值和阈值的过程。染色体的长度是由连接权值和阈值的个数决定的，通过实数编码方法将 BP 的权值和阈值转换成多个体组成的种群。该方法适用于内部机制复杂的网络评估，能为城市交通能源供应网络负效应评估提供帮助。

评估前需要收集工作日高峰期区域内城市交通能源供应站的原始数据，同时也可以观察车流的整体趋势，以便负效应成本计算。根据交通能源站点车流量趋势特点可以大致推断出负效应的趋势应与车流量一致，周期性车流量会呈现出明显的时间序列周期特性，通过 GA-BP 算法能得到最终的评估结果，如表 3.5 所示。

表 3.5　不同隐含层节点数误差比较

隐含层节点数	3	4	5	6	7
绝对平均误差	0.318	0.279	0.272	0.298	0.318

3.3.4　节假日城市交通能源供应网络负效应模型构建

上节中的评估模型可以评估日常交通路网中的能源供应系统负效应成本，但节假日期间车辆补能用户需求激增，无法根据日常出行流量直接评估，故通过路网交通分配模型，得到特殊需求量下路网交通流量。为了便于计算及建模，将该时间范围 T 划分为一组离散的时间段 $t \in T$ 来处理周期补能负效应，不同补能站点位于不同位置，所以它们有不同的负效应。实际环境中负效应变化随补能车流量变化，且补能车流也并不是一个连续平滑的函数，根据其单位时间的变化趋势，每个时间段的负效应为该段负效应累积均值。

1. 模型假设及符号说明

该模型基于时间序列对当前时间段 $t \in T$ 的补能需求车辆 q_Δ^w 进行分配，分配方式基于负效应最小化的路径选择，因此将各部分负效应成本作为边权重。当权重相同时，则基于最短路径原则在权重相同的备选路径中进行分配。假设路段 $a \in A$ 的边权重为时间段 $t \in T$ 的路段权重与能源供应站权重之和，其中，路段 a_j 位于站点 S_j 之前，即补能车辆从第 a_j 路段经过到达站点 S_j，路段 $a \in A$ 边权重为

$$W_{a,t} = \eta \left[C_{a,t}\left(x_a \right) + F l_a p_v \right] + \left(1 - \eta \right) \mathrm{NE}_{s_j}^{a,t} \delta_a \qquad （3.28）$$

其中，η 为权重系数；F 为单位路段长度能源消耗成本；$\mathrm{NE}_{s_j}^{a,t}$ 为 t 时刻车辆从 a 路段到达 S_j 的负效应系数；δ_a 为 0-1 变量，δ_a 为 1 表示有能源供应站，δ_a 为 0 表示无能源供应站。

该模型符号及含义如表 3.6 所示。

表 3.6　模型符号及含义说明

集合	含义
A	网络中的路段集合 $a \in A$
P	网络中的路径集合 $p \in P$
N	网络节点集合
S	网络节点中的能源供应站集合 $s \in S$，$S \in N$

续表

集合	含义
W	网络中车辆旅行 OD 对集合 $w \in W$
D	网络中有补能需求车辆集合 $\forall d \in D$
参数	含义
α_e^w	OD 对 $w \in W$ 之间电动车有充电需求比率
r	电动车与燃油车数量比例系数
F_e	单位路段长度电力成本
F_g	单位路段长度燃油成本
p_v^e	电动车司机单位时间价值
q_t^w	OD 对 $w \in W$ 之间在时间周期 $t \in T$ 的总车流量
$\delta_{a,p}^w$	在 OD 对 $w \in W$ 之间的路径 $p \in P^w$ 上对于路段 $a \in A$ 没有补能需求车辆通过为 1，否则为 0
$\delta_{a,p}^{ws}$	在 OD 对 $w \in W$ 之间路径 $p \in P^w$ 上对于路段 $a \in A$ 补能需求车辆在站点 $s \in S$ 补能为 1，否则为 0
变量	含义
$x_{a,t}$	路径 $a \in A$ 上在时间周期 $t \in T$ 内的总流量
$x_{a,t}^g$	路径 $a \in A$ 上在时间周期 $t \in T$ 内的燃油车流量
$x_{a,t}^e$	路径 $a \in A$ 上在时间周期 $t \in T$ 内的电动车流量
$x_{a,t}^d$	路径 $a \in A$ 上在时间周期 $t \in T$ 内需要补能的车流量
$x_{a,t}^{e,d}$	路径 $a \in A$ 上在时间周期 $t \in T$ 内需要补能的电动车流量
$x_{a,t}^{g,d}$	路径 $a \in A$ 上在时间周期 $t \in T$ 内需要补能的燃油车流量
$q_{g,t}^w$	在时间周期 $t \in T$ 内燃油车交通量
$q_{e,t}^w$	在时间周期 $t \in T$ 内电动车交通量
$f_{p,g}^w$	OD 对 $w \in W$ 之间的路径 $p \in P^w$ 上在时间周期 $t \in T$ 内的燃油车流量
$f_{p,e}^w$	OD 对 $w \in W$ 之间的路径 $p \in P^w$ 上在时间周期 $t \in T$ 内的电动车流量
$f_{p,g}^{wd}$	OD 对 $w \in W$ 之间的路径 $p \in P^w$ 上在时间周期 $t \in T$ 内需要补能的燃油车流量
$f_{p,e}^{wd}$	OD 对 $w \in W$ 之间的路径 $p \in P^w$ 上在时间周期 $t \in T$ 内需要补能的电动车流量

2. 混合路网均衡模型

为得到节假日期间特殊需求流量情况下城市交通路网流量，采用改进的混合路网均衡模型，该模型为基于时间序列的动态车辆补能分配求解模型，具体如下：

$$\text{s.t. } \min Z_t(x) = \sum_{t \in T}\left(\sum_{a \in A}\int_0^{x_{a,t}} C_{a,t}(x)\mathrm{d}x + \sum_{a \in A} F_e l_a x_{a,t}^e p_v^e + \sum_{a \in A} F_g l_a x_{a,t}^g p_v^g\right)$$

(3.29)

$$\sum_{w \in W}\sum_{p \in P^w} f_{p,g}^w = q_{g,t}^w \tag{3.30}$$

$$\sum_{w \in W}\sum_{p \in P^w} f_{p,e}^w = q_{e,t}^w \tag{3.31}$$

$$\sum_{w \in W}\sum_{p \in P^w} f_{p,g}^{\mathrm{wd}} = r\alpha_e^w q_{g,t}^w \tag{3.32}$$

$$\sum_{w \in W}\sum_{p \in P^w} f_{p,e}^{\mathrm{wd}} = \alpha_e^w q_{e,t}^w \tag{3.33}$$

$$q_{g,t}^w + q_{e,t}^w = q_t^w \tag{3.34}$$

$$x_{a,t}^g = \sum_{w \in W}\sum_{s \in S}\sum_{p \in P^w} f_{p,g}^w \delta_{a,p}^w, \quad \forall a \in A, \quad \forall w \in W \tag{3.35}$$

$$x_{a,t}^e = \sum_{w \in W}\sum_{s \in S}\sum_{p \in P^w} f_{p,e}^w \delta_{a,p}^w, \quad \forall a \in A, \quad \forall w \in W \tag{3.36}$$

$$x_{a,t}^{e,d} = \sum_{w \in W}\sum_{s \in S}\sum_{p \in P^w} f_{p,e}^{\mathrm{wd}} \delta_{a,p}^{\mathrm{ws}}, \quad \forall d \in D, \quad \forall a \in A, \quad \forall w \in W \tag{3.37}$$

$$x_{a,t}^{g,d} = \sum_{w \in W}\sum_{s \in S}\sum_{p \in P^w} f_{p,g}^{\mathrm{wd}} \delta_{a,p}^{\mathrm{ws}}, \quad \forall d \in D, \quad \forall a \in A, \quad \forall w \in W \tag{3.38}$$

$$x_{a,t}^d = x_{a,t}^{e,d} + x_{a,t}^{g,d}, \quad \forall a \in A, \quad \forall d \in D \tag{3.39}$$

$$x_{a,t} = x_{a,t}^g + x_{a,t}^e + x_{a,t}^d, \quad \forall a \in A, \quad \forall d \in D \tag{3.40}$$

$$f_{p,g}^w, f_{p,e}^w, f_{p,e}^{\mathrm{wd}}, f_{p,g}^{\mathrm{wd}} \geqslant 0, \quad \forall w \in W, \quad \forall d \in D, \quad \forall a \in A, \quad \forall s \in S \tag{3.41}$$

$$\delta_{a,p}^w, \delta_{a,p}^{\mathrm{ws}} \in \{0,1\}, \quad \forall w \in W, \quad \forall a \in A, \quad \forall s \in S \tag{3.42}$$

式（3.30）~式（3.34）是 OD 对间的流量守恒约束。式（3.35）~式（3.38）是路径流量和路段流量之间的关联关系约束。式（3.34）、式（3.39）、式（3.40）是数量关系约束。式（3.41）是路径流量的非负约束。式（3.42）是 0-1 变量。目标函数是所有路段上交通累积行驶时间成本及行驶路径能源消耗成本之和，其作用主要是使得模型的求解结果满足用户均衡条件。该模型使用 Frank-Wolfe 算法求解，得到时间序列下基于城市交通能源网络路段配流结果。

3.4　城市交通能源供应站及网络负效应评估实例

3.4.1　城市交通能源供应站负效应评估实例

选取重庆市南岸区主干道上某一中石油加油加气站点并结合百度地图智慧交通，以每小时为一单位时间段，通过对建立的评价指标进行相关数据收集及计算，实例研究其单位时间段内的负效应状况。

1. 站点评价指标值标准化

根据车流量随时间变化规律分为早高峰期（7：00~9：00）与晚高峰期（17：00~19：00），以该站点每小时的指标数据为输入向量，收集整理两个工作日早高峰至晚高峰结束（7：00~22：00）共30小时数据，并进行标准化处理后得到城市交通能源供应站负效应评价价值矩阵数据集，如表3.7所示。

表 3.7　评价指标值标准化

时段	W_1	W_2	W_3	W_4	W_5	W_6	W_7	W_8	W_9	W_{10}	W_{11}	W_{12}
T_1	0.628	0.286	0.605	0.836	0.861	0.852	0.889	0.888	0.888	0.696	0.113	0.955
T_2	0.637	0.508	0.255	0.849	0.874	0.865	0.903	0.902	0.902	0.747	0.099	0.955
T_3	0.450	0.453	0.321	0.574	0.580	0.578	0.586	0.586	0.586	0.619	0.415	0.955
T_4	0.501	0.352	0.473	0.650	0.661	0.657	0.673	0.673	0.673	0.703	0.327	0.955
T_5	0.355	0.199	0.845	0.436	0.431	0.433	0.426	0.426	0.426	0.637	0.574	0.955
T_6	0.220	0.156	1.000	0.238	0.219	0.226	0.197	0.197	0.198	0.540	0.801	0.955
T_7	0.289	0.165	0.964	0.339	0.327	0.331	0.314	0.314	0.314	0.488	0.685	0.045
T_8	0.243	0.259	0.669	0.272	0.255	0.261	0.236	0.236	0.236	0.443	0.763	0.955
T_9	0.314	0.348	0.481	0.375	0.366	0.369	0.356	0.356	0.356	0.428	0.643	0.045
T_{10}	0.567	0.424	0.359	0.746	0.765	0.758	0.785	0.785	0.784	0.340	0.217	0.500
T_{11}	0.510	0.596	0.168	0.662	0.674	0.670	0.688	0.688	0.688	0.302	0.313	0.955
T_{12}	0.618	0.750	0.054	0.821	0.844	0.836	0.870	0.870	0.870	0.373	0.131	0.955
T_{13}	0.286	0.485	0.281	0.335	0.323	0.327	0.309	0.310	0.310	0.624	0.690	0.955
T_{14}	0.171	0.336	0.502	0.166	0.141	0.150	0.114	0.114	0.114	0.774	0.885	0.955
T_{15}	0.104	0.276	0.630	0.067	0.035	0.047	0.000	0.000	0.001	0.774	0.998	0.955

续表

时段	W_1	W_2	W_3	W_4	W_5	W_6	W_7	W_8	W_9	W_{10}	W_{11}	W_{12}
T_{16}	0.969	0.331	0.512	0.933	0.965	0.953	1.000	1.000	0.999	0.807	0.002	0.500
T_{17}	0.612	0.642	0.130	0.765	0.784	0.777	0.806	0.806	0.805	0.646	0.196	0.500
T_{18}	0.061	0.543	0.218	0.462	0.459	0.460	0.456	0.456	0.456	0.452	0.544	0.500
T_{19}	0.076	0.364	0.453	0.305	0.291	0.296	0.275	0.275	0.275	0.202	0.724	0.500
T_{20}	0.047	0.219	0.782	0.372	0.363	0.366	0.353	0.353	0.353	0.353	0.647	0.500
T_{21}	0.272	0.160	0.986	0.092	0.062	0.073	0.029	0.029	0.030	0.140	0.969	0.500
T_{22}	0.162	0.196	0.853	0.148	0.122	0.132	0.094	0.094	0.094	0.108	0.904	0.500
T_{23}	0.071	0.340	0.496	0.283	0.267	0.272	0.249	0.249	0.249	0.218	0.750	0.500
T_{24}	0.084	0.408	0.383	0.160	0.135	0.143	0.107	0.107	0.107	0.058	0.891	0.500
T_{25}	0.097	0.471	0.298	0.350	0.339	0.343	0.327	0.327	0.327	0.000	0.672	0.500
T_{26}	0.685	0.659	0.117	0.798	0.820	0.813	0.845	0.844	0.844	0.425	0.157	0.500
T_{27}	0.413	0.844	0.000	0.765	0.784	0.777	0.806	0.806	0.805	0.327	0.196	0.500
T_{28}	0.092	0.544	0.217	0.574	0.580	0.578	0.586	0.586	0.586	0.925	0.415	0.955
T_{29}	0.196	0.356	0.465	0.384	0.375	0.378	0.366	0.366	0.366	0.970	0.634	0.955
T_{30}	0.031	0.276	0.629	0.272	0.255	0.261	0.236	0.236	0.236	1.000	0.763	0.955

2. 负效应系数评价

根据熵权法确定出表 3.7 中的各指标权重，通过计算得到城市交通能源供应站负效应系数期望值。将无量纲化处理的评价指标值以 12×30 的评价矩阵形式输入 GA-BP 算法，并取前 20 行数据作为训练集，后 10 行数据作为测试集，得到 GA-BP 算法评估输出，如表 3.8 所示。随着时间变化，负效应等级也在不断变化，但该站点处于城市主干快速路上，车流量较大，其负效应等级主要维持在 3~4 级。该结果时段为 12：00~22：00，晚高峰集中在 17：00 并延续至 20：00，负效应等级为 3 级。另外，可以看出 20：00 以后参与补能的车辆也比中午多，与实际调研情况相符。

表 3.8　各时间段负效应系数及等级

时间段编号	时间段	负效应系数值	等级
A_1	12：00~13：00	0.186	5 级
A_2	13：00~14：00	0.195	5 级
A_3	14：00~15：00	0.244	4 级

续表

时间段编号	时间段	负效应系数值	等级
A_4	15：00~16：00	0.192	5级
A_5	16：00~17：00	0.271	4级
A_6	17：00~18：00	0.536	3级
A_7	18：00~19：00	0.506	3级
A_8	19：00~20：00	0.435	3级
A_9	20：00~21：00	0.361	4级
A_{10}	21：00~22：00	0.300	4级

3. 结果分析

在 GA-BP 算法中通过对不同算法的训练及结果对比（表 3.9），发现 trainbfg 算法性能更优。训练次数到 26 次时停止了训练，误差收敛稳定，结果较好，如图 3.3 所示。训练拟合回归 R 相关性系数值达到 0.995 左右，如图 3.4 所示。网络输出与期望输出误差如图 3.5、图 3.6 所示，平均绝对误差（MAE）为 0.017，均方根误差（RMSE）为 0.020，最小相对误差为 0.008，最大相对误差为 0.119，平均相对百分比误差为 0.055。种群适应度在迭代到第 54 代时开始稳定，如图 3.7 所示。

表 3.9 不同算法函数误差比较

算法函数	均方误差（MSE）
traingdx	0.002 803 20
trainlm	0.000 415 56
trainbfg	0.000 384 34
traingd	0.004 366 60
traingda	0.002 789 30
traingdm	0.004 221 00
trainrp	0.011 892 00
trainscg	0.000 405 01
trainoss	0.001 157 50

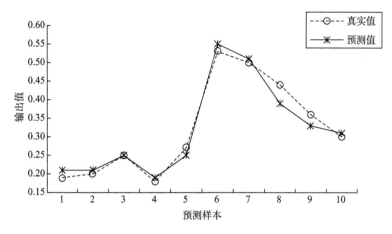

图 3.3 评估样本真实值与评估值对比

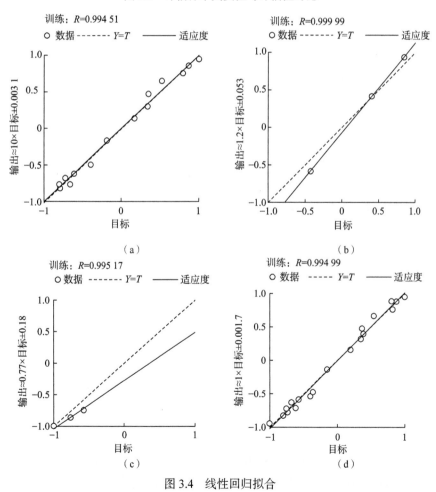

图 3.4 线性回归拟合

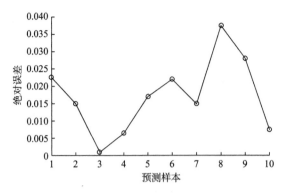

图 3.5　GA-BP 输出绝对误差

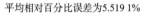

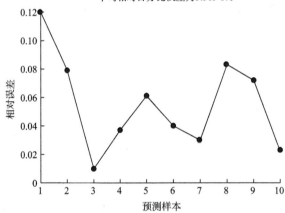

图 3.6　GA-BP 输出相对误差

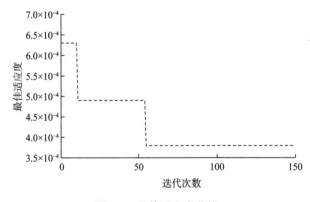

图 3.7　最佳适应度曲线

　　从算法结果及收敛情况可以看出，GA-BP 算法对城市交通能源供应站负效应评价有良好的适用性，能够客观合理地分析站点随时间变化的负效应变化情况，对揭示城市机动车辆的补能行为影响及优化能源供应站分布情况有重要参考作用。

3.4.2　城市交通能源供应网络负效应评估实例

为验证所提出的模型和算法的有效性，以重庆市九龙坡区路网为例进行验算，如图 3.8 所示。该网络共有 15 个节点和 20 个路段。节点中有两个加油加气站节点和两个充电站节点，6、11 表示充电站节点，7、10 表示加油加气站节点；有 2 个 OD 对起止点共 4 个 OD 对，即节点 1 和节点 4 为起点，节点 2 和节点 3 为终点，OD 对为 1→2、1→3、4→2 和 4→3。不同道路等级的路段容量及流量有显著差异，对车辆路径选择有重要影响。在路段中一共分为 3 个道路等级，不同的道路等级由不同粗细的箭头表示，其中路段 1、2、5、6、7、10、13、14、16 和 19 为主干快速路，路段 3、9、11、12、15、17、18 和 20 为主干道，路段 4 和 8 为次干道。

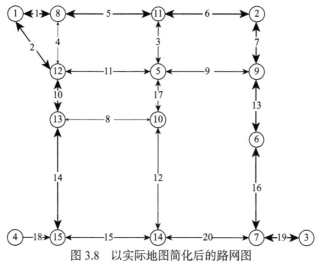

图 3.8　以实际地图简化后的路网图

根据各节点所处道路等级位置，选取实际对应等级道路上高峰期数据计算。图 3.9 为 4 个站点周一至周四在 6：00~12：00 时间段的负效应变化。可以看出节点 6 和节点 10 在早高峰期负效应迎来较高的峰值，节点 11 的峰值不明显，呈现出长时间处于较高负效应的水平，且 4 个节点迎来最高峰值的时间点不相同。可以观察出节点 7 在短时间内迎来峰值而节点 6 相反，节点 6 在迎来峰值前有过渡时间且峰值过后迅速回落，节点 10 在峰值前后都有一定时间的过渡。

要评估周五的负效应成本变化趋势，可以基于前四天的数据，通过 GA-BP 算法得到。该数据为每 5 分钟测一次，每一站点包含 365 个数据，将前 292 个数据作为训练集，后 73 个数据作为测试集，得到结果，如图 3.10 所示。

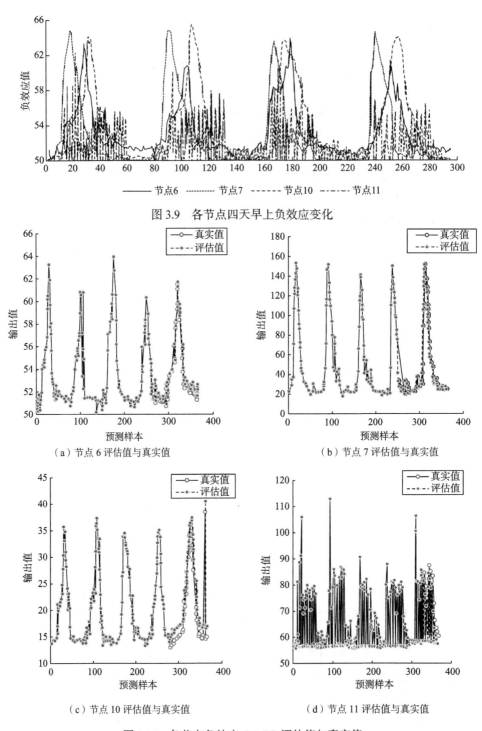

图 3.9　各节点四天早上负效应变化

（a）节点 6 评估值与真实值

（b）节点 7 评估值与真实值

（c）节点 10 评估值与真实值

（d）节点 11 评估值与真实值

图 3.10　各节点负效应 GA-BP 评估值与真实值

各节点评估误差与决定系数如表 3.10 所示,平均相对误差几乎在 0.1 以下,决定系数 R^2 均在 0.98 以上。平均相对百分比误差如图 3.11 所示,节点 6 平均相对百分比误差为 0.503 08%,节点 7 平均相对百分比误差为 10.698 6%,节点 10 平均相对百分比误差为 3.424%,节点 11 平均相对百分比误差为 2.002 6%。另外,神经网络结果各部分线性回归拟合 R 值如图 3.12~图 3.15 所示,可以看出拟合结果较好。

表 3.10　各节点评估误差与决定系数

节点	平均绝对误差	平均相对误差	决定系数 R^2
6	1.257	0.020	0.983
7	3.791	0.107	0.985
10	0.625	0.034	0.989
11	0.272	0.005	0.988

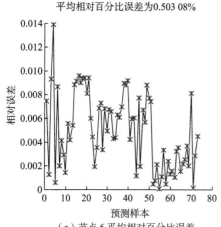

（a）节点 6 平均相对百分比误差

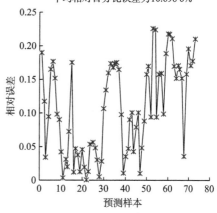

（b）节点 7 平均相对百分比误差

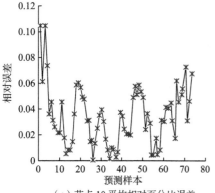

（c）节点 10 平均相对百分比误差

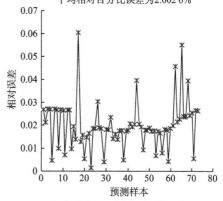

（d）节点 11 平均相对百分比误差

图 3.11　各节点负效应 GA-BP 评估值与真实值误差比较

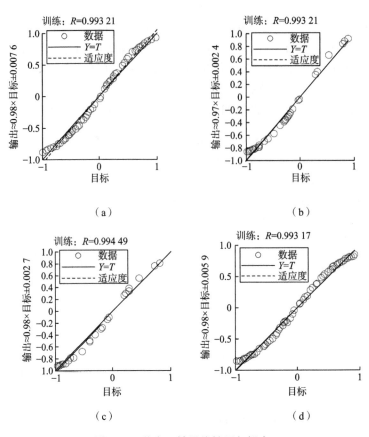

图 3.12 节点 6 结果线性回归拟合

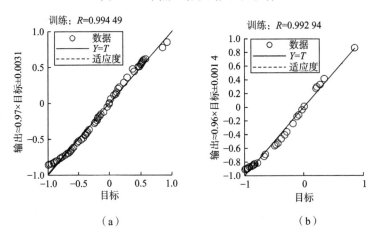

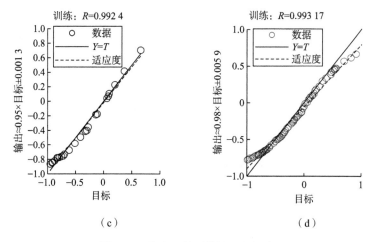

图 3.13　节点 7 结果线性回归拟合

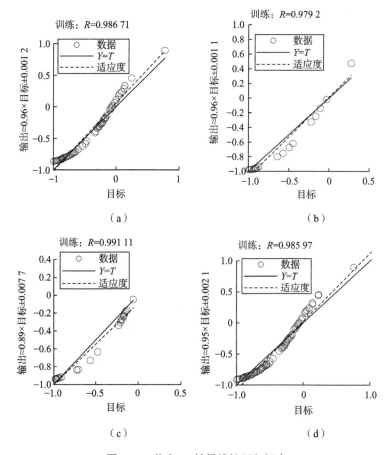

图 3.14　节点 10 结果线性回归拟合

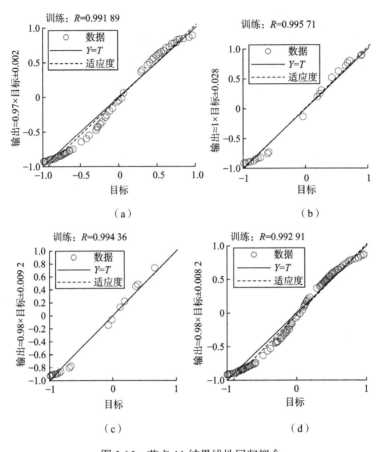

图 3.15　节点 11 结果线性回归拟合

得到站点评估结果后,可以观察出各城市交通能源供应站负效应趋势,也体现出该站点补能车流量随时间变化趋势。可以发现各节点在补能车流量增加时,产生的负效应增加,并且峰值时间延长,原因在于车流量集中于某个节点补能,引起长时间排队等待,导致补能产生的负效应相应升高。当增加补能节点时,各节点峰值有所下降,并且峰值时间缩短。图 3.16 为得到的 4 个交通能源供应站负效应评估值,将评估这一天的 4 个节点负效应依据其增量趋势划分为 6 个时间段。可以看出 4 个站点负效应几乎都在 9:00 开始上升,节点 7 的上升速度和量级明显大于其他 3 个节点,但从 10:00 开始节点 7 负效应迅速下降,而节点 6 和节点 10 依旧处于上升阶段且幅度不大,节点 11 长期处于负效应较高阶段。另外可以明显观察到空闲期节点 11 负效应值略大于节点 6、远大于节点 7 和节点 10,节点 10 基本处于负效应最小的位置。

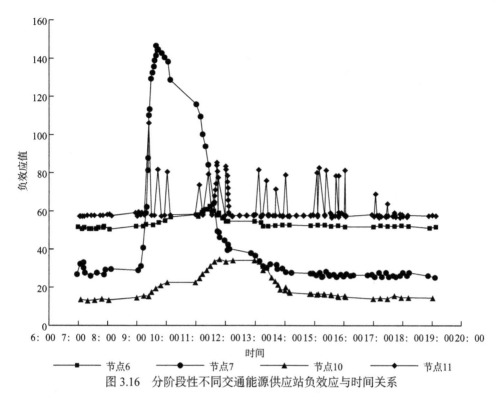

图 3.16　分阶段性不同交通能源供应站负效应与时间关系

要评估节假日的负效应，不能根据节假日前几天的车流量直接评估，一个重要原因是该区域内除日常周边出行车辆外，节假日额外增加了出行车辆。为评估节假日的补能负效应，可以根据划分的时间段，通过分配模型得到每一时间段内的补能流量，得到补能流量后就能计算出该时间段内的补能负效应成本。表 3.11 为各 OD 点对该时间段内的总需求量，该数据基于前一周当天数据统计得到。目前重庆市电动车与燃油车市场占有率为 1∶9，电动车安全行驶里程为 170 千米，对电量耗尽的焦虑系数为 0.8，边权重计算主要包括路段行驶权重与所接节点权重，其中路段行驶时间价值 BPR 函数采用经典参数，单位路段长度电力成本与单位路段长度燃油成本分别取 0.15 元/千米、1.5 元/千米；路网每一路段长度如表 3.12 所示。

表 3.11　对应时间段总需求量（单位：辆）

时间段	1→2	1→3	4→2	4→3
6：00~7：10	1 800	4 400	2 500	800
7：10~7：45	1 100	5 900	2 100	600
7：45~7：55	350	1 200	500	150

时间段	1→2	1→3	4→2	4→3
7：55~8：20	1 100	2 000	1 000	500
8：20~9：15	1 700	2 300	2 600	1 200
9：15~12：00	4 100	4 600	6 600	1 900

表 3.12　路网各路段长度

路段	长度/米	路段	长度/米
1	362	11	1 106
2	778	12	1 811
3	548	13	675
4	801	14	1 923
5	1 612	15	1 517
6	1 109	16	1 825
7	1 301	17	385
8	1 210	18	408
9	2 605	19	388
10	363	20	952

利用配流算法求得交通流量结果，如图 3.17 所示，能明显观察到在 7：10~7：45 时间段内各路段交通流量几乎都为最高，其次是 7：45~7：55，另外，路段 9 和 12 基本维持在较低的交通流量区间。根据 4 个站点的流量与补能情况，总结对比了 4 个节点 6 个时间段内的补能流量。从时间维度观察，同样是在 7：10~7：45 时间段内的补能车辆最多，而中午时间段则车辆较少。与总体行驶车流量对比趋势大致相同，且节点 6 站点流量最小，节点 7 与节点 10 体量近似，这是由补能需求车辆流量决定的，目前燃油车市场占有率依旧占较大份额。同样是充电站，节点 11 比节点 6 流量更高是因为节点 6 位于快速路上同时位于杨家坪商圈，因此流量更大。节点 7 相较于节点 10 流量更大的原因是由道路等级和离终点距离决定的，所以，各道路补能车流量的占有率将会显著影响补能中所产生的负效应。

能源侧变革会趋向于电动汽车，实现绿色化，使用上真正的可再生能源，同时，新能源汽车可以通过接入电网实现车网互动。未来 3~5 年，燃油车的使用将逐渐减少，电动汽车从小规模使用慢慢走向规模化使用的轨迹，能源革命和汽车革命将真正实现实质性的协同。随着电动车辆市场渗透率逐步提升，后续路网中的充电需求补能车辆比例也会逐渐增加，于是对比了电动车辆不同市场占有率情况下各时段的车流量情况，如图 3.18 所示，充电站节点的流量在市场占有率为30%时已基本持平，到 50%时充电站节点车流量开始超过加油加气站节点，到80%时完全超过，甚至比目前的两种类型车流量差距更大。

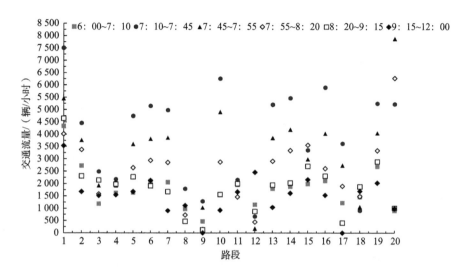

图 3.17　各路段不同时间段内交通流量均衡分配结果

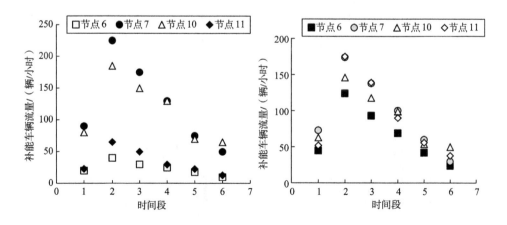

（a）电动车辆市场占有率 10%时补能车辆数　　　（b）电动车辆市场占有率 30%时补能车辆数

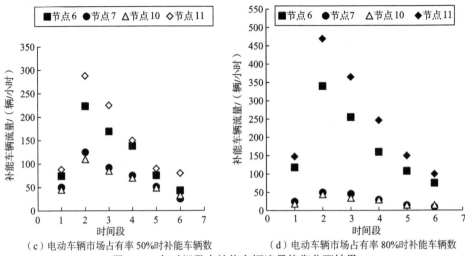

（c）电动车辆市场占有率 50%时补能车辆数　　　（d）电动车辆市场占有率 80%时补能车辆数

图 3.18　各时间段内补能车辆流量均衡分配结果

得到补能车辆路段流量后，计算出每一补能站点与对应路径上负效应，如图 3.19 所示，在 7：45~7：55 和 7：55~8：20 两个时间段内的负效应成本变高，测量总时间内总负效应成本为 16 821.52 元，其中节点 6 为 4 464.75 元，节点 7 为 7 471.88 元，节点 10 为 7 659.88 元，节点 11 为 5 408.92 元。从图 3.19 可以看出，随着电动车辆市场占有率提高，整体负效应水平在逐渐下降。电动车辆市场占有率为 30%时负效应成本为 12 281.23 元，同比下降 26.99%；电动车辆市场占有率为 50%时负效应成本为 11 197.77 元，同比下降 33.43%；电动车辆市场占有率为 80%时负效应成本为 11 885.71 元，同比下降 29.34%。但随着电动车辆数量增长带来的充电站充电时间过长导致的排队增加、时间延误问题越发明显。如何实现减少充电时间、增加充电站数量、提高电动车辆补能运转效率，将是今后电动车辆发展需要考虑的问题。

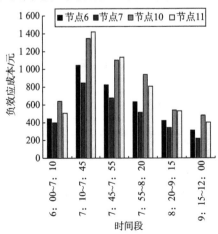

（a）电动车辆市场占有率 10%时负效应成本

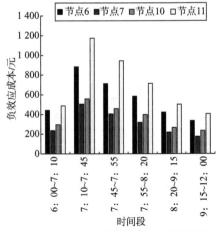

（b）电动车辆市场占有率 30%时负效应成本

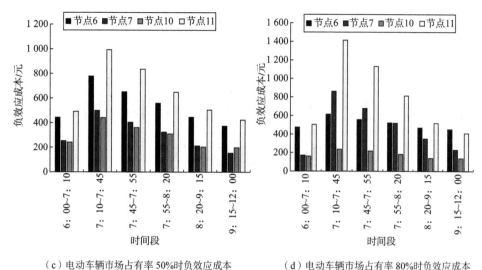

（c）电动车辆市场占有率50%时负效应成本　　　（d）电动车辆市场占有率80%时负效应成本

图 3.19　节假日补能车辆负效应成本

3.5　本章小结

本章首先对城市交通能源供应网络负效应进行了概念的界定，提出负效应的具体定义，根据负效应是否可以量化，分别梳理了不同负效应的表现形式；针对每一种补能负效应，明确了具体量化的方式。其次，从单站负效应评估入手，分别对单个补能站点及补能网络进行负效应评估。考虑到节假日出行需求激增的特点，建立了节假日交通能源供应网络负效应模型。最后，以重庆市区域路网为案例，进行了补能站点及网络负效应评估的实例研究。本章所提出的城市交通能源供应网络负效应评估方法，可为能源供应网络负效应减负机制研究提供优化目标。

第4章 基于负效应极小化的能源站点布局优化研究

4.1 补能站点选址的主要影响因素

由于补能站点的功能、作用及其对交通网络和周边环境的影响，选址主要考虑以下几个因素。

1. 城市总体规划

城市总体规划彰显了城市的政治、经济和文化，是市政建设与城市交通规范的准绳，因此补能站点的布局与建设需遵守城市的总体规划。就城市规划对补能站点布局的约束与限制而言，主要受到影响的群体是具有补能需求的用户。具体而言，城市的交通网络与土地规划决定了城市各区域的交通流量，这也影响了汽油、柴油、电能等交通能源的需求分布。此外，城市的限行政策也会对汽车通行数量造成影响，进而对城市各区域的补能需求造成影响。另外，城市土地规划也影响了成品油运送和电网的建设，这将对补能站点的投资和选址造成直接影响。因此，补能网络的布局与规模需符合城市土地规划，建立长远的计划，以满足城市未来发展对交通能源的需求。

2. 能源供给

成品油和电能作为补能站点销售最多的交通能源，其供给能力会对补能站点的运营与销售造成关键性的影响。因此，补能站点想要保证长久发展，须保持适当的能源库存与持久的能源供应，否则补能站点将无法展现其经济性、便利性等优势，甚至还会造成更多的负效应。

3. 土地使用及成本

土地使用及成本是补能站点布局规划中必须要考虑的因素。土地使用规划承载着城市中物质交换、能量流动、信息传递等经济效能，维持着城市经济发展和生态平衡。除此之外，补能站点的建设成本和运营成本是补能站点健康可持续运作的重要因素。因此，补能站点的布局规划必须考虑土地使用和建设运营成本因素。

4. 环境安全

补能站点布局规划必须将安全、健康、环保等因素置于关键地位。就目前来说，加油站、加气站和充电站的建设都已经是一项成熟的技术，但加油站涉及高压过程，加工对象易燃易爆，所以要考虑站区、电源进出线走廊、给排水及防洪设施、进出站道路的影响，在进行补能站点选址时，必须要考虑环境安全因素。

5. 交通路网

补能站点的位置将会影响附近区域路网的车辆行驶情况，道路等级、建筑类型、商业发展和时间等因素都会影响路况，进而造成道路拥堵、里程焦虑、多余绕行，甚至造成二次拥堵等负效应，所以在考虑补能站点的选址时，一定要全方面地参考实际位置中的交通路网情况，才能有效减负。

4.2　补能站点布局优化方法

4.2.1　基于 P-中值模型的布局方法

P-中值模型包括一个确定数量和位置的需求集合及一个站点候选位置集合，将 p 个数量的站点规划到合理的位置并使得每个需求点到达某个站点之间的运输成本最低。P-中值模型通常适用于配送和服务场景中的工厂、仓库、中转站的站点选址问题，一般要求站点和厂商或者用户之间的消耗成本最少。P-中值模型问题的约束条件、目标和变量定义如下，其目标函数为

$$\min \sum_{i \in N} \sum_{j \in M} d_i c_{ij} y_{ij} \qquad (4.1)$$

约束条件如下：

$$\sum_{j \in M} y_{ij} = 1, i \in N \qquad (4.2)$$

$$\sum_{j \in M} x_j = p \qquad (4.3)$$

$$y_{ij} \le x_j, i \in N, j \in M \qquad (4.4)$$

$$x_j \in \{0,1\}, i \in N, j \in M \qquad (4.5)$$

其中，N 为在研究场景中的 n 个客户点（需求点），$N = (1,2,\cdots,n)$；d_i 为第 i 个客户的需求量；M 为在研究对象中的 m 个拟建站点的候选地点，$M = (1,2,\cdots,m)$；c_{ij} 为从点 i 到 j 的单位运输成本；p 为拟定建立的设施总数（$p < m$）；$x_j - x_j = \begin{cases} 1, & \text{假设在 } j \in M \text{建设设施} \\ 0, & \text{其他情况} \end{cases}$；$y_{ij} - y_{ij} = \begin{cases} 1, & \text{假设客户在 } i \in N, \text{由设施 } j \in M \text{来提供服务} \\ 0, & \text{其他情形} \end{cases}$。

式（4.1）是模型的目标函数，式（4.2）约束每个需求点只分配一个设施为其提供服务，式（4.3）限制了站点数量的最大值量，式（4.4）表示没有设施的位置不存在对客户的服务。由上可知，求解一个 P-中值模型需要解决两个问题：①站点设施位置的选择和确定（变量 x）；②客户能否到达站点位置（变量 y）。

与求解覆盖模型相似，为了使总成本达到最小，当确定站点的位置时，将客户点分配到不同的站点中。此外。对于设施选址问题，P-中值主要采用两类方法：启发式和精确式算法。由于 P-中值模型是一个非确定性多项式问题，因而精确算法通常只能求解数据规模较小或者情景较为简单的 P-中值问题，对于大规模的数据，可以采用启发式算法，这里介绍一种 P-中值模型贪婪取走启发式算法，算法的基本步骤如下。

步骤 1：设定当前选中站点数量 $k = m$，即选中 m 个候选位置。

步骤 2：将客户分配给离他最近的一个站点，通过计算得到总运输成本 Z。

步骤 3：如果 $k = p$，则输出 k 个站点及各客户点的结果，否则进入步骤 4。

步骤 4：在 k 个候选站点的位置中确定一个点，选择条件为该点被删除后，将其客户分配给最近站点，如果总成本的增加量最小，则确定删除该点。

步骤 5：将删除的站点从集合中删去，令 $k = k+1$，重复步骤 2。

4.2.2　基于 P-中心模型的布局方法

P-中心模型是指在候选点集合中，选择 p 个站点位置，使之满足所有的，并确保需求点与其最近的站点的距离最小。P-中心模型在应急设施的选址上应用较广泛，如警局、消防局、医院等公共服务的选址，要求尽可能快地到达服务点。

P-中心模型可以通过数学语言进行描述，目标函数为

$$\min Z = \sum_{i=1}^{m} \sum_{j=1}^{n} d_{ij} x_{ij} \qquad (4.6)$$

约束条件为

$$\sum_{j=1}^{n} x_{ij} = 1 , \quad i = 1, 2, \cdots, m \qquad (4.7)$$

$$\sum_{j=1}^{n} y_j = p \qquad (4.8)$$

$$\sum_{i=1}^{m} q_i x_{ij} \leqslant c_j , \quad i = 1, 2, \cdots, n \qquad (4.9)$$

$$\sum_{i=1}^{m} \sum_{j=1}^{n} x_{ij} y_j = m \qquad (4.10)$$

其中，n 为选址候选节点；c_j 为第 j 个服务设施的最大服务能力；p 为设施总数；m 为需求点个数；d_{ij} 为从节点 i 到节点 j 的距离；$x_{ij} = \begin{cases} 1, \text{在 } i \text{ 节点的需求被 } j \text{ 节点的服务范围覆盖} \\ 0, \text{其他情况} \end{cases}$；$y_j = \begin{cases} 1, \text{第 } j \text{ 个服务设施启用} \\ 0, \text{其他情况} \end{cases}$。

式（4.7）表示每个需求点仅由一个站点服务，式（4.8）表示选址站点的数量，式（4.9）表示服务站点的对于客户点的服务能力约束，式（4.10）表示没有服务点的地方没有需求点出现。

4.2.3　基于覆盖模型的布局方法

覆盖模型分为最大覆盖模型和集覆盖模型，集覆盖模型主要研究在满足覆盖所有需求点服务的情况下，站点总的建站数量最少或建设成本最低的问题；最大覆盖模型主要研究在备选位置中，怎样选择 p 个服务站点，使得这些服务点满足的需求点数量最多或需求量达到最大。

集覆盖模型以成本优化为研究目标，通过设定仿真时间，在满足需求的情况下，计算出最小的总成本，因而不限定站点的数量。当每个站点的成本相同时，那么集覆盖模型的目标为站点数量最小化。目标函数为

$$\min \sum_{j \in M} c_j X_j \qquad (4.11)$$

约束条件为

$$\sum_{j \in M} Y_{ij} X_j \geqslant 1, \ \forall i \in N \qquad (4.12)$$

$$Y_{ij} \in \{0,1\}, \ \forall i \in N, \ \forall j \in M \qquad (4.13)$$

$$X_j \in \{0,1\}, \ \forall j \in M \qquad (4.14)$$

其中，N 为需求点集；M 为候选集；i 为需求点，$i \in N$；j 为候选站点，$j \in M$；

c_j 为 j 点的固定成本；X_j 为若选择在 j 点建站，$X_j=1$，否则 $X_j=0$；Y_{ij} 为若需求 i 能被候选站点在距离 R 内完成服务，即 $0 \leqslant d_{ij} \leqslant R$ 时，$Y_{ij}=1$，否则 $Y_{ij}=0$。

式（4.11）表示站点的建设成本最小，如果所有站点的建设成本 c_j 是相同的，则目标函数为站点数量最小化；式（4.12）表示对任意的需求点，至少有一个站点可接受并完成服务；式（4.13）和式（4.14）为 0-1 决策变量。

集覆盖模型的特点是保证所有的需求都能得到满足。在实际应用中，部分需求点位置远离其他需求点，并且需求量少，如果将该点考虑在内，获得的收益将无法弥补增加的服务成本，导致总收益下降。

因此，在站点数量和距离相对固定时，有覆盖最大的需求，因此，提出最大覆盖模型，该模型不要求覆盖所有的需求点，而是通过给定站点数量和最大服务范围，尽可能地覆盖更多需求，目标函数为

$$\min \sum_{i \in N} H_i Z_i \tag{4.15}$$

约束条件为

$$\sum_{j \in M} Y_{ij} X_j \geqslant Z, \ \forall i \in N \tag{4.16}$$

$$\sum_{j \in M} X_j = p \tag{4.17}$$

$$X_j \in \{0,1\}, \ \forall j \in M \tag{4.18}$$

$$Y_{ij} \in \{0,1\}, \ \forall i \in N, j \in M \tag{4.19}$$

$$H_i \in \{0,1\}, \ \forall i \in N \tag{4.20}$$

其中，N 为需求点集；M 为候选位置集；i 为需求点，$i \in N$；j 为候选站点，$j \in M$；X_j 为若选择在 j 点建站，$X_j=1$，否则 $X_j=0$；若需求 i 能被候选站点在距离 R 内完成服务，即 $0 \leqslant d_{ij} \leqslant R$ 时，则 $Y_{ij}=1$，否则 $Y_{ij}=0$；若需求点 i 的需求得到满足，则 $H_i=1$，否则 $H_i=0$。

式（4.15）表示被覆盖的客户需求量最大；式（4.16）表示如果需求点 i 的需求被覆盖，那么至少有一个设施站点建在其可接受的限制覆盖距离内；式（4.17）表示站点设施的建设数量为 p 个；式（4.18）~式（4.20）表示三个 0-1 决策变量。

最大覆盖模型已被证明是设施选址问题中最有效的模型之一，该模型中假设需求点的覆盖情况是二元的，即任何节点上存在的用户只有"完全被覆盖"和"完全不被覆盖"两种情况。然而，在现实的三维地图中，站点设施具有实际物理体积，这样二元的覆盖假设是存在缺陷的。因此，传统的最大覆盖选址模型在实际应用场景中存在不足之处。

4.2.4　基于需求聚类的布局方法

1. K-Means 聚类

1）具体步骤

步骤 1：首先设定一些类/组，需要提前预知确定类/组的数量，随机初始化这些类/组各自的中心点。中心点存在于每个数据点向量长度相同的位置，同时确定中心点的数量。

步骤 2：计算每个数据点与中心点之间的距离，将与数据点距离更近的中心点划分到一类。

步骤 3：计算更新后的每一类中心点，将计算结果作为新的中心点。

步骤 4：循环上述步骤，直到每一类中心点在迭代后变化不超过预期范围为止。也可以多次随机初始化中心点，选择其中运行结果最合理的一个。

2）K-Means 聚类的优缺点

优点：速度快，计算简便；

缺点：需要在实验前确定数据有多少类/组。

2. 均值漂移聚类

均值漂移聚类是基于滑动窗口的聚类算法来找到数据点的密集区域。这是一个基于质心的算法，通过将中心点的候选点更新为滑动窗口内点的均值来定位每个类/组的中心点，然后对这些候选窗口进行筛选，将类似窗口删除，最终得到中心点集及相应的分组。

1）具体步骤

步骤 1：随机选取中心点为圆心，再确定圆形窗口的半径大小，开始进行滑动。

步骤 2：窗口会向密度更高的区域移动，每当滑动到新的区域，计算滑动窗口内的均值并将其作为中心点，滑动窗口内的点的数量被称为区域窗口内的密度。

步骤 3：滑动窗口，计算窗口内的中心点以及窗口内的密度，直到任意方向的窗口都无法再容纳更多的点，即一直移动到圆内密度停止增加为止。

步骤 4：步骤 1~步骤 3 通常会产生多个滑动窗口，当多个滑动窗口重叠时，保留涵盖最多点的窗口，然后根据覆盖数据点的滑动窗口进行聚类。

2）均值漂移聚类的优缺点

优点：不同于 K-Means 聚类，均值漂移聚类不需要提前知道总共有多少类/组，相比于 K-Means 聚类受均值影响较小；

缺点：窗口半径的选择对于实验结果影响较小。

3. 基于密度的聚类

与均值漂移聚类类似，DBSCAN 也是基于密度的聚类算法。

1）具体流程

步骤 1：开始要了解半径尺度和最小点数量，从数据中未被访问过的任意某一个点开始，将该点作为中心，在圆半径范围内所有的点数量以最小点数量为临界点作为比较，若点数量大于或等于该临界点，则该点标记为中心点，相反则标记为噪声点。

步骤 2：如果一个噪声点存在于某个中心点的半径范围内，边缘点由该噪声点标记所得，相反，如果一个噪声点存在于某个中心点为半径的范围外，仍将其标记为噪声点。循环步骤 1，直到把所有数据中的点选择一遍为止。

2）基于密度的聚类的优缺点

优点：类/组的数量不必提前知道；

缺点：需要了解半径尺度和最小点数量。

4. 用高斯混合模型的最大期望聚类

高斯混合模型（Gaussian mixture models，GMM）是指多个正态分布函数的线性组合，理论上任意类型的分布都可以由高斯混合模型拟合得出，该模型常常被用于解决具有不同参数的同一分布，或者是数据呈现不同类型的分布。

1）具体流程

步骤 1：明确类的数量并随机初始化每个类的正态分布的均值和方差。

步骤 2：根据各类的正态分布，运算某个数据点属于某个类的概率。当该数据点越接近正态分布的中心时就越可能属于这个类。

步骤 3：由步骤 2 计算出的概率求出正态分布参数，让数据点的概率最大化，由数据点属于这一类的概率来确定数据的权重，可以使用数据点概率的加权计算这些新的参数。

步骤 4：重复步骤 2 和步骤 3 直到在迭代中的概率变化在给定范围内。

2）高斯混合模型的优缺点

优点：可以处理复杂的数据分布；高斯混合模型可以自适应地调整簇的数量和大小，从而更好地适应不同的数据分布；可以用于生成新的数据样本，因为它可以通过对高斯分布进行采样来生成新的数据。

缺点：需要手动设置一些参数，如簇的数量和大小、协方差矩阵等，这些参数的选择可能会影响聚类效果；对于数据量比较大或者维度比较高的情况，计算量比较大，需要消耗较多的计算资源；对于数据中存在噪声或者异常值的情况，聚类效果可能会受到影响。

5. 层次聚合聚类

层次聚类算法根据顺序不同分为两类：由上到下和由下到上。层次聚合聚类（hierarchical agglomerative clustering，HAC）是一种由上到下的层次聚类算法。该算法将各个数据点看作一个单一的类；通过算出所有类之间的距离来聚合类，直到全部的类聚合为一个类停止。

1）具体流程

步骤 1：将所有数据点看作一个单一的类，选取度量标准来测量两个类之间的距离。通常把任意两组类之间的平均距离定义为这两组类之间的距离。

步骤 2：在每次迭代更新中，将具有最小平均距离的两组类合并为一个类。

步骤 3：重复步骤 2 直到将全部的数据点聚合成一个类为止，然后根据实验场景选择所需类的数量。

2）层次聚类的优缺点

优点：类的总数不需要提前知道，并且这一算法对于距离度量标准的划定不敏感；

缺点：程序运行效率低。

4.3 基于需求聚类模型的能源站点布局优化研究

4.3.1 基于需求聚类的能源站点布局问题分析

城市中车辆发生补能需求时，合理的加油站分布是实现快速补能、减少加油站超长排队等待、避免干道交通拥堵及降低能耗与碳排放的重要条件。由于补能需求在时空上具有随机性，因此，如何准确描述补能需求的时空分布是随机需求下补能选址的基础。与以往离散型随机变量表示不确定数据的研究不同，打破图论不精确、较难统计数量和位置分布规律的限制，使用高斯混合模型描述车辆补能分布，将城市车辆补能需求点聚类为服从高斯分布的多个需求区域。根据补能需求区域分布进行站点选址，减少车辆补能时间，合理优化和分配补能车辆，减少车辆补能过程中的碳排放，减少车辆补能聚集引发的负效应。

4.3.2　基于高斯混合模型聚类的随机补能需求分析

本书用高斯混合模型方法来分析补能需求不确定性的优势如下：①任何复杂的分布形式都可以用高斯混合模型真实表示。利用高斯混合分布函数预测补能需求的发生，得到不同地点的车辆分布概率。②该模型不仅能准确反映车辆补能需求的分布情况，也能预测未来需求变化规律，提前做出优化，避免补能车辆聚集排队引发负效应。

数字信号处理相关理论表明：通过傅里叶转换可以将多形态、复杂的信号波转换为若干数量的正弦波组合。同理，二维地理空间中随机分布的补能需求也可以采取相关数学处理将其转换为若干服从标准分布的组合。本书中的燃油车补能需求采用混合高斯模型来刻画。假设这一混合模型由 K 个高斯分布组成，该模型的概率密度函数为

$$p(x) = \sum_{k=1}^{K} \pi_k \times N\left(x \middle| \mu_k, \sum\nolimits_k\right) \tag{4.21}$$

$$N\left(x \middle| \mu_k, \sum\nolimits_k\right) = \frac{1}{2\pi \left|\sum_k\right|^{\frac{1}{2}}} \times \exp\left[-\frac{(x - \mu_k)^{\mathrm{T}} \sum_k^{-1} (x - \mu_k)}{2}\right] \tag{4.22}$$

其中，x 为随机变量，与经纬度坐标相关；π_k 为混合系数，表示每个区域出现补能需求的概率；$N\left(x \middle| \mu_k, \sum\nolimits_k\right)$ 为混合模型中第 k 个分量，μ_k 为存在补能需求的第 k 个区域的经纬度坐标平均值，$\sum_k$ 为协方差矩阵。

从给定的数据中直接获取混合模型的概率密度 $p(x)$ 比较困难，因此，引入新的 K 纬随机变量 z，$z_k\,(1 \leqslant k \leqslant K)$ 只取值 0 或 1，该向量中的元素 z_k 满足 $z_k \in (0,1)$，当 $\sum_k z_k = 1$，表示 k 被选中的概率，对于任意一个需求点 x_k 均有一个 z_k 与之对应，证明需求点 x_k 在高斯分布内，即 $p(z_k = 1) = \pi_k$；$\sum_k z_k = 0$ 表示 k 没有被选中。假设 z_k 之间相互独立同分布，则 z 的联合概率分布如下：定义一个联合分布 $p(x,z)$，其边缘分布 $p(z)$ 和条件概率 $p(x|z)$，与式中 π_k 和 $g\left(x \middle| \mu_k, \sum\nolimits_k\right)$ 对应。

$$p(z) = p(z_1) p(z_2) \cdots p(z_K) = \prod_{k=1}^{K} \pi_k^{z_k} \tag{4.23}$$

因为 z_k 取值为 0 或 1，且 z 中只有一个 z_k 为 1，其他 $z_j\,(j \neq k) = 0$，所以式（4.23）成立。

因为每一类数据都服从正态分布，所以 k 类可以表示为

$$p(x|z) = \prod_{k=1}^{K} N\left(x|\mu_k, \sum\nolimits_k\right)^{z_k} \tag{4.24}$$

上面分别给出边缘分布 $p(z)$ 和条件概率 $p(x|z)$，根据乘法法则，得到高斯混合分布密度：

$$p(x) = \sum_z p(z)p(x|z) = \sum_z \left(\prod_{k=1}^{K} N\left(x|\mu_k, \sum\nolimits_k\right)^{z_k}\right) = \sum_{k=1}^{K} \pi_k N\left(x|\mu_k, \sum\nolimits_k\right) \tag{4.25}$$

可以看到高斯混合模型的式（4.21）与式（4.25）形式相似，但式（4.25）中引入新变量 z，这里称其为隐含变量。对于车辆补能的位置分布数据，已知每个需求点的位置情况，但是随机抽取一个需求点，事先不知道这个需求点具体应该归属哪个加油站，因此引入一个隐含变量 z 来描述这个现象。

在对补能车辆的随机位置聚类时，重点考虑随机补能车辆选择某个加油站的概率，然后对补能车辆进行区域划分、加油站分配，并预估每个站点的经纬度坐标均值和协方差。在贝叶斯理论下计算得到

$$\gamma(z_k) = p(z_k=1|x) = \frac{p(z_k=1)p(x|z_k=1)}{p(x|z_k=1)}$$

$$= \frac{p(z_k=1)p(x|z_k=1)}{\sum\limits_{j=1}^{K} p(z_j=1)p(x|z_j=1)} = \frac{\pi_k N\left(x|\mu_k, \sum\nolimits_k\right)}{\sum\limits_{j=1}^{K} \pi_j N\left(x|\mu_j, \sum\nolimits_j\right)} \tag{4.26}$$

在模型中通过引入隐含变量 z 和已知 x 计算 $\gamma(z_k)$，但是每个子模型都有未知参数 π_k、μ_k、$\sum_k$，直接求导无法计算，故采用 EM（expectation maximization，期望最大化）算法来估计。

4.3.3　考虑随机需求的站点选址模型

1. 问题描述及模型假设

城市中车辆具有随机补能需求，在准确刻画补能车辆的不确定分布后，如何根据需求分布规划加油站位置，是实现快速补能、避免交通拥挤、减少碳排放的核心。为解决该问题，本书建立考虑随机需求的整数规划站点选址模型，采用高斯混合模型聚类算法和 K-Means 聚类确定需求区域，以站点最小为目标，应用双覆盖模型选址，确保总补能时间最小化。因此，本书提出考虑服务优先级的选址规划模型，该模型假设如下：①每个区域仅存在一个主加油站和一个备用加油站为车辆优先提供补能服务与后备补能服务；②一个补能需求区域的主加油站和备用加油站不是同一个服务点，但是该区域的主加油站可以同时是其他需求区域的

备用加油站；③每个补能需求区域到其主加油站的总补能时间均小于到其他站点的总补能时间；④各个补能需求区域内的需求相互独立。

2. 符号说明

模型符号注释如表 4.1 所示。

表 4.1　参数解释

符号	定义
N	补能需求区域的总数量（单位：个）
M	可选加油站的总数量（单位：个）
W	启用的加油站的集合，$m \in W$
A_i	补能需求区域 i 中产生的补能需求的车辆数（单位：辆）
t_{ij}	补能需求区域 i 到加油站 j 的总补能时间，考虑需求的空间随机性时，t_{ij} 为随机变量，否则其为均值，即 $\overline{t_{ij}}$
t_{ir}	补能需求区域 i 到主加油站进行补能的理想的总时间（单位：分钟）
t_{i1}	补能需求区域 i 到主加油站的总补能时间（单位：分钟）
t_{i2}	补能需求区域 i 到备用加油站的总补能时间（单位：分钟）
V_k	补能车辆 k 单次加油量（单位：毫升）
a_l，b_l	分别为级别 l（共三级）加油站服务能力负荷的上限、下限
w_j	加油站 j 的供给能力
y_j	0-1 变量，加油站 j 设置为站点 y_j =1，否则 y_j =0
α_{ij}	0-1 变量，补能需求区域 i 到主加油站 j 进行补能，为 α_{ij} =1，否则为 α_{ij} =0
β_{ij}	0-1 变量，补能需求区域 i 到备用加油站 j 进行补能，为 β_{ij} =1，否则为 β_{ij} =0
x_{kj}	0-1 变量，补能车辆 k 到加油站 j 补能，x_{kj} =1，否则 x_{kj} =0

3. 模型建立

目标函数为最小化启用站点的数量：

$$\min f = \sum_{j=1}^{M} y_j \tag{4.27}$$

模型约束条件：

$$\sum_{i=1}^{K} \left(A_i \times \sum_{j=1}^{M} \left(\Pr\left(t_{ij} \leqslant t_{ir}\right) \times \alpha_{ij} \right) \right) \geqslant \varphi \sum_{i=1}^{K} A_i \tag{4.28}$$

$$\sum_{j=1}^{M} t_{ij}\alpha_{ij} \leqslant t_{i1}, \forall i \tag{4.29}$$

$$\sum_{j=1}^{M} t_{ij}\beta_{ij} \leqslant t_{i2}, \forall i \tag{4.30}$$

$$\sum_{j=1}^{M} \alpha_{ij} = 1, \forall i \tag{4.31}$$

$$\sum_{j=1}^{M} \beta_{ij} = 1, \forall i \tag{4.32}$$

$$\alpha_{ij} + \beta_{ij} \leqslant y_j, \forall i \tag{4.33}$$

$$\sum_{i=1}^{K} \left(\alpha_{ij} + \beta_{ij} \right) \geqslant y_j \tag{4.34}$$

$$\sum_{j \in W} \alpha_{ij}\overline{t_{ij}} \leqslant \overline{t_{im}}, \forall m \in W, \forall i \tag{4.35}$$

$$\sum_{i \in A_l} V_i x_{kj} \leqslant a_l w_j y_j \tag{4.36}$$

$$\sum_{i \in A_l} V_i x_{kj} \leqslant b_l w_j y_j \tag{4.37}$$

$$t_{kj} = t_{kj}^1 + t_{kj}^2 + t_{kj}^3 \tag{4.38}$$

式（4.27）遵循选址问题的经济性原则：在市场需求固定的情况下，加油站的数量越少，每个加油站服务需求的概率就越大，进而每个加油站的收益越高。式（4.28）为站点选址模型中的一个经典约束，即补能需求区域 i 在总时间 t_{ir} 内到站点完成补能的概率为 φ，其中，$P\left(t_{ij} \leqslant t_{ir} \right)$ 表示需求区域 i 在加油站 j 的总补能时间小于 t_{ir} 的概率，可以通过高斯混合模型聚类获得的参数来计算其具体值，同时该约束条件可作为加油站效益评价的重要指标。式（4.29）、式（4.30）分别要求需求区域 i 在主加油站和备用加油站的总补能时间不高于 t_{i1} 和 t_{i2}。式（4.31）、式（4.32）表示每一个需求区域 i 仅存在一个主加油站和一个备用加油站，需要注意的是，通常在现实应用情况中，当某一处主加油站不能及时提供服务时，此时可选择备用加油站完成补能，当然如果放松约束，一个补能需求区域也存在多个备用加油站。式（4.33）、式（4.34）保证加油站 j 作为主加油站或备用加油站使用时，$y_j = 1$。式（4.35）是每个需求区域 i 到其主加油站的总补能时间小于到其他加油站的总补能时间平均值。式（4.36）、式（4.37）表示分配给加油站的总需求量不能超过加油站的最大负荷，a_l, b_l 分别为级别 l（共三级）加油站服务能力负荷的上限、下限。式（4.38）表示补能车辆 k 到加油站 j 的总补能时间，包括补能行驶时间 t_{kj}^1、补能排队时间 t_{kj}^2、服务时间 t_{kj}^3，其中补能行驶时间为车辆从补能需求区域 i 行驶到加油站所用时间，排队时间表示补能车辆 k 到达加油站排队等候时间。服务时间是指车辆从驶入加油站，工作人员给该车辆补能开始计时到补能结束离开加油站所用时间，不包括排队等待时间。影响车辆补能时间的因素较多，如加油枪数量、加油方式、服务人员的业务熟练程度、车辆油箱容积等，但是归纳起来为服务效率。经过对重庆市南岸区中石油（五公里加油站、七公里加油站、青龙路加油站）、中石化（岔路口站、道角加油站）、壳牌加油站实地调研，得到每辆车平均补能时间为 4 分钟。因此，$t_{k1} = t_{k1}^1 + t_{k1}^2 + 4$，$t_{k2} = t_{k2}^1 + t_{k2}^2 + 4$。

对将随机变量式（4.29）、式（4.30）进行改写，得到

$$P\left(t_{i1} - \sum_{j=1}^{M} t_{ij}\alpha_{ij} \geqslant 0 \right) \geqslant 1 - \theta_1 \qquad (4.39)$$

$$P\left(t_{i2} - \sum_{j=1}^{M} t_{ij}\beta_{ij} \geqslant 0 \right) \geqslant 1 - \theta_2 \qquad (4.40)$$

其中，θ_1、θ_2 为控制参数。式（4.39）表示补能需求区域 i 中的任意需求点到主加油站的总补能时间 t_{ij} 在 t_{s1} 时间内的概率，式（4.40）同理。

补能车辆分布具有随机性，故可利用高斯分布表示。设补能需求区域 i 的经纬度坐标为 (e_i, n_i)，服从高斯分布 $f(e_i, n_i)$；令加油站 j 的经纬度坐标为 (e_j, n_j)，补能车辆 k 前往加油站 j 的速度为 v。建立模型：

$$\sum_{j=1}^{M} \iint_{(e_i - e_j)^2 + (n_i - n_j)^2 \leqslant (vt_{s1}^1)} f(e_i, n_i)\mathrm{d}e_i\mathrm{d}n_i \times \alpha_{ij} \geqslant 1 - \theta_1 \qquad (4.41)$$

$$\sum_{j=1}^{M} \iint_{(e_i - e_j)^2 + (n_i - n_j)^2 \leqslant (vt_{s2}^1)} f(e_i, n_i)\mathrm{d}e_i\mathrm{d}n_i \times \beta_{ij} \geqslant 1 - \theta_2 \qquad (4.42)$$

其中：

$$f(e_i, n_i) = \frac{1}{2\pi\sigma_{ie}\sigma_{in}} \times \exp\left\{ -\frac{1}{2}\left[\frac{(e_i - \bar{e}_i)^2}{\sigma_{ie}^2} + \frac{(n_i - \bar{n}_i)^2}{\sigma_{in}^2} - \frac{2(e_i - \bar{e}_i)(n_i - \bar{n}_i)}{\sigma_{ie}\sigma_{in}} \right] \right\} \quad (4.43)$$

其中，$\bar{e}_i$、$\bar{n}_i$ 为补能需求区域 i 横纵坐标；σ_{ie}、σ_{in} 为标准差。利用高斯分布，式（4.39）、式（4.40）可得到式（4.41）、式（4.42），式（4.43）由式（4.22）转化得到。

4.3.4　两阶段需求聚类算法设计

采用两阶段算法对模型进行求解，算法流程如图 4.1 所示。

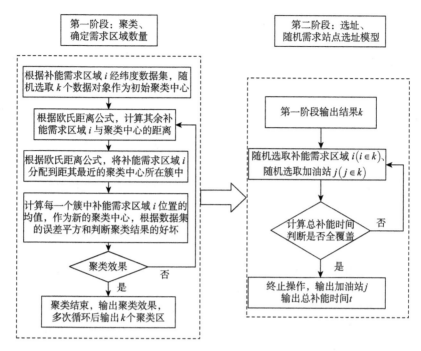

图 4.1 两阶段算法流程

1. 聚类阶段

聚类算法一般分为 EM 算法、划分式聚类方法、层次聚类方法、基于密度的聚类方法、基于网格的聚类方法及集成式聚类算法等。EM 算法作为聚类算法中最流行的算法，1977 年由 Dempster 等提出，用于含有隐变量（hidden variable）的概率模型参数的最大似然估计，主要步骤如下。

步骤 1：定义分量数目 K，设置每个 k 参数 π_k、μ_k、$\sum_k$ 初始值，计算对数似然函数。

步骤 2：E 过程，根据 π_k、μ_k、$\sum_k$ 计算概率 $\gamma(z_{nk})$。

$$\gamma(z_{nk}) = \frac{\pi_k N\left(x \middle| \mu_k, \sum_k\right)}{\sum_{j=1}^{K} \pi_j N\left(x \middle| \mu_j, \sum_j\right)} \tag{4.44}$$

步骤 3：M 过程，根据 E 过程中计算的 $\gamma(z_{nk})$ 更新 π_k、μ_k、$\sum_k$。

$$\mu_k^{\text{new}} = \frac{1}{N_k} \sum_{n=1}^{K} \gamma(z_{nk}) x_n \tag{4.45}$$

$$\sum_k^{\text{new}} = \frac{1}{N_k} \sum_{n=1}^{K} \gamma(z_{nk})\left(x_n - \mu_k^{\text{new}}\right)\left(x_n - \mu_k^{\text{new}}\right)^{\text{T}} \tag{4.46}$$

$$\pi_k^{\text{new}} = \frac{N_k}{N} \qquad (4.47)$$

其中，N 为点的数量，N_k 为属于第 k 个聚类的点的数量。

$$N_k = \sum_{n=1}^{N} \gamma(z_{nk}) \qquad (4.48)$$

步骤 4：计算对数似然函数。

$$\ln p\left(x \middle| \pi, \mu, \sum\right) = \sum_{n=1}^{N} \ln\left\{\sum_{k=1}^{K} \pi_k N\left(x \middle| \mu_k, \sum{}_k\right)\right\} \qquad (4.49)$$

步骤 5：检查参数是否收敛或对数的似然函数是否收敛，若不收敛，则返回步骤 2。

2. 选址阶段

基于补能车辆分布的聚类结果，以启用最少数量的加油站为目标，设计选址步骤如下。

步骤 1：获取 k 个需求区域位置和 m 个加油站的位置作为可行点。

步骤 2：选择一个需求区域 $i, i \in k$，一个加油站 $j, j \in m$，计算其总补能时间，满足所有需求区域被覆盖。

步骤 3：返回步骤 2，找到最优交换组合，使得目标函数值减小，更新状态。当再也无法找到最优位置时，终止操作，输出结果。

4.3.5 算例对比分析

使用重庆市南岸区某街道车辆分布位置和数量数据，描述城市空间随机补能需求的概率，根据高斯混合模型在随机分布领域应用的合理性，对城市补能需求进行聚类。

为实现该模型和算法的求解，对选址过程中相关参数取值，如表 4.2 所示。

表 4.2　相关参数取值

参数	取值
K	12 个
M	4 个
t_{s1}	20 分钟
t_{s2}	22 分钟
θ_1	0.1
θ_2	0.1

通过对重庆市补能车辆数据进行分析，来获取补能车辆的空间分布规律。补能车辆在始发地（住宅区等）、出行途中、目的地（公司等）随机地发生，其地理位置体现出较强的随机性。图 4.2 为重庆市南岸区南坪街道目前车辆补能需求地理分布情况，表示可能发生补能需求的点。通过补能数据分布发现，补能需求有的较为密集，有的区域较为分散。利用高斯混合模型和 K-Means 进行聚类，算法是不断迭代的过程，根据原始数据的分布特点，图中横纵坐标表示纬经度，使用算法聚类后得到如图 4.3 所示的 12 个需求区域。

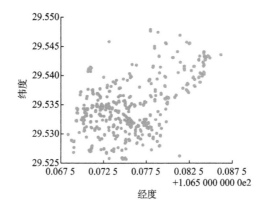

图 4.2　原始需求分布

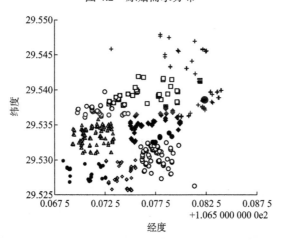

图 4.3　算法迭代结果

利用百度地图搜索和实地调研发现重庆市南岸区南坪街道目前有 2 个加油站，依照加油站选址要求远离学校、商圈等地段，且在车流量较大、交通便利的道路右侧，故该区域内除去已建加油站的位置，还有 4 个备选站点。在图 4.4 中空心矩形表示已建加油站，空心圈表示备选站点，®表示孤立需求点。

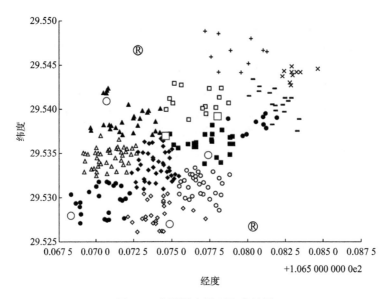

图 4.4　高斯混合模型聚类结果

考虑空间随机补能需求的站点选址研究，为检测随机补能需求对选址的影响，对考虑随机需求和不考虑随机补能需求的选址进行对比。不考虑随机补能需求的情况，采用均值代替随机距离和数量，即均值模型。

$$\sum_{i=1}^{K}\left(\lambda_i\sum_{j}^{M}\left(I_{\bar{t}_{ij}\leqslant t_{sr}}\alpha_{ij}\right)\right)\geqslant\varphi\sum_{i=1}^{K}\lambda_i \tag{4.50}$$

$$\sum_{j=1}^{M}\bar{t}_{ij}\alpha_{ij}\leqslant t_{s1},\ \forall i \tag{4.51}$$

$$\sum_{j=1}^{M}\bar{t}_{ij}\beta_{ij}\leqslant t_{s2},\ \forall i \tag{4.52}$$

其中，$I_{\bar{t}_{ij}\leqslant t_{sr}}$ 为指示函数，当 $\bar{t}_{ij}\leqslant t_{sr}$ 时，$I_{\bar{t}_{ij}\leqslant t_{sr}}=1$，否则 $I_{\bar{t}_{ij}\leqslant t_{sr}}=0$。

从表 4.3 中可以发现，随机补能需求中 4 个备选站点全部提供补能服务，使得每个补能需求区域的补能时间得到减少，平均补能时间为 8.75 分钟。其中，选择备选站点 3 的补能区域一共有 5 个，几乎占一半。而均值模型中由于没有考虑补能需求的随机性，因此总补能时间较长，证明车辆在补能过程中行驶时间增加或者车辆聚集严重，导致排队时间增加。从补能行驶时间来看，采用随机补能模型能在多数需求区域中节约行驶时间，除个别需求区域到加油站时间较长；根据排队等待时间发现，采用随机补能模型产生的补能排队时间均在均值模型下方，说明随机补能模型能够明显优化车辆补能分配，有效避免车辆补能聚集，缩短车辆补能排队时间。显然，从补能行驶时间、补能排队时间、总补能时间来看，随机补能模型得到的选址结果优于均值模型，说明该方案的有效性。

表 4.3　各区域结果分析

需求区域	随机补能选址					均值补能选址				
	行驶时间/分钟	排队时间/分钟	服务时间/分钟	总时间/分钟	站点	行驶时间/分钟	排队时间/分钟	服务时间/分钟	总时间/分钟	站点
1	3	2	4	9	4	2.75	5	4	11.75	1
2	1	2	4	7	1	3.25	10.75	4	18	3
3	2	2	4	8	2	2	6.5	4	12.5	3
4	3	1	4	8	3	3.5	11.25	4	18.75	1
5	2	7	4	13	3	4	13.5	4	21.5	3
6	1	1	4	6	3	1.25	11.75	4	17	4
7	2	0	4	6	1	3	3.75	4	10.75	3
8	1	5	4	10	2	2.75	8.5	4	15.25	1
9	3	2	4	9	3	3.5	8.5	4	16	4
10	1	1	4	6	3	3.5	8.75	4	16.25	1
11	2	6	4	12	3	3.5	15.5	4	23	3
12	3	4	4	11	1	3	8	4	15	4

由图 4.5~图 4.7 可知，在考虑空间随机需求点选址中，在总补能时间约束下，在考虑需求随机性时，所有车辆均能在 20 分钟以内完成补能，在不考虑补能需求随机性时，仅有 16.6%的概率在规定时间内完成补能服务，因此采用补能需求随机性，能够明显提升车辆补能效率，减少车辆补能时引发的负效应。

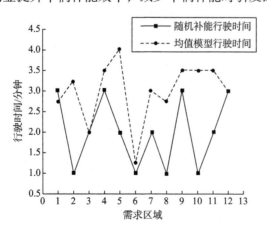

图 4.5　不同模型下行驶时间分析

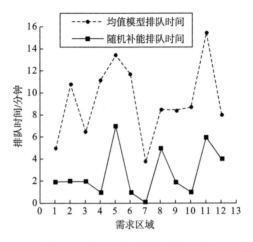

图 4.6　不同模型下排队时间分析

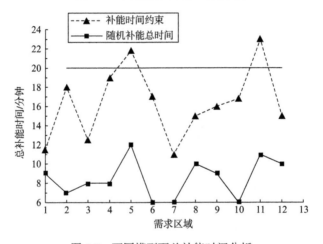

图 4.7　不同模型下总补能时间分析

　　本书重点考虑了补能需求的随机性影响，展示了补能需求的描述方法和加油站选址规划模型，并从重庆市南岸区实际补能需求出发，应用混合高斯模型进行补能需求定量聚类描述。在此基础上建立考虑补能随机需求的加油站选址模型，提高车辆补能效率，减少补能带来的负效应。在分析中，将重庆市南岸区南坪街道整个区域的补能需求高斯聚类为 12 个需求区域，进而通过随机补能模型得到加油站布局。结果表明，考虑随机性对加油站规划效果明显，跟均衡模型相比平均补能时间从 21.81 分钟缩短到 8.75 分钟，总补能时间从 195.75 分钟降到 105 分钟；所有需求区域内的补能等待时间均得到减少，补能行驶时间部分减少，均在合理时间内完成补能，实验结果证明该方法的有效性和优越性。

4.4　城市交通能源供应站空间布局规划建议

4.4.1　城市交通能源供给网络层面的策略建议

随着城市建设的不断推进，经济社会的持续高效地发展，机动车持有量逐年增加，带来的补能需求密度的增加，对于补能站点的便利性、服务性、高效性提出了更高的要求。基于目前整个城市交通能源供应站的调查和研究，分析能源供应站布局的科学性、系统性、动态相关性，在定性与定量指标相结合、可靠性和可行性等原则的基础上，对路网区域的能源供应站进行优化部署，缓解道路网络拥堵及站点排队等负效应，提高城市交通路网运输效率与能源供应站收益，促进城市经济高效绿色发展。

加油站是城市能源供应网络中重要的一环。其选址的好坏直接影响相关路网区域的车辆燃油补充效率与道路运行情况，同时影响相关企业的有效运作和运营。随着城市的发展建设，交通网络进而产生新的格局，加油站的分布对人们出行活动、企业运营、社会经济发展产生了不可忽视的影响，加油站合理的选址和布局能够支持人流转移与货物运输，方便人们出行，使城市的经济活动更加合理、有序。不同于一般的站点选址，加油站主要经营汽油、柴油，属于易燃、易爆、有毒的危险品储存设施，对处于人员密度较大的城市加油站安全要求高，在建设时要符合国家规范，选址时应充分考虑储油罐之间的安全布置距离，按照加油站等级和周围建筑的耐火等级、建筑性质等确定安全间距，其选址要求和标准不能马虎。在考虑安全因素的同时，同时综合考虑加油站所在区域道路分布、人口密度、车辆类型等直接决定加油站的车流量、进出站车辆、单车加油量等实际影响变量，基于已有城市能源供应网络的部署情况，提出符合实际补能需求的站点数量与加油枪数量，制定更为合理的选址策略、更科学的站内设施位置，减少道路网络中的碳排放及其他负效应。

绿色能源是未来新能源车技术的重要组成部分。已经有其他国家将重点放在新能源车和充电站上，以提供内燃机汽车的良好替代品。电动汽车的普及不仅需要增加充电站和充电桩的数量，同时需要考虑充电站自身特点，解决电量运输、充电容量、电池兼容性、充电时间、充电成本等问题。在新能源车辆补能网络的规划过程中，必须谨慎分析研究区域的各个需求与实际情况。例如，随着电动汽车持有量的逐年提高，未来的电池技术发展与充换电技术革新，电动车辆共享的普及等因素，要制定合理的部署策略，减少电动汽车驾驶者的里程焦虑，提高电动汽车普及率，促进不同充电站点企业合理的竞争与合作，提高补能网络运营收益和运作效益，加速绿色交通的发展。

4.4.2　城市交通能源供需层面的策略建议

如果缺乏对加油站建设数量的科学预测，加油站的规划建设滞后于机动车的发展与城市化进程，就无法缓解已有城市能源供应网络的负效应现象，无法减少部分加油站的补能负载压力与解决补能高峰期加油站所在道路可能存在的交通拥堵。同时，也不能过度扩张加油站的数量，在实际的加油站建设中，建设成本及运营成本也是必须要考虑的一个因素。部署加油站的数量过多会减少单一站点的竞争力，增加初期建设的土地成本，减少运营收益，不能有效利用土地资源利用和保护生态环境，达到城市能源供应网络减负的目的。

目前我国电动汽车持有量逐年增加，部署合理数量的充电站可以有效缓解电动车驾驶者的里程焦虑，减少绕行成本。目前我国电动汽车公用充电桩的使用率非常低，"僵尸桩"现象依然存在。缺乏合理的充电站布局与准确的充电负荷预测成了充电桩使用效率低下的主要原因，解决充电桩使用率低下问题是提高电动车部署效率的前提，因此电动车补能需求的评估与充电站实际部署数量预测，即需要部署的充电站及站内充电桩数量的计算对于合理布局充电设施、提高设备使用率、降低建设成本与管理开销也具有重要意义。

4.4.3　城市交通补能个体层面的策略建议

就目前发展趋势来看，我国的加油站存有因为城市发展前期建设规划的不合理，政府部门监管不力，企业及个体户竞争及盲目追求利益等因素导致的不合理部署。由于目前部分加油站布局的不科学性，影响了整个交通体系的建成，降低了车辆补能效率，形成一系列负效应。因此，分析人口数量、汽车保有量、地理位置等因素，符合城镇规划、环境保护和防火安全的要求，满足《城市道路交通规划设计规范》，预估路网区域内不同类型燃油车辆的补能需求，考虑土地成本、成品油运输成本等经济因素，结合车辆进入加油站涉及刹车、转向、入站、停驶补能、出站、汇入道路车辆的补能过程和驾驶者个人习惯与外部因素影响，结合已有站点的实际情况，进行加油站优化部署，进行站点的撤销、撤并、转换、新建，提升道路网络中加油站的补能效率、服务能力与运营收益，并满足未来城市发展的供应需求。

在充电站部署方面，电动汽车与燃油汽车在能源消耗上有较大差异。电动汽车受制于电池容量，即使近年来电池容量有所提升，但实际行驶里程总体上依然低于传统燃油车辆。在同样的行驶里程下，电动车驾驶者的充电频率高于燃油汽车的加油频率，因此出行者除需要考虑路网特征与交通状态等因素外，还需要考虑电动汽车的荷电状态、不确定的充电时长与充电地点。考虑搭配电动车未来的数量扩张与电池容量的发展趋势，在道路网络中充电站与充电桩的部署中，针对充电站运营现状、特征和未来趋向，研究电动车的充电特性以及相应的驾驶者的用户特点，如用户的出行习惯、补能需求等特性，结合已有充电设施的分布、电池性能、道路结构等因素，达到缓解城市道路拥堵与降低充电站点运营成本的目的。

4.5　本章小结

本章从城市整体能源供应网络规划的角度，考虑到城市能源供应站网络布局不合理是引起补能负效应的主要原因之一，在现有布局的基础上，以补能网络负效应最小化为优化目标，进行城市能源供应站的布局优化研究。首先，明确考虑了负效应最小化的站点布局优化原理；其次，分析了传统经典布局规划的研究方法，建立基于需求聚类的能源站布局优化模型；最后，针对城市交通能源供应站点空间布局规划提出了相关建议。

第5章 基于负效应极小化的城市交通能源供应网络合作博弈研究

5.1 城市交通能源供应网络多主体合作博弈的原理分析

5.1.1 合作博弈理论

根据是否可以达成具有约束力的协议将博弈分为合作博弈和非合作博弈。合作博弈研究博弈者达成合作时如何分配合作得到的收益，即收益分配问题；强调团体理性，不讨论理性的个体如何达成合作的过程，而是直接讨论合作结果和收益分配。合作博弈采取的是一种合作的方式，或者说是一种妥协；妥协之所以能够增加双方的利益以及整个社会的利益，就是因为合作博弈能够产生一种合作剩余，这种剩余就是从这种关系和方式中产生的。至于合作剩余在博弈各方之间如何分配，取决于博弈各方的实力和贡献。因此，妥协必须经过博弈各方的讨价还价达成共识，进行合作。按参与博弈的局中人的多少，合作博弈可分为两人合作博弈和 n 人 $(n>2)$ 合作博弈。

合作博弈的一般表示如下：令 N 是参与者（需要考虑合作的所有可能性）的非空有限集合，每个子集 $S \subset N$ 可以看作一个联盟，集合 N 称为大联盟，集合 ϕ 称为空联盟。对于联盟的集合，有 2^N 个，对于每个 $S \subset 2^N$，用 $|S|$ 表示 S 中元素的个数，用 e^S 表示 S 的特征向量，其中：

$$\begin{cases} \left(e^S\right)^i = 1, i \in S \\ \left(e^S\right)^i = 0, i \in N \setminus S \end{cases}, \quad N = \{1, 2, \cdots, n\} \tag{5.1}$$

由此，定义具有特征函数形式的合作博弈是一个序对 $\langle N,v \rangle$，其中 N 为参与者集合，$v:2^N \to R$ 是满足 $v(\phi)=0$ 的特征函数。实值函数 $v(S)$ 可以解释为当 S 合作时联盟成员可以获得的最大收益或可节省的最多费用，通常认定博弈 $\langle N,v \rangle$ 具有特征函数 v。具有特征函数形式的合作博弈通常解释为可转移支付博弈。

合作博弈可以分为两个阶段：第一阶段是利益争取阶段，即集体理性。联盟作为整体与局中人或其他联盟展开博弈，争取合作剩余；也有可能所有局中人全部在一个大联盟之内，那么就是集成优化问题。第二阶段是利益分配阶段，即个体理性。联盟内成员针对合作剩余展开谈判、讨价还价，最终达成分配方案。最常见的合作博弈分配解有纳什讨价还价解、核心（core）和 Shapley 值等。

首先介绍纳什讨价还价博弈，即两人讨价还价博弈，是合作博弈的基本问题，实质是两个主体间对特定利益的分割分配。

纳什讨价还价博弈需要满足三个基本要素：首先是分配协议，这是一个二元组 $s=(s_1,s_2)$，描述了每个人所得到的利益，分配协议是纳什讨价还价博弈的核心要素。其次是效用偶，这是一个二元组 $u=(u_1,u_2)$，分别描述了双方对分配协议的主观效用评价，其中 u_i 是局中人 i 的期望效用，是可行分配协议集 S 到实数集的实值函数，$u:S \to R$。最后是谈判破裂点，在二元组 $d=(d_1,d_2)$ 中任何谈判都有破裂的可能，d_i 表示谈判破裂时局中人 i 能得到的利益。因此，一个两人讨价还价问题可用 $B(S,d,U)$ 来表示。

为了考虑联盟的稳定性，这里引入核的概念。对于博弈 $G=(N,v)$，分配向量 x 若满足 $\forall S \subset N, \sum_{i \in S} x_i \geqslant v(S)$，则称 x 在 $G=(N,v)$ 的核中。也就是说核是由一些分配方式组成的，这些分配方式保证大联盟比任何一种小联盟要好，至少不会更差。如果一个联盟结构能使得所有参与者都不能从联盟重组中获益，这个联盟结构就是这个合作博弈的核。也就是说在这种联盟结构中所有的参与者都没有改变目前结构的动力。核不一定存在，如果核存在，则其一定是博弈的有效解。最后介绍 Shapley 在 1953 年提出的 n 人合作博弈的一种全新解概念，其核心思想是按局中人贡献分配，贡献越大，所得越多。

Shapley 值计算为 $\phi(v)=\left(\phi_1(v),\phi_2(v),\cdots,\phi_{|C|}(v)\right)$，其中：

$$\varphi_c(v)=\sum_{c \in S} \frac{(|C|-|S|)!(|S|-1)!}{|C|!}\left[v(S)-v(S-\{c\})\right], \quad c=1,2,\cdots,|C| \quad （5.2）$$

S 是包括公司 c 在内的任何合作；$v(S)-v(S-\{c\})$ 为公司 c 对合作 S 的边际贡献。因此，Shapley 值将其贡献的加权总和分配给每家企业。Shapley 值描述的是公平性，核描述的是稳定性。若 Shapley 值不在核中，且我们取了 Shapley 值作为分配方案，此时实际上因为联盟的不稳定，这个联盟压根就无法形成，若 Shapley 值在核中，此时取 Shapley 值作为分配方案就是最佳的。

5.1.2　城市交通能源供应站多主体合作效果分析

城市能源供应站是城市正常运行的必要基础，随着城镇化水平提高、城市规模逐步扩大，当前城市的能源供应站存在扩张不协调、设施供需不平衡等问题，因此解决的关键在于能源供应站布局合理与否，合理的能源供应布局可以保证供需平衡。当前的研究通过分析能源供应站的布局，评估不同站点的供需矛盾，并提出相应的管理见解。然而，此类的评估并没有考虑站点改造的成本以及站点之间的竞争关系，虽然提出的建议是有效果的，但实际实施可能会遇到相应的困难，如增加站点的服务能力需要大量的成本投入，收益能否弥补成本。由此引入合作博弈的概念，合作可以带来很多好处，首先是收益方面，只需增加少量的信息成本，就能获取更多的收益；其次，合作可以减少站点的负面影响，如高峰期的车辆排队现象，可以有效避免排队过长对主干道的影响；最后，合作可以提升站点的竞争力，提高客户的满意度。

5.1.3　城市交通能源供应站合作的影响因素

一般来说，合作会面临两个问题：怎样合作以及如何分配收益。对于收益分配问题，现有的理论研究已经非常成熟，因此这部分容易解决，主要考虑如何合作的问题。能源供应站是由多个不同的主体共同运营的，站点之间存在竞争的关系，合作时需要考虑各方的收益以及风险，主要影响因素有品牌影响、站点管理模式和收益这三部分。首先是品牌影响。就加油站来说，有中石油、中石化等，就充电站来说，有特来电、南方电网、星星充电等。这些品牌可以给产品赋予更广的影响力，不同品牌的油品来源不同，导致质量存在差异，对于消费者来说，选择品牌站点会让他们更加放心。其次是站点管理模式。主要是指站点的管理制度，对客户服务质量的管理。如果站点的服务没有让客户满意，那么客户会产生定向思维，认为站点的服务情况差不多，因而会选择其他的站点，给站点带来负面影响。最后是收益。以充电站为例，分时定价导致同一时刻不同站点的电价存在差异，在采取合作后需要重新拟定电价，以确保合作的收益。

5.2　城市交通能源供应网络主体行为分析

5.2.1　政府行为分析

国家对新能源汽车大力推广，出台了一系列相关政策。2021 年 12 月，财政部等四部门发布《关于 2022 年新能源汽车推广应用财政补贴政策的通知》，将新能源汽车补贴延长至 2022 年底，并且 2022 年的新能源汽车补贴在 2021 年的基础上退坡 30%。2022 年 1 月，国家能源局提出电动汽车充电基站提速，明确到"十四五"规划末期形成均衡、智能的充电基础设施体系，能够满足 2 000 万辆电动汽车的充电需求。2022 年 1 月，财政部发布《关于调整农村客运、出租车油价补贴政策的通知》，要求继续对出租车、城市公共交通进行补贴；其中费改税补贴直接发放给出租车司机，涨价补贴由地方统筹。该补贴为城市交通发展奖励资金，以支持城市交通能源领域新能源汽车运营。能源供应站负效应产生的原因是短时加油车辆超过站点的服务能力，此时站点排队容易导致交通拥堵。分析不同站点产生排队的原因，总结出以下三种：国家发展改革委的油价调整、正常的高峰期及能源供应站促销活动。

1. 油价调整

国家发展改革委根据国际市场原油价格来调整国内的油价，每 10 个工作日调整一次价格，车主对油价的涨跌最为敏感，当油价会在次日上调时，当天加油的车辆会激增；当油价下跌时，站点的成品油销售总量会提高，此时出现排队拥堵的站点是随机的，无法有效预测，更显得站点合作的必要性。油价调整带来的站点排队，是政府宏观调控产生的影响，因此对站点的处理情况应给予更多的奖励。

2. 正常的高峰期

受上下班通勤影响，上下班时间是能源供应站的高峰期，车流量大的路段容易出现排队拥堵。由于场地限制，车辆增多容易造成乱插队现象，影响站内正常服务，如果能源供应站没有管理得当，就会对干道造成影响。这类的排队是基本固定的，可以根据历史情况找到适合的合作方。

3. 促销活动

促销是站点吸引客户最常见的方式，当站点在该区域的优惠最大时，司机受优惠力度影响而被吸引到该站点补能，容易引发排队现象，影响正常车辆行驶。

5.2.2　能源供应站行为分析

能源供应站通常是由不同的主体经营的，加油站有中石油、中石化、壳牌等，充电站有特来电、国家电网、星星充电等。由于成品油市场毛利空间大，充电站近年来也得到国家的大力支持，各经营主体都想占据更大的市场份额，使得市场的竞争会更加激烈。能源供应站是为补能车辆服务的，同时也会考虑自身的收益问题。由于能源供应站市场容量大，需求也在逐年增加，各经营主体为了吸引用户会采取相应的措施，如在车流量大的地段建设站点、增加站点，采取价格促销的方式来吸引更多的客户。曹英通过分析得出影响加油站销量的因素包括位置、车流和品牌三个方面，在实际调研中，发现城区跟高速路口的加油站销量最多[228]；对于同一类位置，不同车流量对站点的销量影响很大；不同品牌对客户的吸引力不同，以 5 分钟为节点，进站率 5%~10%的站点销量处于平均水平。李霞补充了油品以及加油站的内外部环境，在外部环境方面建议外观的可见性和路口通畅性，在内部环境方面主要针对客户的管理制度，提高客户服务质量[229]。

现阶段的研究只考虑了站点的销售情况，而没有考虑站点的建立或采取的促销活动是否会对干道造成负面影响，如车流占据干道排队等。此外，站点盲目的促销活动容易导致加油站发生排队拥堵，对于站点无法处理的情况，交通拥堵的程度会更加严重，这不仅影响正常行驶的车辆，也增加政府的管理成本。随着能源需求的不断增加，解决或优化这种问题成为城市交通能源领域急需解决的难题。

5.2.3　补能车辆行为分析

对司机来说，选择站点时比较关注价格、位置及品牌这三个因素，在站点的服务体验上，更关心站点的排队情况。当排队时间大于绕行时间时，司机可能会选择其他站点加油，即车辆的目标为补能时间最小化，模型如下：

$$\min\left(t_i, t_{ij}\right) \tag{5.3}$$

$$t_i = t_q^0\left(\tau_i + 1\right) \tag{5.4}$$

$$t_{ij} = t_{\text{cong}} \left[1 + \alpha \left(\frac{v_c}{c_{\text{net}}} \right)^{\beta} \right] \qquad (5.5)$$

式（5.3）表示车辆评估自己的排队时间与绕行时间；式（5.4）表示车辆在站点的排队时间，由当前排队车辆数 τ_i 和平均服务时间 t_q^0 决定；式（5.5）是 BRP 函数，表示车辆到达空闲站点的时间。

5.3　城市交通能源供应站双方合作模型

5.3.1　城市交通能源供应站合作问题分析

在时变路网中，每个时段都会产生补能需求，由于路网中能源供应站的位置固定和数量有限，如果站点分布不当，会造成特定时段内部分站点出现的补能车辆超过站点的服务能力，与此同时，路网中另一部分能源供应站可能所处位置较为偏僻，进站的车辆较少。因此，将路网中同一时段内、不同站点间补能车辆数差异较大的现象称为能源供应服务不均衡。

基于上述现象，提出能源供应站合作博弈模型。如图 5.1 所示，在一个区域内有两座能源供应站，假设站点可容纳的最大车辆数都为 P，在某时刻有 n 辆车前往站点 S_1 补能，有 m 辆车前往站点 S_2 补能，且 $n > P > m > 0$，此时站点 S_1 因补能车辆超过上限而产生拥堵。引入政府激励，两个站点进行合作，将 S_1 的部分排队车辆引到 S_2 并对其进行成本补偿，以此缓解站点 S_1 的运营压力，将排队长度保持在可接受范围内，同时减少用户的排队时间，实现站点的服务均衡。

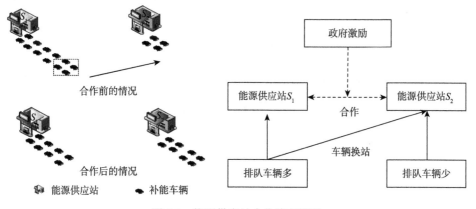

图 5.1　能源供应站合作博弈模型

5.3.2　城市交通能源供应站总收益模型的问题假设与符号说明

1. 问题假设

为了更清楚地表述该问题，做出如下假设：①只考虑每辆车带来的平均收益；②劝导的车辆都同意去合作站点；③空闲站点的车流量总低于最大服务能力；④合作站点的最大服务能力相同。

2. 符号说明

基于以上分析，问题中涉及以下符号。

G_1, G_2：政府支持站点合作的补贴；

C_1, C_2：站点的运营成本；

Q_1, Q_2：站点合作时建立信息平台的额外成本；

R_1, R_2：合作后站点的收益；

T：计算周期，平均分为 n 个时段，每时段间隔 $\Delta t = T / n$；

p：每辆车给站点带来的平均利润；

f：支付给换站车辆的补偿；

η：站点的最大服务能力（辆/小时）；

x_t^1, x_t^2：每段时间内站点的车辆数，且 $x_{st}^2 < \eta, \ \forall t \in T$；

ε, γ：站点 S_1 跟 S_2 对车辆的补偿系数，且 $\varepsilon + \gamma = 1$；

λ_i^k, μ_i^k：判断每时段站点车辆数与服务能力的大小。

3. 能源供应站合作模型

定义特征函数 $V(S)$ 为联盟的总收益，为了达到联盟收益最大化，需要进行以下计算：

$$\max V(S) = R_1 + R_2 \tag{5.6}$$

$$R_1 = \Delta t \sum_{i=1}^{m} \lambda_i^k p - \Delta t \sum_{i=1}^{m} \alpha f\left(\lambda_i^k - \eta\right) - C_1 - Q_1 + G_1 \tag{5.7}$$

$$R_2 = r_2 - C_2 - Q_2 + G_2 \tag{5.8}$$

$$r_2 = \Delta t \sum_{i=1}^{n} x_t^2 p + \Delta t \sum_{i=1}^{n} \mu_i^k \left(x_t^1 - \eta\right) p - \Delta t \sum_{i=1}^{n} \beta \mu_i^k f\left(x_t^1 - \eta\right) \tag{5.9}$$

$$T = \left\{[0, \Delta t], \cdots, \left[(i-1)\Delta t, i\Delta t\right], \cdots, \left[(n-1)\Delta t, n\Delta t\right]\right\} \tag{5.10}$$

$$\lambda_i^k = \begin{cases} x_t^1, & x_t^1 < \eta \\ \eta, & x_t^1 \geqslant \eta \end{cases} \tag{5.11}$$

$$\mu_i^k = \begin{cases} 0, & x_t^1 \leqslant \eta \\ 1, & x_t^1 > \eta \end{cases} \tag{5.12}$$

$$x_t^2 < \eta, \quad \forall t \in T \tag{5.13}$$

式（5.6）为目标函数最大化；式（5.7）和式（5.8）表示站点合作后各自的收益；式（5.9）为站点 S_2 的销售收入；式（5.10）表示时间周期；式（5.11）表示每时刻站点 S_1 服务的车辆；式（5.12）为 0-1 变量，当 i 时刻站点 S_1 的车辆超过服务上限时，$\lambda_i^k = 1$，否则 $\lambda_i^k = 0$；式（5.13）表示进入站点 S_2 的车辆数限制。

5.3.3　基于 Shapley 值的收益分配模型

确定能源供应站联盟的收益后，接下来需要考虑合理公平的分配方法。Shapley 值是合作博弈比较经典的利益分配方法，根据每个成员边际贡献进行分配，在一定程度上避免了平均分配情况。设 $I = \{1, 2, \cdots, n\}$ 为 n 个能源供应站参与者，若任意子集 $s \in I$ 都有一个特征函数 $v(s)$，需要满足以下前提条件

$$v(\varnothing) = 0 \tag{5.14}$$

$$v(s_1 \cup s_2) \geqslant v(s_1) + v(s_2), \quad s_1 \cap s_2 = \phi \tag{5.15}$$

显然式（5.14）满足条件。对于式（5.15），根据前面的模型可知，合作后的站点可以吸纳更多的车辆，此时联盟收益要大于站点单独运行的收益之和，因此能源供应站合作可以满足式（5.15）的要求。

Shapley 给出了联盟分配的计算方法：

$$\varphi_i(v) = \sum_{|s \subseteq S_i|} \frac{(|s|-1)!(|n|-|s|)!}{|n|!} \left(v(s \cup i) - v(s) \right) \tag{5.16}$$

其中，S_i 为所有成员 i 的联盟；$|s|$ 为联盟成员的人数，$(|s|-1)!(|n|-|s|)!/n!$ 为合作后每种情况出现的概率；$v(s \cup i) - v(s)$ 为成员 i 参与合作过程中做出的贡献。

5.3.4　基于 Shapley 修正值的收益分配模型

Shapley 值考虑参与方所有联盟的方案，并计算每个参与者在方案里面的边际贡献。在只有两个站点联盟的情况下，联盟方案只有 $\{A、B\}$ 跟 $\{B、A\}$，如图 5.2 所示，在分配中默认这两种可能性是相等的，但这种均分情况显然不符合现状。能源供应站的联盟建立在某个站点车辆数过多，需要与附近空闲站点合作以缓解排队拥堵，并且空闲站点的车辆数也影响合作的效果。因此拥堵站点掌握合作主动权，因而联盟的情况只剩一种，需要对 Shapley 值进行改进。

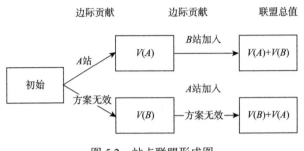

图 5.2　站点联盟形成图

在 Shapley 值的基础上，加入收益分配影响因素 $\theta_j \left(0 < \theta_j < 1 \right), j = 1, 2, \cdots, n$。分析影响能源供应站联盟收益分配的因素，选取站点的品牌影响力、贡献度、风险承担三项指标。

1. 品牌影响力 θ_1

大多数消费者更了解中石油与中石化，对其他品牌不太熟悉。在"2021 年国内能源供应站品牌榜"上，中石化与中石油位居前二，壳牌排第三，这说明消费者更认可这三个品牌。那么在合作中，品牌影响力高的站点能提高消费者的信任度，对客户的决策影响力更大。因此，品牌效应对站点合作起着重要作用。

2. 贡献度 θ_2

站点合作的成效需要补能车辆自愿参与，为了提高车主参与的积极性，拥堵站点需安排几个疏导员，介绍空闲站点的位置等情况，说服客户前往空闲站点，并分发优惠券。空闲站点可以在拥堵站点的入口处设置提示牌，介绍空闲站点位置及距离，方便车主前往。

3. 风险承担 θ_3

收益与风险是并存的，承担风险越高的站点，它所占收益的比重就会越大。在站点联盟中，风险主要来自站点的经营数据、员工的考核绩效、客户的损失等。联盟应按照风险与收益一致的原则分配收益。

构建联盟收益分配影响因素，如表 5.1 所示。

表 5.1　收益分配影响因素

影响因素	品牌影响力（θ_1）	贡献度（θ_2）	风险承担（θ_3）
能源供应站 1	p_{11}	p_{12}	p_{13}
能源供应站 2	p_{21}	p_{22}	p_{23}
…	…	…	…

影响因素	品牌影响力（θ_1）	贡献度（θ_2）	风险承担（θ_3）
能源供应站 n	p_{n1}	p_{n2}	p_{n3}

将表格进行归一化处理，计算不同影响因素 j 的值，设为 b_{ij}：

$$b_{ij} = \frac{p_{ij}}{\sum_1^n p_{ij}} \text{ 且 } \sum_1^n b_{ij} = 1, \ j = 1, 2, 3 \tag{5.17}$$

归一化后得到新的矩阵：

$$B = \left\{ \begin{matrix} b_{11} & b_{12} & b_{13} \\ b_{21} & b_{22} & b_{23} \\ \vdots & \vdots & \vdots \\ b_{n1} & b_{n2} & b_{n3} \end{matrix} \right\} \tag{5.18}$$

由于不同因素的影响程度不同，通过层次分析法来确定最终的权重因素。设 $\beta_j \left(0 \leqslant \beta_j \leqslant 1 \right)$ 为因素 j 的权重系数，则权重向量为

$$\beta = \left(\beta_1, \beta_2, \beta_3 \right)^{\mathrm{T}} \tag{5.19}$$

调整后得到综合向量为 λ：

$$\lambda = \left(\lambda_1, \lambda_2, \lambda_3 \right)^{\mathrm{T}} = B \times \beta \tag{5.20}$$

则改进后的 Shapley 值的模型为

$$\varphi_i'(V) = \varphi_i(V) + V(I) \times \left(\lambda_i - 1/n \right), \ i = 1, 2, \cdots, I \tag{5.21}$$

改进后的 Shapley 值充分考虑了不同站点合作的影响因素，改善了分配的合理性和客观性。

5.3.5　城市交通能源供应站双方合作算例分析

1. 算例参数

给定一个交通路网，存在两座能源供应站。其中站点 S_1 在高峰期经常出现排队现象，站点 S_2 总体处于空闲状态。计算周期为 6：00~22：00，$t = 1$ 小时，基于城市的出行高峰期，给出能源供应站的高峰时间为 7：00~9：00、11：00~13：00、17：00~19：00，因此这三个时间段内可以达成联盟。

假定每辆车可获利 130 元，S_1 站的运营成本为 700 元/天，S_2 站的运营成本为 500 元/天。双方联盟后，信息平台的额外成本为 130 元/天，政府补贴 1 000 元/天，换站车辆补偿 20 元/辆，两个站点的最大服务量为 60 辆/小时。具体车流量如

表 5.2 所示。

表 5.2　每时段站点的车流量

时间段	S_1 站车辆数/辆	S_2 站车辆数/辆	最大服务量/小时	换站车辆数/辆
7：00~8：00	79	27	60	19
8：00~9：00	85	32	60	25
11：00~12：00	69	28	60	9
12：00~13：00	72	31	60	12
17：00~18：00	76	34	60	16
18：00~19：00	83	33	60	23

在路网中，当车流量超出服务水平时，之后的车辆会因得不到服务而选择离开。在合作博弈中，站点有两种可选策略，单独运营和两两合作。各种收益如表 5.3 所示。可以发现，站点之间的合作可以增加收益，此合作是凸博弈，Shapley 值在核内。

表 5.3　合作博弈中不同策略的收益（单位：元）

时间段	R_1	R_2	$R_1 + R_2$	$V(S)$
7：00~8：00	7 800	3 510	11 310	13 400
8：00~9：00	7 800	4 160	11 960	14 820
11：00~12：00	7 800	3 640	11 440	12 430
12：00~13：00	7 800	4 030	11 830	13 150
17：00~18：00	7 800	4 420	12 220	13 980
18：00~19：00	7 800	4 290	12 090	14 620
总收益	46 800	23 550	69 650	82 070

2. 利润分配

通过前面的收益计算，可以知道双方合作的收益是大于单独运营的，因此站点更愿意达成合作，接下来就是收益分摊问题，具体分配过程如下。

第一步：根据专家及站点相关人员的评价，给出修正参数及权重。
$(\theta_1, \theta_2, \theta_3)_{S_1} = (0.686, 0.367, 0.573)$，$(\theta_1, \theta_2, \theta_3)_{S_2} = (0.314, 0.633, 0.427)$；三个影响因素的权重系数为 $\beta = (0.5, 0.3, 0.2)^T$，由此可得修正因子 $\lambda_1 = 0.57$，$\lambda_2 = 0.43$。对于车辆的补偿系数 $\varepsilon = \lambda_1$ 跟 $\gamma = \lambda_2$。

第二步：计算合作后站点的收益分配。

经合作后，产生的额外收益有换站车辆带来的收益以及政府的补贴，同时产生的额外成本有信息平台费用以及换站车辆的补偿，由此得出合作后增加的收益为 12 420 元。因此，根据式（5.16）可以计算出联盟的初始分配情况，再根据式（5.21）可以得出 Shapley 修正值，如表 5.4 所示，可知站点 S_1 的总收益为 53 179.4 元，站点 S_2 的总收益为 28 890.6 元。

表 5.4　两种分配方法的比较（单位：元）

分配方法	站点 S_1	站点 S_2
独立运营	46 100	23 550
Shapley 值	52 310	29 760
Shapley 修正值	53 179.4	28 890.6

3. 结果分析

从表 5.4 中可知，站点 S_1 的收益增长了 15.4%，站点 S_2 的收益增长了 22.7%，两个站点相比独立运营时收益都有一定程度的增加，这与合作联盟的初衷一致。其次在分配合理性上，使用 Shapley 修正值，其中修正因子的大小会影响联盟成员的收益，因此，由合作双方共同制定权重以及影响因子会更加合理。

为解决能源供应站服务不均衡问题，提出能源供应站合作博弈模型，将过去单个站点内部处理的情况转变为多站点合作。为保证收益的合理分配，在 Shapley 值的基础上引入修正因子。实例表明，修正后的分配模型既能增加合作双方的收益，也使站点的车辆数更均衡，为城市能源供应站减负提供了理论参考。

5.4　地方政府、能源供应站和用户的三方合作博弈模型

5.4.1　地方政府、能源供应站和用户三方合作问题分析

人们认为用户和地方政府都是非常理性的，在追求利益最大化的过程中，它们也会考虑环境保护。假设用户（P）和地方政府（G）是博弈的双方，处于完全信息环境下，用户的策略集是 Sp={排队补能，换站补能}，此处排队补能是指排队过长，影响到正常的车辆行驶，换站补能是车辆选择较空闲的站点补能，不影响正常交通。地方政府的策略集是 Sg={监管，非监管}。当用户想要节省换站绕行的时间（记为 Rpt）在当前站点排队补能时，地方政府将对其处以罚款（记为 F，$F \geqslant Rpt > 0$）；当用户选择换站加油时，需要找到空闲站点，尤其是当它远离目的地时，需要支付更高的时间和货币成本（记为 Cpt），当然地方政府会对这些车辆进行奖励（记为 Rpm）。无论用户是排队补能还是换站补能，地方政府

都有义务监管能源供应站的排队现象。此处的监管成本记为 Cgm，当发现用户处在干道排队补能时，可以收取罚款（记为 F）；如果没有监管，地方政府将受到中央政府的惩罚，负面影响记为 Cgn；有政府监管给社会带来的积极效用为 E。因此，用户和地方政府的行动选择与支付如表 5.5 所示。

表 5.5　用户和地方政府的行动选择与支付

参与者	纯策略选择	成本	收入
用户	排队补能	罚款（F）	节省绕行时间（Rpt）
	换站补能	时间和费用（Cpt）	奖励（Rpm）
地方政府	监管	监管成本（Cgm）	罚款及正面影响（$F+E$）
	非监管	负面影响（Cgn）	无

5.4.2　用户与地方政府的博弈分析

建立了用户与地方政府博弈的支付矩阵，如表 5.6 所示。

表 5.6　用户和地方政府的博弈矩阵

地方政府	用户	
	排队补能	换站补能
监管	（$F+E-$Cgm，　Rpt$-F$）	（$E-$Cgm，　Rpm$-$Cpt）
非监管	（$-$Cgn，　Rpt）	（$-$Cgn，　Rpm$-$Cpt）

表 5.6 显示，当地方政府进行监管时，用户的行动选择取决于 Rpt$-F$ 和 Rpm$-$Cpt 的价值。当地方政府不监管时，用户行为的选择取决于 Rpt 和 Rpm$-$Cpt 的价值。博弈的过程如图 5.3 所示。

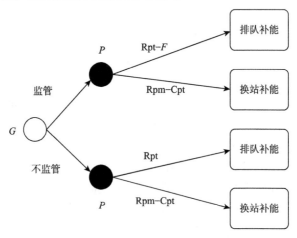

图 5.3　用户与地方政府的博弈过程

　　显然，博弈中不存在纯战略纳什均衡，属于混合战略纳什均衡。假设 γ 表示用户排队补能的概率，θ 表示地方政府监管的概率。那么，换站补能的概率为 $(1-\gamma)$，非监管的概率为 $(1-\theta)$。因此，地方政府的预期收入为

$$\text{Eg} = \theta\left[\left(\gamma(F+E-\text{Cgm})+(1-\gamma)(E-\text{Cgm})\right)\right]+(1-\theta)\left[\gamma(-\text{Cgn})+(1-\gamma)(-\text{Cgn})\right] \tag{5.22}$$

　　用户的预期回报是

$$\text{Ep} = \gamma\left[\left(\theta(\text{Rpt}-F)+(1-\theta)\text{Rpt}\right)+(1-\gamma)\left[\theta(\text{Rpm}-\text{Cpt})+(1-\theta)(\text{Rpm}-\text{Cpt})\right]\right] \tag{5.23}$$

　　在式（5.22）和式（5.23）中，计算 θ、γ 的偏导数，并使其等于零。

$$\frac{\partial \text{Eg}}{\partial \theta} = \gamma(F+E)-\text{Cgm}+\text{Cgn}=0 \tag{5.24}$$

$$\frac{\partial \text{Ep}}{\partial \gamma} = -\theta F + \text{Rpt}-(\text{Rpm}-\text{Cpt})=0 \tag{5.25}$$

　　之后求解方程组，可以获得 $\theta*$、$\gamma*$ 的值：

$$\gamma* = (\text{Cgm}-\text{Cgn})/(F+E) \tag{5.26}$$

$$\theta* = (\text{Rpt}-(\text{Rpm}-\text{Cpt}))/F \tag{5.27}$$

　　因此，可以得出结论，混合策略纳什均衡是

$$(\theta*,\gamma*)=\left((\text{Rpt}-(\text{Rpm}-\text{Cpt}))/(F+E)\right),(\text{Cgm}-\text{Cgn})/F \tag{5.28}$$

　　可以发现，当 $\text{Rpt}-(\text{Rpm}-\text{Cpt})<0$ 时，无论地方政府有无监管，用户都会选择到空闲站点进行补能；当 $\text{Rpt}-(\text{Rpm}-\text{Cpt})>0$ 时，如果地方政府选择监管，用户会绕行到空闲站点。为了实现前一个理想目标，必须满足 $\text{Cpt}<\text{Rpm}-\text{Rpt}$，即如果需要用户主动换站，那么成本必须控制在换站补能的回报与排队节省的时间和费用之间。进一步分析，政府对换站车辆的奖励通常是固定的，而寻找空闲站点需要一些时间，那么由此产生的收益和其他收入几乎由能源供应站和地方政府收取。因此，为了提高用户绕行去空闲站点的主动性，需要在能源供应站、用户和地方政府之间进行利益分配。

5.4.3　多方混合博弈分析

　　对用户在能源供应站排队问题做进一步分析可知，各方想要实现的目标可划分为两个层次，基本目标是地方政府采取监管时，用户能够主动前往车辆较少的站点；理想的目标是地方政府不采取监管，用户仍选择换站绕行。下面进行简单分析。

1. 基本目标

为了能让用户同意换站，那么对用户的补贴要大于或等于换站带来的成本增加，而这部分的补贴由谁来承担，考虑到全国庞大的用户群体，如果全由政府来负担，那将是一笔巨大的财政支出，同时补贴如果不规范，还会产生新的问题。

2. 理想目标

为了达到 $Rpt - (Rpm - Cpt) < 0$ 的要求，从用户的角度看，其收益由政府补贴 Rpm 决定，这项一般是固定的。此外，在实际的能源供应站排队中，排队的时间在每个时段下是不同的，特别是站点排队与路网的高峰期重叠的时候，用户会因为换站困难而放弃换站，因此，为了最大限度调动用户的积极性，需要政府与交通能源供应站共同参与处理，提高对用户的补贴，同时站点派遣引导员让车辆顺利从出站口出去。

5.4.4　地方政府、能源供应站与用户的合作博弈模型

假设用户、能源供应站和地方政府组成一个集合 $N = \{1, 2, 3\}$，非空子集 $S(S \in N)$ 是一个联盟，N 是一个整体联盟。当三方同时参与合作时，形成博弈联盟 $G = (N, v)$。

假设 $V(p) = Cp$，$V(f) = Cf$，$V(g) = Cg$ 是用户、能源供应站和地方政府独立进行的成本，$V(p, f) = Cpf$ 是用户和能源供应站合作处理的成本，$V(p, g) = Cpg$ 是用户和地方政府合作处理的成本，$V(f, g) = Cfg$ 表示能源供应站与地方政府合作处理的成本，$V(N) = Cn$ 表示三方合作治理的成本。这些成本满足 $V(N) \leqslant \sum i \in N$。

为了简化研究，可以使用 Shapley 方法求解博弈 $G = (N, v)$。根据 Shapley 方法，在所有博弈的每个分配方案中，每个成员 i 的平均边际贡献可以表示为

$$\Phi i(v) = \sum_{S \in N} \frac{(n - |S|)!(|S| - 1)!}{n!} \left[v(S) - v(S/i) \right], \quad i = 1, 2, \cdots, n \qquad (5.29)$$

其中，$|S|$ 为联盟中的成员数；$(n - |S|)!$ 为已安排的联盟数；$(n - |S|)!$ 为排除成员的联盟的排列数；$n!$ 为 n 个成员的排列数；$v(S/i)$ 为移除 S 中的 i 后，其他成员的贡献；$v(S) - v(S/i)$ 为成员 i 对联盟的边际贡献。

三方主体合作博弈下不同合作情况及边际贡献如表 5.7 所示。

表 5.7　边际贡献

可能性	合作顺序	地方政府/g	能源供应站/f	用户/p
1/6	(g,f,p)	Cg	Cfg−Cg	Cn−Cfg
1/6	(g,p,f)	Cg	Cn−Cpg	Cpg−Cg
1/6	(f,g,p)	Cfg−Cf	Cf	Cn−Cfg
1/6	(f,p,g)	Cn−Cpf	Cf	Cpf−Cf
1/6	(p,g,f)	Cpg−Cp	Cn−Cpg	Cp
1/6	(p,f,g)	Cn−Cpf	Cpf−Cp	Cp

因此，如果三方在治理方面进行合作，那么 $n=3$，它们承担的成本如下。
用户的成本：

$$\varphi p(v)=\frac{2Cp+(Cpf-Cf)+(Cpg-Cg)+2(Cn-Cfg)}{6} \tag{5.30}$$

能源供应站的成本：

$$\varphi f(v)=\frac{2Cf+(Cpf-Cp)+(Cfg-Cg)+2(Cn-Cpg)}{6} \tag{5.31}$$

地方政府的成本：

$$\varphi g(v)=\frac{2Cg+(Cpg-Cp)+(Cfg-Cf)+2(Cn-Cpf)}{6} \tag{5.32}$$

$V(N)\leqslant\sum_{i\in N}V(i)$ 是前提，式（5.30）、式（5.31）、式（5.32）中 Cpf−Cf，
Cpg−Cg， Cn−Cfg 均小于 0 且 $\varphi p(v)<1/3$。研究发现，在三方合作博弈中，
用户承担的成本降到了原始成本的 1/3 以下。同样，能源供应站和地方政府的成
本也降到了原始成本的 1/3 以下。成本大大降低，表明合作可以实现共赢。为了
将换站绕行的成本控制在一定范围内，应从换站绕行的成本结构分析，包括在监
管区域内寻找空闲站点所需的时间和费用。因此，有必要创造一种地方政府鼓励
和引导、能源供应站响应政府、用户积极参与的协同治理局面。

5.4.5　地方政府、能源供应站和用户合作博弈算例分析

假设用户在能源供应站排队的等待时间成本为 10 元，换站需要支付的总成本
为 15 元，用户获得的补贴为 20 元。地方政府的监管成本为 300 元/天，上级的处罚
平均为 200/天，而地方政府采取监管获得的正面影响为 150 元/天。由此可以得出系
统中有两个交通能源供应站，只考虑需要换站的车辆，则有 104 辆。非合作下得出

地方政府的成本 $V(g)=200$ ，能源供应站的成本为 $V(f)=1200$ ，用户的成本为 $V(p)=1040$ 。用户与能源供应站合作的总成本 $V(p,f)=2200$ ，用户与地方政府合作的总成本为 $V(p,g)=1190$ ，能源供应站与地方政府合作处理的成本为 $V(f,g)=1480$ ，三方合作治理的成本 $V(N)=2350$ 。因此可以得出三方承担的成本分别如下。

用户的成本：

$$\varphi p(v)=\frac{2Cp+(Cpf-Cf)+(Cpg-Cg)+2(Cn-Cfg)}{6}=968.3<1040 \quad （5.33）$$

能源供应站的成本：

$$\varphi f(v)=\frac{2Cf+(Cpf-Cp)+(Cfg-Cg)+2(Cn-Cpg)}{6}=1193.3<1200 \quad （5.34）$$

地方政府的成本：

$$\varphi g(v)=\frac{2Cg+(Cpg-Cp)+(Cfg-Cf)+2(Cn-Cpf)}{6}=188.3<200 \quad （5.35）$$

通过计算得出用户的成本下降了 6.89%，站点的成本下降了 0.56%，政府的成本下降了 5.85%。各方付出的成本在合作后得到下降，虽然站点的成本下降得并不明显，但站点可以通过服务车辆获得收益。因此，在合作中，政府应发挥主导作用，动员不同品牌的能源供应站参与合作，为用户换站补能提供条件，以降低站点的负效应。

5.4.6　地方政府、能源供应站和用户合作博弈研究结论

首先，通过分析用户与地方政府之间的博弈，得出结论：如果能够通过换站补能的报酬与当前排队节省的时间和收益之间的差异来控制成本，那么无论地方政府是否会监督，用户有意识地换站补能目标就很可能实现。其次，利用合作博弈模型，发现当用户、能源供应站和地方政府竭尽全力进行合作时，各方的成本降到了原始成本的1/3以下，从而证明了三方合作的必要性和内在机制。

5.5　城市交通能源供应站多主体合作博弈策略建议

5.5.1　政策制度支持层面的策略建议

当地政府应将能源供应站排队时间过长问题纳入市场监管范围。地方政府可

以从区域布局、道路设施改造等方面规范能源供应站的行为，通过加强教育和引入惩罚机制规范用户行为。对于能源供应站和地方政府来说，有必要协商站点的扩建或新增。对于空闲时段较多的站点，可以对其撤销，同时在需求量大的路段新增站点，避免高峰期补能车辆排队时间过长，占用机动车道并造成交通拥堵。此外，针对现有道路网改造后造成站点车流量下降的情况，地方政府可以对站点布局进行整体优化，调整站点位置，并减少相应的费用。对用户而言，地方政府可以充分利用宣传墙和网络专栏，增强其法律意识、道德意识和共享意识。对排队影响道路交通的车辆进行适当惩罚，对拒不听劝的车辆进行公示，不文明现象有可能逐渐消失。

5.5.2　能源供应站层面的策略建议

站点应通过引进新技术、管理制度来规范车辆补能行为。站点要通过配合地方政府落实各项措施，合理规范站内布局，引导车辆有序排队，提高服务效率等方式来解决站内车辆过多问题。建立站点规范评分体系，与政府合作建立区域监控体系，确定能源供应站的车辆排队长度是否在合理区域内，如果多次发生超长排队，站点将被约谈，并对站点评分，评分如果低于某个阈值，站点将进行内部整顿。此外，通过政企合作建立信息平台，实时发布站点的状态信息，让用户能提前了解情况，并选择合适的站点。站点可以对自身状态进行评估，在入口处安排引导员，并设置醒目的信息牌提醒用户，以减少不规范排队产生的时间浪费。

5.5.3　补能个体参与层面的策略建议

除了地方政府和能源供应站的宣传与约束外，最重要的是引导用户积极参与整个决策过程。他们不仅可以绕行前往空闲站点，还可以引导其他用户遵守规则，用户可以使用手机软件和打电话的方式报告出现超长排队的能源供应站，提醒身边的人，以传递正能量。当地方政府征求意见时，用户应该给出一些建议，从而为参与政府决策提供解决方案。

5.6　本章小结

首先，介绍了合作博弈理论的相关知识，以及城市能源供应站合作带来的正面作用，并分析了城市能源供应站的影响因素。其中多主体包括地方政府、能源供应站和用户，并阐述不同主体在交通能源供应网络中的定位以及当前存在的问题，由于缺乏相应的法规制定，能源供应站内部没有良好的管理，用户更多只注意自身的利益，城市交通能源供应的供需均衡亟须解决。

其次，从横向角度出发，提出交通能源供应站间的合作。对于车辆排队较多的站点，将部分车辆引导至空闲站点补能，以均衡交通能源的供需情况，对合作产生的收益，利用 Shapley 修正值进行分配，通过数值算例分析，可以实现交通能源的供需平衡，并提高合作各方的收益。

最后，从纵向角度出发，提出地方政府、能源供应站及用户三方的合作。假设各方是有限理性，地方政府有监管和不监管两种策略，用户有选择换站和不换站的策略，分析了各方的收益情况，并构建了收益矩阵，通过 Shapley 值分配，三者的成本可以降低为原始成本的 1/3，说明了三方合作的有效性，并提供了解决问题的对策建议。

未来的能源市场将逐渐往电能发展，在新能源汽车产业蓬勃发展的当下，配套的设施建设却没有跟上，尤其是充电桩产业。此外，新能源汽车的续航问题也加剧了车主的里程焦虑，进一步引发了对充电桩的“争夺”。电动车充电时间长，容易产生充电站排队现象，因此，与加油站的解决方法类似，可以采取充电站间的合作方式，充电站之间既可以相互销售电量，还可以将部分排队的电动车引导至空闲的充电站。同时，鼓励私桩共享，将小区的私人充电桩接入共享平台，供其他用户使用，以减少充电焦虑。

第6章 基于负效应极小化的补能车辆调度研究

6.1 补能车辆调度相关理论分析

城市路网中的补能车辆种类较多，如传统燃油车、混合动力汽车、纯电动汽车及天然气汽车等。由于车辆本身与交通能源供应站的特性，传统燃油车与天然气汽车补能时间皆较短，2~5分钟便可完成补能。混合动力汽车是把传统汽油的汽车发动机与纯电动汽车的电机相结合同时运作发力，在速度较低时，可以利用电机提供动力；在速度较高时，可以切换成内燃机提供动力，所以在补能过程中可选择加油或充电，补能在短时间内也可完成，以上车型在补能过程中产生的负效应占比较小。对于纯电动汽车而言，续航里程有限，快充模式下至少需要30分钟的补能时间，慢充模式下至少6小时才能将电池充满，纯电动汽车在补能过程中产生的负效应占比较大。因此基于负效应极小化的补能车辆调度研究主要以传统燃油车加油与纯电动汽车的补能调度为主。

6.1.1 补能车辆调度的相关理论

补能车辆调度是指根据内在因素和外在因素，为具有补能需求的驾驶员分配补能站点并制定合理的行驶路线，使车辆在满足一定约束条件下（如车辆里程限制），高效合理地完成途中充电计划，实现如补能成本最小、时间最短等目标。补能车辆调度工作能够充分协调各补能站点设备的利用，并保证车辆在低续航状态下顺利完成补能行为，使补能行为带来的负效应降到最低。补能车辆调度的基本要素如表6.1所示。

表 6.1　补能车辆调度的基本要素

要素	要素说明
车辆	在道路上行驶的车辆
补能车辆	在道路上行驶具有补能需求的车辆
补能站点	为车辆补给交通能源（如石油、电、天然气）的站点
补能路网	由车辆起始点、目的地及补能站点构成的补能路网
补能路径	车辆由产生补能需求的地点至补能站点补能所行驶的路径
车辆剩余续航里程	车辆在油量或电量耗尽之前，还可行驶的里程距离
限制条件	在进行补能车辆调度时需要考虑到的里程约束，补能站点最大容纳数量等限制条件
目标	在满足限制的条件下，需要实现的负效应最小、成本最少、时间最短等目标

6.1.2　补能车辆调度的作用

1. 推动城市交通有序发展

车辆补能是保障车辆在低续航状态时顺利完成行程的必要条件，因此补能行为对于城市交通发展是至关重要的。补能车辆的路径选择与非补能车辆的路径选择具有较大的不同，在补能高峰期时，大量补能车辆的无序补能行为将对交通网络运行带来巨大的扰动，易造成补能站点周边路段局部拥堵。因此有效的补能车辆调度机制可以有序地调度补能车辆前往补能站进行补能，最小化补能行为对交通路网带来的负效应，推动城市交通有序发展。

2. 推动区域补能站协同发展

因为车辆在选择补能站点时具有随机性和异质性，所以大规模的补能行为易造成局部补能站拥堵、区域内补能站设备利用率不均衡等问题。这种现象在电动汽车补能方面最为明显，电动汽车补能时间较长，在补能高峰期时，局部充电站长时间处于高负荷状态，会对电网造成严重的损害。因此，有效的补能车辆调度可以促进区域内补能站点协同发展，避免个别补能站点排长队的现象，减小对交通能源供应网络的负担。

3. 节约驾驶员的补能成本

由于驾驶员对道路信息不能完全掌握，在前往补能站点时，用户可能因绕路增加行驶里程与行程时间，而且驾驶员对目前补能站点内的排队情况也不知晓，有很大的可能性选择补能流量高的站点，因此需排队等候，增加了用户的时间成本。因此，有效的补能车辆调度能够根据目前道路信息和各个补能站点的服务信息为补能车辆推荐补能站点并规划补能路线，以此减少驾驶员的补能时间成本与补能行程成本，提高驾驶员满意度。

6.1.3　补能车辆响应调度的因素

补能车辆决定是否响应补能调度方案时考虑了以下几方面的因素。

1. 补能时间是否处于补能高峰期

当驾驶员触发补能需求处在补能高峰期时，此时路网上的补能车辆较多，各补能站点的补能流量也较大，由于驾驶员对道路交通、补能站点服务处于不完全信息状态，此时驾驶员更偏向响应调度方案，按照调度方案前往补能站点进行补能。驾驶员响应调度的补能效用若是高于自行补能时的效用，将会提高驾驶员对调度方案的满意度，也会提高驾驶员对调度方案的响应度。若是驾驶员触发补能需求时处于补能平峰期，此时具有补能需求的车辆较少，各个补能站点的服务台皆有剩余，驾驶员更偏向于自行补能，根据自己的行程或者喜好选择补能站点进行补能。

2. 行程的紧迫性

当驾驶员行程时间较为紧迫，此时驾驶员对时间较为敏感，若调度方案的总出行时间小于自行补能的时间，此时驾驶员倾向响应调度策略。相反，当驾驶员的行程时间较为宽裕时，时间并不是驾驶员关心的主要因素，可以通过激励机制，给予驾驶员一些经济补偿，来刺激驾驶员响应调度策略。

3. 剩余续航里程

当车辆的剩余续航里程较低时，驾驶员对到补能站点的距离较为敏感；随着续航里程的持续降低，驾驶员会产生里程焦虑，电动汽车在这方面表现得更为明显。由于驾驶员对交通路网信息的不完全获取，很容易在行程中花费更多的行程时间和行驶里程，额外加重了驾驶员的心理焦虑。此时，驾驶员偏向响应调度策略，在剩余里程耗尽之前到达补能站点进行补能。

4. 响应调度的补能成本

驾驶员在自行前往补能站点补能时，需要支出额外行驶里程、额外行程时间、里程焦虑成本、购买能源成本等；当驾驶员响应调度时，有可能会获得由调度机制给予的激励效益，但也有可能会因调度而额外增加其他一些补能成本，所以，当驾驶员自行前往补能站点进行补能的支出总成本大于响应调度机制补能的成本时，驾驶员出于自身利益的考虑，会偏向于响应调度。

6.2　车联网通信技术分析

6.2.1　车联网通信技术概述

随着互联网与无线通信技术等各方面的发展，物联网技术逐渐成熟并已运用到多个领域中，其中车联网就是物联网在交通领域中的应用延伸。车联网是构建"智慧交通系统"的关键技术，也是智慧城市在交通领域的重要组成部分，对未来缓解城市道路交通拥堵具有十分重要的意义。车联网技术的应用首先体现在汽车上，随着电动汽车保有量迅速增加，电动汽车与车联网技术的融合也成为热门课题，相对于其他汽车而言，电动汽车具有电量约束、速度较慢等特点，较易实现精准控制；除此之外，电动汽车还具备节能、经济、环保等优点。目前国内对于电动汽车车联网的研究尚处于起步阶段，仅有少量车型配备了一些智能服务，但在政策和先进技术的支持下，国内一些汽车企业已投入大量的资金和技术力量进行研究。

在车联网系统中，车辆为主要通信实体，多个车载单元组成无线自组织网络，意在通过无线通信技术将车辆接入网络，实现智慧交通管理和调度，更好地满足驾驶员的网络服务需求。因为车辆在路网上移动，所以车联网系统存在道路拓扑结构频繁变化、链路状态不稳定等特点，这些特点是设计车联网无线通信技术不可避免的挑战。

6.2.2　车联网系统架构

因为目前国际上对物联网还未设定统一的结构标准，车联网作为物联网在交通领域中的应用延伸，其结构标准也并未统一。通过分析当前居民对于车辆的需求，查找并研读物联网和车联网的相关文献，结合 OSI（open system interconnect，开放式系统互联）七层模型以及车联网定义，可将车联网系统由低到高分为三层架构，分别是感知层、网络层和应用层，如图 6.1 所示。

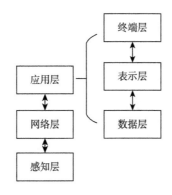

图 6.1　车联网系统架构

底层是感知层，是整个车联网体系的基础。感知层由部署在电动车内部的传感器、RFID（radio frequency identification，射频识别）、控制器等硬件设备与中控芯片连接组成，负责收集人、车、环境的相关信息，并可以通过接收和执行相关指令，实现对车辆的控制。中间层是网络层，主要作用为数据传递。网络层为感知层提供统一接口，感知层设备复杂多样，网络层包含各类通信网络技术，如3G/4G 移动电信网、无线局域网、蓝牙射频等近距离无线通信技术及互联网等。上层是应用层，主要功能是为驾驶员提供各种类型的服务，实现对获取数据的计算、处理、监控和管理。应用层的功能在方案中由 Android 客户端实现，其作用是为用户提供可视化服务，降低操作的复杂度。应用层还可分为三个子层，从下到上分别是数据层，用以整理、存储数据；表示层，主要为数据的处理；终端层，可根据用户的需求，提供相应的服务。

6.2.3　车联网补能调度

车联网补能调度由交通能源供应网络、补能站点基础设施、路网及补能车辆四个实体构成，旨在通过各实体间的可靠通信，为驾驶员提供更全面的服务，同时对补能车辆的续航里程进行实时监控（如电动汽车电池的状态），协助城市交通能源网络做出更加合理的补能调度。由此可见，各实体间实时可靠的通信技术是保障补能调度服务质量的关键。车联网这一技术，利用车辆自组织网的形式可实现车与车、车与路、车与站的有效通信，从而解决了车辆补能网络中信息传递的问题。

以车联网云平台系统为基础，利用无线通信网络实现云平台与交通能源供应网、交通网、车辆之间的信息传递，其中，交通能源供应网信息主要是能源价格、地理位置信息、站内排队情况、可用设备数量等；交通网信息包括实时的道路状况；车辆信息包括车辆续航里程状态、补能要求、位置信息等。车联网云平台将搜集到的信息进行分析与计算，通过对补能车辆进行调度，减小由补能带来的一系列负效应。

以电动汽车车联网补能调度为例，车联网云平台首先收集电网负荷、电动汽车补能要求、充电站服务情况等信息，将电动汽车按照电量进行分类后对车辆充电时间进行优化。随后向驾驶员发布车辆的充电信息，若驾驶员接受并预约充电，则将电动汽车所需的充电负荷叠加至电网的基础负荷之上；若驾驶员不接受，则由驾驶员重新选择充电时间。然后，在对应的补能时间里，对车辆充电进行实时优化，若驾驶员选择接受，引导驾驶员前往符合要求的充电站，否则驾驶员重新上传地理位置或者自主选择充电站，并由车联网云平台重新进行规划。

6.3　补能车辆调度匹配矩阵分析

在车辆补能过程中，道路交通信息和补能站点车流量存在多变性，且驾驶员对道路信息与补能站点服务信息不能完全掌握，因此在补能过程中会增加驾驶员的额外行驶里程和额外行程时间。因此，在实现车联网调度系统的基础上，设计补能车辆选择在预期到达时间、排队时长、预估服务时间、行驶距离、补能成本等方面的匹配矩阵，可快速辅助驾驶员选择补能方案，并能根据行程需要对方案做出适应性的调整，有效提升补能行为的速度和准确性，降低由补能带来的一系列负效应。

6.3.1　补能车辆调度匹配矩阵原理

基于特殊矩阵的补能车辆匹配原理如图 6.2 所示。首先，根据车辆补能需求和能源供应网络等提取关键要素。其次，在提取关键要素的基础上采用格式化表述方式构建匹配预案。该匹配方案可以事先预置，如在车辆行驶过程中，针对各种情形和出行计划，规划多套匹配方案存储在预案库中，也可从历史补能行为中获取。再次，根据实时的道路交通信息和补能站点服务信息生成特征矩阵，与预备方案特征矩阵对比并对矩阵排序，选出最佳的匹配预案。最后，根据网络新增或修改，对匹配预案做出适应性调整，确定最终匹配方案，包含补能车辆选择的预期到达时间、排队时长、预估服务时间、行驶距离、补能成本等方面的匹配方案。

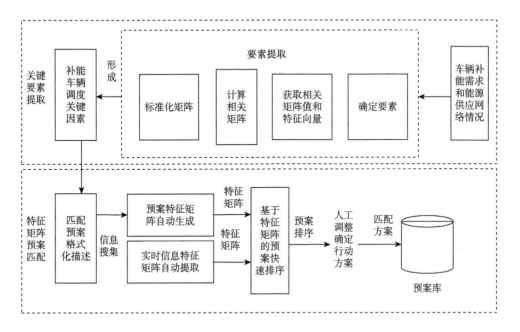

图 6.2　补能车辆调度匹配矩阵原理

6.3.2　基于特征矩阵预案的补能车辆调度匹配步骤

针对路网中车辆的补能需求，提出基于特征矩阵进行补能车辆方案匹配。主要思想为计算实时信息特征矩阵与预案特征矩阵之间的偏差，偏差最小的预案为最佳匹配方案，具体步骤如下。

1. 匹配预案格式化

匹配预案采用格式化表述方式，如图 6.3 所示。匹配预案主要由特征区和方案区两部分构成。其中，特征区由补能车辆信息和能源供应网络信息组成。补能车辆信息是指车辆在产生补能需求后的状态信息，主要包括车辆剩余续航里程、车辆位置信息和车辆行程计划等要素；能源供应网络信息包括补能站点位置信息、能源价格信息、站点服务情况信息等。方案区包含了针对车辆补能的匹配方案，如补能站点的选择、预期到达时间、排队时长、预估服务时间、行驶距离、行驶路线、补能成本等。

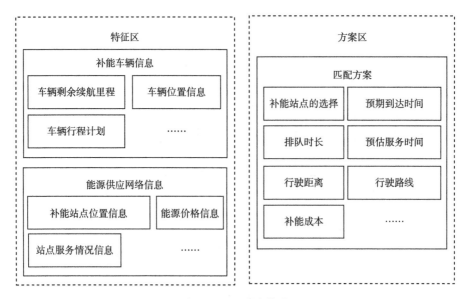

图 6.3　匹配预案构成

2. 特征矩阵自动生成提取

特征矩阵自动生成提取主要包括预案特征矩阵的自动生成和实时信息特征矩阵的自动提取。其中，预案特征矩阵自动生成是根据特征区中的数据形成；实时信息特征矩阵是根据道路交通状况与能源供应网络的实时信息对特征区的元素进行赋值。每生成一个预案都对应一个特征矩阵。

3. 基于特征矩阵的预案快速排序

首先，利用范数公式计算预案特征矩阵与实时信息特征矩阵的偏差值，然后进行遍历，并对所有偏差值进行排序，偏差值最小的预案即最为佳匹配预案。偏差值计算如下：

$$D = \|A - B_i\|^2, \ i = 1, 2, \cdots, j \qquad (6.1)$$

其中，D 为偏差值；A 为实时信息特征矩阵；B_i 为预案特征矩阵；i 为预案序列，共 j 个预案。

4. 驾驶员确定匹配方案

根据驾驶员的补能意图，结合实时交通信息与交通能源供应网络进行预案选择，并可通过实际情况对匹配预案中的部分内容进行新增或修改，做出适应性调整，确定最终匹配方案。

6.4　基于双层规划的随机车辆补能均衡分配研究

6.4.1　随机车辆补能均衡问题分析

从路网系统和补能司机角度出发，通过对补能车辆调度分配来降低补能拥堵带来的负效应。出行车辆分为有补能需求和无补能需求两类。各车辆间基于实时交通信息，及时了解各路段流量状况、站点油价及排队情况，并做出补能分配，使单一车辆补能相对最优，降低总路网补能阻抗。考虑两种补能调度方式，使补能车辆均衡分配在各站点，避免集聚。首先是油价调度，通过调节油价或增加额外服务调度车辆选择补能阻抗最小的站点。其次是排队程度调度，依托车辆自组织网络，实现车辆、道路、补能站点之间的实时信息交流，司机及时获取路线和补能站点的拥堵情况，并做出合理选择。当拥堵程度严重时，司机会主动选择其他模式（时间、补能站点）进行补能，从而减少补能排队等待时间。采用调度机制合理分配补能车辆，满足补能总阻抗最小。

如图 6.4 所示，出行者从起点 1 行驶到终点 7 有多条出行路径 r（r =1,2,3），并且每条途中会经过多个补能站 j（j=2,3,$\cdots$,6），由于出行习惯，车辆一般会选择路径 1 为行驶路线，只有部分车辆选择路径 2、路径 3。补能车辆从起点 1 到终点 7 选择路径 1 所面临的补能阻抗为

$$C_{17}^1=C_{12} + C_{23} + C_{34} + C_{47} + x_2^v C_2 + x_3^v C_3 + x_4^v C_4 \tag{6.2}$$

其中，补能阻抗表示补能过程中的难易程度；$C_{j-1,j}$ 为该段路程的出行阻抗，表示出行成本和出行时间之和；C_j 为车辆在站点 j 所面临的补能阻抗，表示等待时间和等待成本之和；x_j^v 为 0-1 变量，如果车辆 v 选择补能站 j，则为 1，否则为 0。

6.4.2　随机车辆补能均衡模型构建

1. 模型假设

为明确本书使用范围，做出以下假设：①路网中存在两类通行者，补能车辆和无须补能车辆，车辆根据剩余燃料判断是否需要补能，且两类车为同一型号的车辆。②在完全信息下，所有需要补能车辆司机均会根据供应站排队情况，选择或改变行驶路径。③考虑供应站规模限制，当等待补能车辆数大于某供应站的加

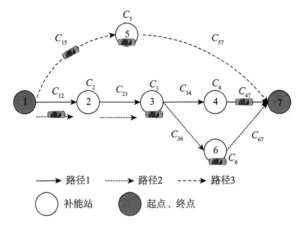

图 6.4　车辆出行路径和站点联合选择

油枪数时，车辆需要根据先后顺序排队等候服务。车的油耗取决于行驶距离和流量。车辆在供应站等待和补能期间发动机关闭，不产生油耗和碳排放。④每辆车在单次出行过程中只需补能 1 次，并且加满。车辆完成补能后，按照指定路径行驶，中间没有停止，直到终点。

2. 符号定义

建立一个有向图 $G = (O, A)$ 表示整个城市能源供应网络。其中，O 为节点集合；A 为城市补能路网中所有路径集合；a 为其中一条路段，$a \in A$；W 为路网中 OD 对集合，w 为 W 中一个 OD 对。符号定义如表 6.2 所示。

表 6.2　符号定义

符号	定义	符号	定义
A	为路网中所有路径集合，$a \in A$，$A \in W$	T_o	为自由流时的出行时间（分钟）
V	为路网中车辆集合	v_{a,m_1}	为路径 a 上无须补能的车辆（辆）
f_w^t	为时间与阻抗之间的转化倍率	v_{a,m_2}	为路径 a 上补能车辆流量（辆）
f_w^c	为成本与阻抗之间的转化倍率	α, β	为常数，分别取值 0.15、4
T	为出行时间（分钟）	T_n	为补能等待时间（分钟）
F	为出行成本（元）	μ	为车辆使用单位成本（元/分钟）
L	为补能者最大能接受的绕行距离（千米）	η	为人力成本（元/分钟）
D	为原行驶距离（千米）	d_a	为路段 a 的长度（千米）
C_{ab}	为选择路段 ab 带来的阻抗	c_v	为车辆每千米碳排放率（千克/千米）
C_j	为选择加油站 j 带来的阻抗	λ_e	为单位碳排放成本（元/千克）
C_a	为路段 a 容量	f_v	为车辆每千米油耗率（升/千米）

续表

符号	定义	符号	定义
T_ω^a	为 OD 对 ω 之间路径 a 的出行时间（分钟）	λ_f	为单位油耗成本（元/升）
x_j^v	表示 0-1 变量，如果车辆 v 选择补能站 j，则为 1，否则为 0		
x_a^v	表示 0-1 变量，如果车辆 v 选择路段 a，则为 1，否则为 0		
ζ_v	表示 0-1 变量，如果车辆 v 补能，则为 1，否则为 0		

3. 模型构建

路网中同时存在多辆车有补能需求时，对车辆均衡分配，满足补能个体和路网补能系统最优的双重目标。建立双层规划模型，将补能系统全局最优与补能个体最优相结合。下层补能个体决策会影响系统总阻抗，同时上层目标也会作用于下层个体决策，通过上层与下层之间相互影响、相互制约，达到彼此相对最优。

1）上层规划

从路网系统角度出发，建立路网车辆均衡模型，考虑在整个城市路网中所有补能车辆的补能效率、补能成本、补能时间及补能负效应等因素。以路网补能总阻抗最小为目标，在先进先出、绕行距离、补能次数、路线和补能站联合选择的约束下，通过设置油价和排队程度两大调度机制，合理分配车辆补能，减少补能车辆出行成本和出行时间。从城市能源供应网络和整个路网运行效率的角度出发，以出行时间和出行成本作为变量，满足总阻抗最小的目标，提出如下优化模型：

$$\min c_\omega^a = \sum_{a=1}^{A} \sum_{v=1}^{V} \left(f_\omega^t T_a^v + f_\omega^c F_a^v \right) \tag{6.3}$$

其中，T_a^v 为路径 a 上车辆 v 的出行时间；F_a^v 为路径 a 上车辆 v 的出行成本。该目标函数受以下条件约束：先进先出约束表示补能车辆到达补能站点时具有一定服务顺序，即某一时间段内先到达补能站点的车辆比延后到达的车辆先进行补能。假设 k 时刻对应的补能阻抗为 $c(k)$，对应在 $k+\Delta k$ 的补能阻抗为 $c(k+\Delta k)$。根据该定义，k 时刻进入补能站的车辆会在 $k+c(k)$ 离开，$k+\Delta k$ 时刻进入补能站的车辆会在 $k+\Delta k+c(k+\Delta k)$ 时刻离开。可表示为

$$k+\Delta k+c(k+\Delta k) > k+c(k)，\quad \forall \Delta k, k > 0 \tag{6.4}$$

其中，k，$k+\Delta k$ 为进入补能站的时间；$c(k)$，$c(k+\Delta k)$ 为对应时间下的补能阻抗，即等待时间。

由式（6.4），可推导出

$$1+\frac{c(k+\Delta k)-c(k)}{\Delta k} \geqslant 0 \tag{6.5}$$

若 $c(k)$ 可微，令 $\Delta k \to 0$ ，则

$$1+\tau_a'(k) \geqslant 0$$
$$\tau_a'(k) \geqslant -1 \tag{6.6}$$

其中，$\tau_a'(k)$ 为 k 时刻 a 补能站的阻抗微分。

式（6.5）表示补能阻抗的下降率大于等于-1 时，则车辆在补能过程中满足先到先补能原则；反之，表示车辆在补能过程中会出现插队的现象，不满足先后原则。

绕行距离约束指补能车辆再进行站点选择时，必然会导致行驶距离的增加，如果补能站点位置比目的地远，司机一般不会选择。司机根据成本最小进行选择绕行总距离不超过原距离的 3 倍。得到补能总阻抗最小时应满足绕行距离约束：

$$\frac{d+L}{d} \leqslant 3 , \quad d,L \geqslant 0 \tag{6.7}$$

补能次数约束根据假设④只补能 1 次：

$$\sum_{j \in O} x_j^v = 1 , \quad \forall j \in O \tag{6.8}$$

出行路径和补能站联合选择约束指在出行过程中，同一 OD 对，存在多条出行路径和多个补能站点时，采用补能站点和行驶路径联合选择，得到出行路径补能阻抗：

$$C_w^a = \sum_{a,b \in A}^n C_{ab} + \sum_{j=1, j \in O}^m x_j^v C_j , \quad \sum_{j \in O}^m x_j^v = 1 \tag{6.9}$$

2）下层决策模型

下层个体决策时受时间、成本、加油站服务能力及司机个人补能习惯等因素的影响，导致如何对补能站进行选择成一大难题。该策略模型从出行者补能阻抗最小出发，结合司机出行习惯和补能随机性构建决策模型，使得补能车辆在满足路网补能总阻抗最小的同时满足个体补能最优。模型主要考虑补能过程中车辆的出行时间和出行成本。

补能车辆出行时间。车辆在出行过程中出行时间是评判出行效率的重要依据，因此车辆补能过程中用出行时间最少作为其中一个指标来进行供应站和路径联合选择是合理的。补能车辆出行时间主要考虑车辆行驶时间、车辆等待时间、车辆补能时间。

行驶时间表示补能车辆在路网中行驶，会受到路网中交通流量、路网通行能力的限制，由 BPR 函数可以得到车辆在路径 a 上的行驶时间：

$$T_\omega^a = \sum_{a \in A} t_a = \sum_{a \in A} T_o \left[1 + \alpha \left(\frac{v_{a,m_1} + v_{a,m_2}}{C_a} \right)^\beta \right] x_a^v \tag{6.10}$$

补能等待时间表示车辆到达补能站点，从进入补能排队队列到驶入补能台的时间。具体计算如下：如图 6.5 所示，在 $M/M/C\,(C\geqslant2)$ 排队系统中，设 t_i 为第 i 辆补能车辆的等待补能时间。当 $C=2$ 时，该排队系统为 $M/M/2$，表示前两辆到达补能站的车辆不用排队等待，可直接补能，即 $t_1=t_2=0$；当到同一个补能站点补能的车辆数 $n\geqslant3$ 时，其余的车辆需要排队补能，即 $t_i>0$（$i\geqslant3$），且：

$$t_3=\min\{t_1',t_2'\} \tag{6.11}$$

其中，t_i'（$i=1,2,3,\cdots,n$）为第 i 车辆的补能时间，本书假设所有车辆的补能时间均相等，为 3.5 分钟。

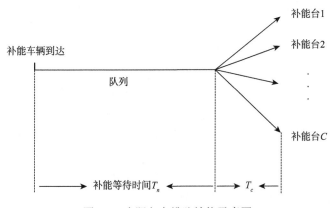

图 6.5　多服务台排队补能示意图

当补能车辆到达补能站时，车辆即将面临补能等待 t_i 和补能服务，假设 t_c 为等待因子，一个不变常量，它表示补能车辆位于队列第一位到进入补能服务台的等待时间。由数学归纳法得

$$T_n=\overbrace{t_c+t_c+\cdots+t_c}^{n-2}=(n-2)\times t_c,\quad n\geqslant3 \tag{6.12}$$

因此，当补能站中有 c 个加油枪时，车辆的排队时间为

$$T_n=\sum_{j\in O}\overbrace{t_c+t_c+\cdots+t_c}^{n-c}\times x_j^x=\sum_{j\in O}(n-c)\times t_c\times x_j^y,\quad n\geqslant c \tag{6.13}$$

补能时间指车辆从驶入补能站点，工作人员给该车辆开始补能计时到补能结束、离开补能站点的时间，不包括排队等待时间。影响车辆补能时间的因素较多，如加油枪数量、加油方式、服务人员的业务熟练程度、车辆油箱容积等，归纳起来为服务效率。经过对重庆市南岸区中石油（五公里加油站、七公里加油站、青龙路加油站）、中石化（岔路口站、道角加油站）、壳牌加油站实地调研，得到每辆车平均补能时间为 3~4 分钟。

$$T_c=3.5 \tag{6.14}$$

根据式（6.10）、式（6.13）、式（6.14）可以得到，车辆在整个路网中的总出行时间 T_w 为

$$
\begin{aligned}
T_w &= T_w^r + \zeta_v\left(T_n + T_c\right) \\
&= \sum_{a \in A} T_o \left[1 + 0.15\left(\frac{v_{a,m_1} + v_{a,m_2}}{L_a + L\zeta_v}\right)^4\right] \times x_j^v + \zeta_v\left(\sum_{j \in O}(n-c) \times t_c + T_c\right) \times x_j^v
\end{aligned}
\tag{6.15}
$$

补能车辆行驶成本。在行驶过程中，出行费用 F_r 主要包括油耗费 F_f、碳排放成本 F_e、补能等待成本 F_n、加油费 F_o。

补能等待成本包括人工等待成本、车辆等待成本，即

$$
F_n = T_n\left(\mu + \eta\right)
\tag{6.16}
$$

加油费 F_o 表示加油量 q_v 与油价 p_o 的乘积。

$$
F_o = q_v p_o
\tag{6.17}
$$

油耗费和碳排放成本的影响因素，有可以量化的直接因素，如行驶速度、载重、行驶距离；有难以量化的间接因素，如道路质量（路况拥堵、道路等级）、车辆性能、驾驶方式等。不考虑载重是由于城市排队补能的车辆几乎是小型汽车，白天主城区货车限行，晚上补能站点排队补能的可能性较小。重点考虑行驶距离、车辆性能两个最关键的因素，研究城市道路中车辆补能过程中油耗成本 F_f、碳排放量 E_v、碳排放成本 F_e 分别为

$$
F_f = \sum_{a \in A}\left(d_a + L \times \zeta_v\right) \times f_v \times x_a^v \times \lambda_f
\tag{6.18}
$$

$$
E_v = \sum_{a \in A}\left(d_a + L \times \zeta_v\right) \times c_v \times x_a^v
\tag{6.19}
$$

$$
F_e = E_v \times \lambda_e
\tag{6.20}
$$

出行成本表示为

$$
F_r = F_f + F_e + F_n + F_o
\tag{6.21}
$$

因此，补能车辆在单一补能站阻抗为

$$
c_\omega^r = f_\omega^t\left(T_\omega^a + T_n + T_c\right) + f_\omega^c\left(F_f + F_e + F_n + F_o\right)
\tag{6.22}
$$

当路径 a 上有 G 个终端能源供应站时，由于补能车辆在每个供应站的补能时间和补能等待时间不同，则补能者在选择补能站点时所行驶的路径阻抗也不同，为了计算路径 a 上供应站的补能等待时间 T_n 和平均补能时间 T_c，将路径 a 上补能车辆选择供应 j 的概率表示为 p_w^j，则

$$
p_w^j(v) = \frac{\exp\left[-\theta c_w^j(v)\right]}{\sum_{j=1}^{N} \exp\left[-\theta c_w^j(v)\right]}
\tag{6.23}
$$

因此，路径 a 上补能车辆的阻抗为

$$c_w^a = \left[f_w^t T_w^a + P_j \left[f_w^t \left(T_n + T_c \right) + f_w^c \left(F_n + F_o \right) \right] + f_w^c \left(F_f + F \right) \right] \quad （6.24）$$

故，目标函数路网中所有路径上所有补能车辆的阻抗为

$$\min c_\omega^a = \sum_{r=1}^{R} \sum_{v=1}^{V} \left(f_\omega^t T_\omega^a + \zeta_v \sum_{j=1}^{O} P_j \left[f_\omega^t \left(T_n + T_c \right) + f_w^c \left(F_n + F_o \right) \right] + f_w^c \left(F_f + F_e \right) \right)$$

$$（6.25）$$

6.4.3　随机车辆补能均衡算法设计

该模型为双层结构 NP（nondeterministic polynomially problem，非确定性多项式问题）难题，难以找到精确解。因此，采用双层模型单层化处理，在不精确的解中找到一个"好"的解决方案，因此设计两阶段算法对模型求解，分别为相继平均算法（method of successive average，MSA）和遗传算法。

1. 补能分配模型求解算法

针对模型中下层决策分配模型，采用 MSA 求解，该算法的关键点是引入出行者后悔理论，利用 Logit 分流模型不断对补能者补能站点选择进行迭代，算法步骤如下。

步骤 1：初始条件下，补能车辆随机选择出行路径。

步骤 2：更新路径。完成一次出行后，补能车辆更新路径和补能站选择，无须补能车辆更新路径选择。路径选择概率为 P_w，车辆选择后更新路径和路网中补能站点等候补能的车辆数；对于补能车辆选择补能站的情况，描述为在补能站点中补能车辆数的变化。当首次分流后，路网中每条路径 a 上所有补能站点的平均等待时间进行排序。

$$T' = \sum_{j=1}^{N} P_j \left(T_n + T_c \right) \quad （6.26）$$

当某个补能站点的补能等待时间较长时，一些补能车辆会以一定的概率分流到其他路径上，分流的概率为

$$P = \frac{\displaystyle\sum_{j=1}^{N} P_j \left(T_n + T_c \right)}{\displaystyle\sum_{r=1}^{R} \sum_{j=1}^{N} P_j \left(T_n + T_c \right)} \quad （6.27）$$

步骤 3：基于 MSA 更新下一次迭代。返回步骤 2。

步骤 4：检查收敛性。

2. 最优化模型求解算法

针对上层路网规划模型，采用遗传算法进行求解，算法步骤如下。

步骤1：路径搜索。将路网中OD对中所有简单无环路径作为有效出行补能路径集 A_w。

步骤2：通过编码形成初始种群。对补能站点进行数字编码，编码区间 $[S_{min}, S_{max}]$，表示不同的补能站点分布情况。

步骤3：初始化路网中补能车辆所占总流量比例以及补能车辆选择补能站点概率。补能车辆流量集合 $\{v^1_{a,m}|a \in A\}$，路网中路径集合 $\{f^{ac,1}_w|\forall a \in A_w\}$，计算每条路段、每个补能站的补能阻抗 $\{c^a_w|\forall a \in A_w\}$、$\{c^n_w|\forall n \in N_w\}$。

步骤4：通过 MSA 算法，采用 Logit 模型对补能者的路径和补能站点选择进行迭代，得到路网中车辆补能局部均衡，详见6.4.1节。补能者更新选择概率、更新路径 $\{f^{ac,1}_w|\forall a \in A_w\}$，以及更新路段和补能站点补能阻抗 $\{c^a_w|\forall a \in A_w\}$、$\{c^n_w|\forall n \in N_w\}$。

步骤5：对每个补能站点进行整数编码，i 表示该节点有补能站点，且加油枪的数量为 i，0 表示该节点没有补能站点。每一个染色体表示一种补能站点的布局方案，在交叉变异的过程中，采取轮盘赌的形式选取染色体进行交叉与变异，交叉概率 $p_c = 0.8$，变异概率 $p_m = 0.01$，$i \in \{0,4,6,8,18\}$，由此产生的新种群如图 6.6 所示。

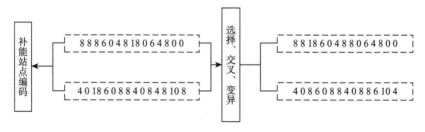

图 6.6　遗传过程示意图

步骤6：令 $t = t + 1$，返回步骤4。

当进化次数达到预设的迭代次数时，终止遗传操作，输出结果。

6.4.4　随机车辆补能均衡算例分析

采用 Nguyen-Dupuis 路网验证模型和算法的正确性与有效性，该路网包括500

辆随机补能车辆、4 个 OD 对{（1,2）、（1,3）、（4,2）、（4,3）}、13 个补能站点、19 个路段和 25 条出行路线（图 6.7）。算法用 Python 实现，相关参数如下。

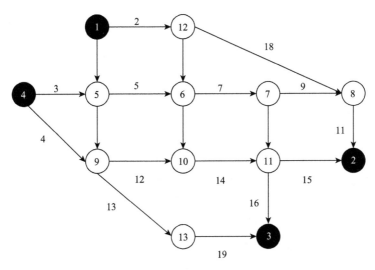

图 6.7　Nguyen-Dupuis 路网

表 6.3 为模型参数设置，假设加油枪数量，人、车辆单位等待成本参考文献，道路自由行驶速度来自城市道路平均行驶速度，单位碳排放成本和单位油耗成本参考文献。

表 6.3　模型参数设置

参数	含义	取值	参数	含义	取值
i	加油枪数量（只）	{0、4、6、8、18}	c_v	车辆每千米碳排放率（千克/千米）	0.041 4
μ	车辆单位等待成本（元/小时）	90	λ_e	单位碳排放成本（元/千克）	0.052 8
η	人单位等待成本（元/小时）	24	f	车辆每千米油耗率（升/千米）	0.010 8
V	道路自由行驶速度（千米/小时）	40	λ_f	单位油耗成本（元/升）	7.5
p_c	交叉变异	0.8	p_m	遗传变异	0.01

1. 数据描述

为实现该模型和算法的求解，对城市加油站、道路基本属性及路径情况进行数据描述，如表 6.4 所示。

表 6.4　加油站排队情况

节点	排队车辆数/辆	等待时间/分钟	补能时间/分钟
5	10	35	38.5
6	7	24.5	28
7	6	21	24.5
8	0	0	3.5
9	4	14	17.5
10	8	28	31.5
11	7	24.5	28
12	3	10.5	14
13	2	7	10.5

表 6.4 表示根据实时交通信息生成一组加油站现正在排队补能的车辆数，以及利用式（6.13）计算各站点补能等待时间。其中加油站 5 排队时间最长，应尽量规避，加油站 8 补能车辆最少，可优先选择。

表 6.5 列出了 19 条路段的相关参数，包括路段容量、路段长度、路段流量。

表 6.5　19 条路段基本属性

路段	起点	终点	路段容量	路段长度	路段流量	T_0
1	1	5	250	12	264	21.357 5
2	1	12	150	9	131	6.523 6
3	4	5	250	13	363	14.445 1
4	4	9	250	8	84	5.343 5
5	5	6	250	2	138	1.351 9
6	5	9	250	4	0	2.666 7
7	6	7	250	13	17	8.666 7
8	6	10	250	5	49	3.334 1
9	7	8	150	6	179	5.216 7
10	7	11	250	5	27	3.333 4
11	8	2	250	9	27	6.000 1
12	9	10	250	16	246	12.166 7
13	9	13	250	3	90	2.005 0
14	10	11	250	8	199	5.654 5
15	11	2	250	5	32	3.333 5
16	11	3	250	8	245	6.071 2
17	12	6	150	8	222	9.171 6
18	12	8	250	4	127	2.693 3
19	13	3	250	10	89	6.682 7

图 6.8 表示 19 条路段上实际流量，每条路段上的车流量均不相等，其中路段 1、3、9、17 路段实际流量超出道路容量约束，已经形成交通拥堵，在补能过程中尽可能地避免选择该路段；路段 2、12、16 接近饱和，但没有形成交通拥堵；其余的 12 条道路车流量较少，车辆行驶速度可以增加，在补能过程中可以优先选择这些路段，其中路段 6 的车流量为 0，该路段为自由行驶速度。

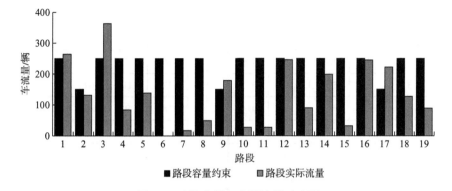

图 6.8　路段容量与实际流量对比图

表 6.6 表示路网中路径数量以及每条路径经过的节点。

表 6.6　路径设计

OD 对	路径	途经节点	OD 对	路径	途经节点
	1	1→12→8→2		15	4→5→6→7→8→2
	2	1→12→6→7→8→2		16	4→5→6→7→11→2
	3	1→12→6→7→11→2	4↓2	17	4→5→6→10→11→2
1↓2	4	1→12→6→10→11→2		18	4→5→9→10→11→2
	5	1→5→6→7→8→2			
	6	1→5→6→7→11→2			
	7	1→5→6→10→11→2		19	4→9→10→11→2
	8	1→5→9→10→11→2		20	4→9→13→3
	9	1→5→9→13→3		21	4→9→10→11→3
	10	1→5→9→13→3	4↓3	22	4→5→9→13→3
1↓3	11	1→5→6→10→11→3		23	4→5→9→10→11→3
	12	1→5→6→7→11→3		24	4→5→6→10→11→3
	13	1→12→6→10→11→3		25	4→5→6→7→11→3
	14	1→12→6→7→11→3			

2. 分配结果分析

采用 6.4.4 节中算法求解模型。其中 θ 取值为 0.1，得到如表 6.7 所示每条路径承担的补能阻抗和车辆分配结果。

表 6.7　25 条路径补能阻抗和车辆分配结果

OD 对	路径	选择站点	单辆车补能阻抗	车辆分配	总阻抗	OD 对	路径	选择站点	单辆车补能阻抗	车辆分配	总阻抗
1↓2	1	8	1.86	26	48.36	4↓2	15	8	4.37	20	87.4
	2	8	4.43	20	88.60		16	7	6.25	19	118.83
	3	12	5.47	19	103.86		17	11	6.6	19	125.4
	4	12	5.52	19	104.83		18	9	6.88	19	130.72
	5	8	4.69	19	89.11						
	6	7	6.57	19	124.91	4↓3	19	9	5.51	22	121.22
	7	6/11	6.92	19	131.48		20	13	1.981	27	53.50
	8	9	7.20	18	129.60		21	9	4.80	21	100.65
1↓3	9	13	3.68	23	84.67		22	13	3.35	23	77.08
	10	9	6.48	18	116.69		23	9	6.16	18	110.93
	11	11	7.06	18	127.08		24	6/11	6.74	19	128.06
	12	7	6.71	18	120.86		25	7	6.68	19	126.92
	13	12	5.66	19	107.49						
	14	12	5.61	19	106.54	合计				500	2 664.80

如表 6.7 所示，500 辆补能车辆被分配到 25 条路径上的不同补能站点，其中加油站 8 分配的车辆最多；不同路径所面临补能阻抗不同，如以路径 1 作为出行路线的车辆，可以选择加油站 8、加油站 12 补能，选择加油站 8 补能阻抗最小为 1.86；选择路径 8 作为出行路径并选择加油站 9 所面临的阻抗最大为 7.2。另外选择加油站 8 有 4 条路径，加油站 7 有 4 条路径，加油站 9 有 6 条路径，加油站 11 有两条路径，加油站 12 有 4 条路径，加油站 13 有 3 条路径，加油站 6 有两条路径。

经过 20 次迭代之后得到图 6.9，得到 25 条出行路径的单辆车的补能阻抗和每条行驶路径所分配的车辆数。如图 6.10 所示，补能阻抗与车辆分配数量呈相反关系，补能阻抗越大，该站点分配的补能车辆越少，反之补能阻抗越小，分配的车辆越多。根据路径和站点的拥堵情况，车辆根据行驶路径都有优先选择的加油站。

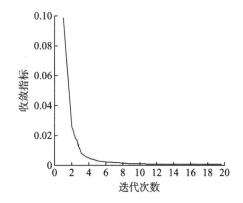

图 6.9　算法收敛迭代图

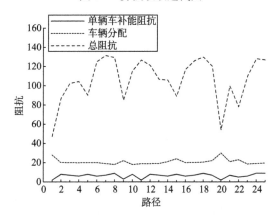

图 6.10　25 条路径补能阻抗和车辆分配情况

3. 有效性检验

为了验证该调度补能选择机制和模型的有效性，分别在有无调度机制下计算路网均衡流量分配，得出总路网阻抗。

在"有调度机制"下，通过实时了解加油站排队等候加油的车辆数，优先选择排队少的加油站进行补能。结果如下，从补能者出行成本角度分析，如图 6.11 所示，路网中所有出行路径在"有调度机制"的补能成本明显优于"无调度机制"，尤其路径 2、5、9、15、21、23 上更为明显，成本节约更为显著；其他路径节约成本不明显，是因为利用该模型进行补能分配和选择会给补能车辆增加绕行距离，从而导致行驶成本增加。如图 6.12 所示，路网中随机的 500 辆补能车辆采用该模型进行补能分配能够节约 11 069.828 元。因此，当补能者与成本最低为补能导向时，建议采用"有调度机制"的加油选择。

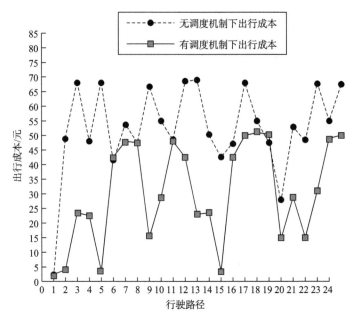

图 6.11　每条路径"有无调度机制"出行成本分析

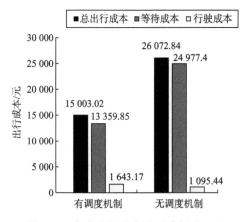

图 6.12　各类出行成本比对分析（一）

　　从补能者出行时间角度分析，由图 6.13、图 6.14 可以发现采用"有调度机制"进行补能分配，总出行时间有节约但不明显。原因是调度后补能车辆出现绕路的情况，虽然车辆的等待时间节约将近 84.6%，但行驶时间增加 51%。采用"有调度机制"可以有效地缓解交通拥挤，减少城市补能拥挤带来的负效应。从路网系统最优考虑该分配策略是有效的。

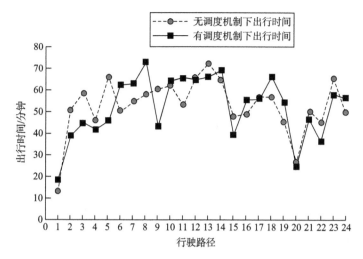

图 6.13　每条路径"有无调度制度"出行时间分析

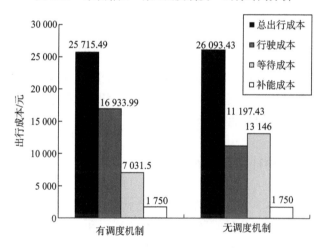

图 6.14　各类出行成本比对分析（二）

在有调度机制下，政府或者企业可以合理调节加油高峰时段加油单价或者提供额外服务，使车辆补能合理调度，减少补能拥堵带来的负效应。对于常发生加油拥堵的站点，政府给予站点补贴让其合理增加油价，减少补能车辆到此补能；对于加油车辆稀少的站点，合理降低油价或者推出额外服务，吸引车辆到此补能，对此政府可对该加油站适当提高税收，以调节市场平衡。

为了考察司机对补能阻抗敏感程度对随机补能车辆分配带来的影响，图 6.15 表示司机在不同感知水平下对出行路径和加油站联合选择的车辆分配情况。对此，司机感知阻抗差异敏感程度参数 θ 分别取 0.01、0.05、0.1、0.5 和 1。

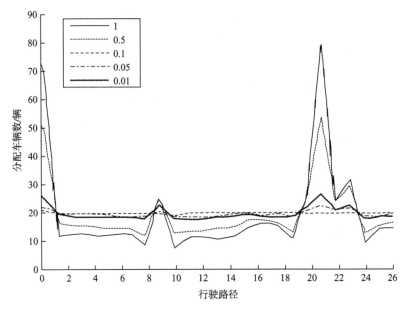

图 6.15　不同 θ 值下每条路径的车辆分配情况

　　参数趋近于 0，表示敏感度很低，司机对补能阻抗在意度不高，司机等概率地选择加油路径和加油站；反之，参数无穷大，表示司机重视加油过程中的负效应，愿意选择阻抗较小的补能方案。

6.4.5　随机车辆补能均衡研究结论

　　考虑在完全信息下，车辆、道路和加油站之间信息共享，研究了基于双层规划模型的随机车辆补能分配问题，通过遗传算法和 MSA 算法对问题求解。实例结果表明，车辆分配数量和补能阻抗成反比，补能阻抗越大，站点分配的车辆越少，阻抗越小，分配的车辆越多；在该模型和调度机制下出行成本明显降低，小幅度节约出行时间。500 辆补能车辆出行成本降低 1.1 万元，等待时间节约 6 114.5 分钟；采用调度机制对补能车辆进行疏导分配，能避免车辆集聚，有效减少补能拥堵带来的负效应；在个体决策模型中，司机对调度机制的感知程度将会影响路网分配结果，司机越重视该阻抗，分配结果越合理，出行时间和成本减少越显著。因此，该分配策略可以有效地缓解交通拥挤，减少城市补能拥挤带来的负效应。后续研究将进一步探讨动态博弈视角下网络补能减负机制。

6.5　考虑负效应最小化的电动汽车补能调度研究

6.5.1　电动汽车补能调度问题分析

电动汽车补能是保障车辆在低续航时完成出行计划的必要条件，通常当电动汽车荷电状态低于某一阈值或无法完成剩余行程时产生补能需求，此时，驾驶员须前往充电站进行补能，然后再行驶至目的地。如图 6.16 所示，某区域有 2 个充电站，其中充电站 1 剩余 4 个充电桩，充电站 2 剩余 1 个充电桩，路网中同时存在补能车辆，即车辆 1 和车辆 2。驾驶员选择充电站具有利己性和随机性，在无补能车辆调度的情况下，由于 t_2=10 分钟<t_1=15 分钟，车辆 1 将选择充电站 2 进行补能；车辆 2 也将选择距离较近的充电站 2 进行补能。因此，造成了补能车辆在充电站 2 聚集，导致局部充电站负荷较高，加之电动汽车补能时间较长，充电站服务能力有限，在站内产生了排队现象，额外增加了驾驶员的行程时间。此外，车辆行驶至充电站的路程不在出行计划中，额外增加了驾驶员的行驶里程，并且随着续航里程的不断降低，驾驶员易产生里程焦虑。为此，对路网中多个补能车辆进行调度，最小化网络中因补能行为导致的一系列负效应。

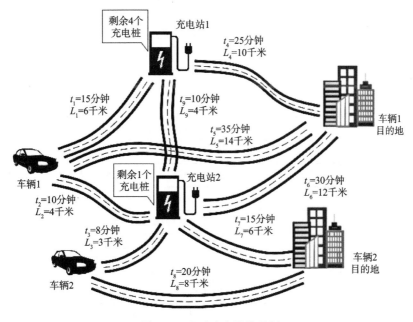

图 6.16　电动汽车补能示例

考虑交通路网 $G=(V,A)$ ，其中 V 为节点集， $V=\{\upsilon|\upsilon\in V\}$ ； A 为路段集，$A=\{a|a=1,2,\cdots,m\}$ ；路网上存在多组 OD 对，对 OD 对进行统一编号，$\mathrm{OD}=\{i|i=1,2,\cdots,N\}$ ； g_i 为 OD 对 i 间的总出行需求； β_i 为 OD 对 i 间补能电动汽车渗透率；充电站皆位于路网节点上，对充电站进行统一编号$J=\{j|j=1,2,\cdots,r\}$ ，其中 r 为充电站数目；补能车辆以产生补能需求的节点为起始点，根据站点与路段信息寻找补能站点，在站点补能后继续行驶至目的地。车辆在起点处的位置信息、剩余续航均已知。充电站位于道路节点上，充电站的位置信息、排队长度均可获知。

6.5.2　电动汽车补能调度双层模型

符号说明表见表 6.8。

表 6.8　符号说明表

符号	符号说明
V	路网所有节点位置的集合
A	路网上所有路段的集合
OD	补能车辆的 OD 对的集合
q_i	OD 对 i 中的补能车辆数
J	路网上充电站位置的集合
L_a	路段 a 的长度
v_a	路段 a 上的车流量
t_a^0	路段 a 自由行驶时间
C_a	路段 a 的通行能力
t_a	路段 a 的行程时间
$B_o^n(i)$	OD 对 i 间第 n 辆补能车辆的初始荷电状态
$B_{re}^n(i)$	OD 对 i 间第 n 辆补能车辆到达充电站时的剩余电量
d_j^0	充电站 j 的排队时间系数
u_j	充电站 j 的充电流量
c_j	充电站 j 的服务能力
c_{ij}^n	OD 对 i 间第 n 辆补能车辆的里程焦虑成本
ω	补能车辆的激励补偿单价

符号	符号说明
Z	补能车辆的调度激励补偿矩阵
k_i	补能车辆由 $O(i)$ 至 $D(i)$ 的路径集
$k'_{i,j}$	补能车辆由 $O(i)$ 至充电站 j 的路径集
$k''_{j,i}$	补能车辆由充电站 j 至 $D(i)$ 的路径集
$\delta^{\mathrm{OJ}}_{\mathrm{a}k'_{i,j}}(i)$	由 $O(i)$ 至充电站 j，若路段 a 在路径 $k'_{i,j}$ 上，$\delta^{\mathrm{OJ}}_{\mathrm{a}k'_{i,j}}(i)=1$，否则 $\delta^{\mathrm{OJ}}_{\mathrm{a}k'_{i,j}}(i)=0$
$\delta^{\mathrm{JD}}_{\mathrm{a}k''_{j,i}}(i)$	由充电站 j 至 $D(i)$，若路段 a 在路径 $k''_{j,i}$ 上，$\delta^{\mathrm{JD}}_{\mathrm{a}k''_{j,i}}(i)=1$，否则 $\delta^{\mathrm{JD}}_{\mathrm{a}k''_{j,i}}(i)=0$
$\delta^{\mathrm{OD}}_{\mathrm{a}k_i}(i)$	由 $O(i)$ 至 $D(i)$，若路段 a 在路径 k_i 上，则 $\delta^{\mathrm{OD}}_{\mathrm{a}k_i}(i)=1$，否则 $\delta^{\mathrm{OD}}_{\mathrm{a}k_i}(i)=0$
$X_{i,j}$	OD 对 i 间的补能车辆调度到充电站 j 的车辆数

1. 电动汽车补能

1）电动汽车初始荷电状态度量

根据电动汽车荷电状态与充电行为概率之间的统计关系可知，电动汽车的充电行为通常发生在其荷电状态低于 60% 时，又为了考虑初始荷电状态的渐变性，故在此假设 OD 对中电动汽车补能初始荷电状态 $B_o(i)$ 服从三角分布，其概率密度函数为

$$f\left(x\middle|a,b,c\right)=\begin{cases}\dfrac{2(x-a)}{(b-a)(c-a)}, & a\leqslant x\leqslant c \\[2mm] \dfrac{2(b-x)}{(b-a)(b-c)}, & c<x\leqslant b\end{cases} \tag{6.28}$$

其中，a 为补能车辆初始荷电状态的最低水平；b 为补能车辆初始荷电状态的最高水平；c 为补能车辆初始荷电状态的众数；在本书中，$a=0.2$，$c=0.4$，$b=0.6$。

2）电动汽车的电量消耗计量

OD 对 i 间第 n 辆补能车辆到达充电站时的剩余电量 $B^n_{\mathrm{re}}(i)$ 与其从起始点 $O(i)$ 到所推荐充电站 j 行驶的距离直接相关，其计算方法如下：

$$B^n_{\mathrm{re}}(i)=\eta\left(B^n_c(i)-L(i)\times E_c\right) \tag{6.29}$$

$$L_{ij}=\sum_{a=1}^{m}L_a\delta^{\mathrm{OJ}}_{\mathrm{a}k'_{i,j}}(i) \tag{6.30}$$

$$\delta^{\mathrm{OJ}}_{\mathrm{a}k'_{i,j}}(i)=\begin{cases}1, & a\in k_i \\ 0, & a\notin k_i\end{cases} \tag{6.31}$$

其中，η 为能耗系数；L_{ij} 为补能车辆由起始点 $O(i)$ 到所推荐充电站 j 的距离。

3）路段行程时间计量

道路交通网中，车辆行驶速度受道路实时交通流量和道路通行能力约束，将影响电动汽车在道路上的行驶时间，进而影响补能车辆充电需求的时空分布。因此，本书假设路段行程时间采用 BPR 的路阻函数形式。

$$t_a(v_a)=t_a^0\left[1+0.15\left(\frac{v_a}{C_a}\right)^4\right] \tag{6.32}$$

因此补能车辆从 $O(i)$ 到达所推荐充电站 j 的行驶时间为

$$T_{O,J}^{\text{travel}}(i)=\sum_{a=1}^m \delta_{\text{ak}_{i,j}'}^{\text{OJ}}(i)t_a(v_a) \tag{6.33}$$

4）充电站排队时间计量

电动汽车驾驶员除了考虑在道路上的行驶时间外，还需要考虑补能的排队等待时间。据观察所示，补能排队等待时间和出行时间都随着交通流量的增加而增加。本书通过建立扩展的运输网络，将这两种成本纳入一个统一的框架中，如图 6.17 所示。首先，加入伪弧线表示补能等待时间，如图 6.17（b）中虚线{3}所示。然后，将图 6.17（a）中所示的实线{2}展开为图 6.17（b）中的{（2',2"）}对弧。例如，对于经过充电站的路线，{1,3,2"}为充电路线，{1,2'}为非充电路线。

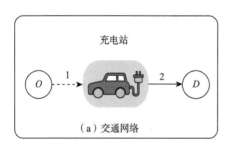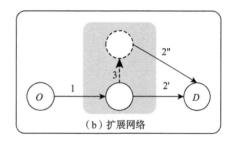

图 6.17　交通网络（a）和扩展网络（b）

在 $M/M/1$ 排队模型中，驾驶员在队列的平均等待时间表达式为

$$T_j^{\text{wait}}(\mu_j,\lambda_j)=\frac{\lambda_j}{\mu_j(\mu_j-\lambda_j)} \tag{6.34}$$

其中，λ_j 为充电站 j 单位时间内的到达率；μ_j 为充电站 j 的服务率（在 $M/M/1$ 排队模型中 $\lambda_j \leqslant \mu_j$，以保证排队系统的稳定性）。通过对式（6.34）进行泰勒展开，得到

$$T_j^{\text{wait}}\left(\mu_j,\lambda_j\right)=\frac{1}{\mu_j}\times\frac{1}{1-\lambda_j/\mu_j}-\frac{1}{\mu_j}\approx\frac{1}{\mu_j}\left(1+\frac{\lambda_j}{\mu_j}+\frac{\lambda_j^{\,2}}{\mu_j^{\,2}}\right)-\frac{1}{\mu_j}$$
$$=\frac{1}{\mu_j}\left(\frac{\lambda_j}{\mu_j}+\frac{\lambda_j^{\,2}}{\mu_j^{\,2}}\right) \tag{6.35}$$

通过式（6.35）和 BPR 函数的思想，可推导充电站的排队时间与补能流量的关系：

$$T_j^{\text{wait}}=d_j^0\left[\frac{u_j}{c_j}+\frac{u_j^{\,2}}{c_j^{\,2}}\right] \tag{6.36}$$

其中，d_j^0 为自由流补能车辆的排队时间系数；u_j 为充电站 j 的补能流量；c_j 为充电站的服务能力。

2. 电动汽车补能负效应计量

电动汽车产生补能需求后，须前往充电站进行补能，然后再驶向目的地。因此，车辆的补能行为使驾驶员产生了额外的行驶里程和额外的行程时间，而且在前往充电站时，随着续航里程的降低，驾驶员会产生里程焦虑。并且在无补能车辆调度的情况下，驾驶员选择充电站具有利己性和随机性，在补能高峰期时易出现局部充电站车辆聚集的现象，这不仅造成了周围路段的交通拥堵，更增加了驾驶员的补能时间。因此针对电动汽车补能带来的里程焦虑、额外行驶里程和额外行程时间来建立补能调度双层优化模型，最小化补能行为的负效应。

1）里程焦虑成本计量

据调查，当电动汽车荷电状态超过 20%~25%时，驾驶员会感觉到舒适；然而，当荷电状态低于这一舒适范围时，驾驶员就会担心电量耗尽。如果补能车辆还未到达充电站，但是剩余电量下降到舒适点 B_{ra} 以下，则随着电量的降低，驾驶员会变得越来越焦虑，从而产生心理成本；如果补能车辆到达充电站，其荷电状态高于舒适点 B_{ra}，则不产生里程焦虑成本，所以补能车辆由 $O(i)$ 到所推荐充电站 j 的平均里程焦虑成本如下所示：

$$C_1\left(i,j\right)=\frac{\sum_{n=1}^{q_{ij}}c_{ij}^n}{q_{ij}} \tag{6.37}$$

$$c_{ij}^n=\begin{cases}0, & B_{\text{re}}^n\left(i\right)\geqslant B_{\text{ra}}\\[2mm]\dfrac{B_{\text{ra}}-B_{\text{re}}^n\left(i\right)}{B_{\text{ra}}}\times c_p, & 0\leqslant B_{\text{re}}^n\left(i\right)\leqslant B_{\text{ra}}\end{cases} \tag{6.38}$$

其中，q_{ij} 为 OD 对 i 的补能车辆选择到充电站 j 的数量；c_p 为全国平均汽车牵引成本。

2）额外行驶里程计量

考虑到补能车辆到其选择的充电站的方向应和前往目的地的方向保持一致，即不走"回头路"，因此将补能车辆由起始点 O 到充电站 J 最后到目的地 D 的行驶路程之和与该车辆没有触发补能需求时由起始点 O 至目的地 D 的行驶里程做差，此差值表示由补能行为产生的额外行驶里程；因此补能车辆由 $O(i)$ 到所选择的充电站 j 的额外行驶里程如式（6.39）所示。又因驾驶员须在电量耗尽之前到达充电站，所以在额外行驶里程这一负效应中，对驾驶员影响最为关键的是由起始点 O 至充电站 J 的行驶距离。

$$C_2(i,j) = \phi_1\left[\left(\sum_{a=1}^{m}L_a\delta_{ak_{i,j}'}^{OJ}(i) + \sum_{a=1}^{m}L_a\delta_{ak_{j,i}}^{JD}(i)\right) - \sum_{a=1}^{m}L_a\delta_{ak_i}^{OD}(i)\right] \quad (6.39)$$

其中，ϕ_1 为将行驶里程转换为成本的系数。

3）额外行程时间计量

当电动汽车触发补能需求后，完成行程所用时间包含电动汽车达到充电站的行驶时间 $T_{OJ}^{travel}(i)$、在充电站的等待时间 T_j^{wait}、充电时间 T_{charge} 和从充电站到目的地的时间 $T_{JD}^{travel}(i)$，所以，由补能行为带来的额外行程时间为触发补能需求后的行程总时间减去未触发补能需求的行程时间，如式（6.40）所示。又因驾驶员选择充电站具有随机性，各个充电站的补能到达率各不相同，加之电动汽车补能时间较长，所以充电站的排队等待时间具有较大差异；因此在额外行程时间这一负效应中，对驾驶员影响最为重要的是充电站的排队时间。

$$C_3(i,j) = \phi_2\left[\left(T_{OJ}^{travel}(i) + T_j^{wait} + T_{charge} + T_{JD}^{travel}(i)\right) - T_{OD}^{travel}(i)\right] \quad (6.40)$$

其中，ϕ_2 为将额外行驶里程转换为成本的系数。

3. 补能调度激励策略

当电动汽车前往充电站补能，需要较长的行驶路程或是较长的排队时间时，驾驶员在该充电站的补能意愿将会大大降低。因此，为了提高驾驶员对补能调度的响应，根据电动汽车至充电站的行驶距离以及补能排队时间来制定激励机制。首先将驾驶员的行驶距离和补能排队时间按照式（6.41）~式（6.43）分别分为低（L）、中（M）和高（H）3 个等级，且式（6.41）、式（6.42）皆为线性的；然后将行驶距离等级与补能排队时间等级进行复合，将激励价格分为非常低（VL）、低（L）、中等（M）、较高（RH）、高（H）和非常高（EH）6 个等级，每个等级取值分别为 $\gamma_{ij} = 1,2,3,4,5,6$。如表 6.9 中所示，情形 1~情形 3 行驶距离调度等级皆为低等级（L），排队时间调度等级逐级递增，因此激励等级也由非常低（VL）递增为中等（M）；情形 4~情形 6 行驶距离调度等级皆为中等级（M），排队时间调度等级依次递增，因此激励等级由低（L）递增为较高（RH）；情形 7~情形 9 行驶距离调度等级皆为高等级（H），排队时间调度等级逐级递增，因此激励等级也由非常低（M）递增为中等（EH）。所以调度选择的充电站距离越远、排队等待时间越长，即对驾驶员的补偿激励越多，如式（6.44）所示。

表 6.9　补能调度激励等级划分

调度情形	行驶距离调度等级	排队时间调度等级	激励等级
情形 1	L	L	VL
情形 2	L	M	L
情形 3	L	H	M
情形 4	M	L	L
情形 5	M	M	M
情形 6	M	H	RH
情形 7	H	L	M
情形 8	H	M	RH
情形 9	H	H	EH

$$\zeta'_{ij} = \frac{L_{ij}}{L_{ij}^{\max}} \tag{6.41}$$

$$\zeta''_{ij} = \frac{T_{ij}^{\text{wait}}}{T_{\max}^{\text{wait}}} \tag{6.42}$$

$$\psi_{ij} = \begin{cases} \text{L}, & 0 < \zeta_{ij} \leqslant 0.35 \\ \text{M}, & 0.35 < \zeta_{ij} \leqslant 0.7, \quad \zeta'_{ij}, \zeta''_{ij} \in \zeta_{ij} \\ \text{H}, & 0.7 < \zeta_{ij} \leqslant 1 \end{cases} \tag{6.43}$$

$$Z_{ij} = \omega \gamma_{ij} \tag{6.44}$$

其中，L_{ij} 为补能车辆由 $O(i)$ 到充电站 j 的距离；$L_{ij}^{\max}$ 为补能车辆 $O(i)$ 到所有充电站中的最远距离；T_{ij}^{wait} 为充电站 j 的排队等待时间；$T_{\max}^{\text{wait}}$ 为补能车辆能承受的最大排队等待时间；ψ_{ij} 为 OD 对 i 中补能车辆到充电站 j 的行驶距离和排队时间调度等级；Z_{ij} 为 OD 对 i 中补能车辆到充电站 j 激励成本，Z 为 Z_{ij} 的矩阵形式；ω 为单位调度激励值；γ_{ij} 为 OD 对 i 中补能车辆到充电站 j 的补能调度激励值。

4. 电动汽车补能双层调度模型

由于充电站分布具有多样性，若仅以系统内所有补能车辆负效应最小为目标进行调度并不适合，因此，本书还考虑了中间规划者的利益以及驾驶员补能负效应的均衡，建立了补能车辆调度双层优化模型，使得模型的适用范围更加广泛。上层模型从中间规划者的角度出发，建立全局最优模型，意在使所有补能车辆的负效应最小以及规划者给予驾驶员的补能激励最小。

上层模型目标函数为

$$F_1(Z)=\min\sum_{i=1}^{N}\sum_{j=1}^{r}X_{i,j}\left[C_1(i,j)+C_2(i,j)+C_3(i,j)+Z\right] \quad (6.45)$$

约束条件为

$$X_{i,j}\in\arg\min F_1(Z) \quad (6.46)$$

$$Z_{ij}>0,\ \forall Z_{ij}\in Z \quad (6.47)$$

$$0<\zeta'_{ij}\leqslant 1 \quad (6.48)$$

$$0<\zeta''_{ij}\leqslant 1 \quad (6.49)$$

$$T_{ij}^{\text{wait}}\leqslant T_{\max}^{\text{wait}} \quad (6.50)$$

$$B_{\text{re}}(i)\geqslant 0 \quad (6.51)$$

$$\delta_{\text{ak}'_{i,j}}^{\text{OJ}}(i)=\{1,0\} \quad (6.52)$$

$$\delta_{\text{ak}''_{j,i}}^{\text{JD}}(i)=\{1,0\} \quad (6.53)$$

$$\delta_{\text{ak}_i}^{\text{OD}}(i)=\{1,0\} \quad (6.54)$$

式（6.45）为上层模型的目标函数，其中 Z 为该层模型的决策变量，即补能 OD 对的激励矩阵；式（6.46）表示下层变量 X_{ij} 是使上层模型最小化的解，X_{ij} 表示补能 OD 对 i 选择到充电站 j 的车辆数；式（6.47）为激励矩阵的约束；式（6.48）、式（6.49）为补能车辆的距离调度贡献和排队等待时间调度贡献的约束；式（6.50）为驾驶员的等待时间约束，如果排队等待时间大于驾驶员最大忍耐时间，将重新选择充电站；式（6.51）为补能车辆 i 的剩余电量约束，使补能车辆到达充电站时其荷电状态大于等于 0；式（6.52）~式（6.54）为 0-1 变量约束。

下层模型根据电动汽车补能负效应最小化的关键因素来构建补能负效应用户均衡模型。在车辆进行补能时，对负效应影响最为关键的两个因素为由起始点 O 至充电站 J 的行驶距离和在充电站 J 的排队等待时间。首先，当电动汽车处于低续航状态时，驾驶员更关心的是在电量耗尽之前能否安全到达充电站，并且当荷

电状态低于舒适点 B_{ra} 时驾驶员还会产生里程焦虑成本，又因里程焦虑成本与补能车辆至充电站的行驶距离具有直接关系，所以为了最小化驾驶员的补能负效应，将起始点 O 至充电站 J 的行驶距离作为影响负效应的关键因素之一。再者，因为各个充电站的充电桩数与补能车辆数不同，所以充电站的排队等待时间也有所不同，甚至有可能相差较大；因此，将排队等待时间作为影响负效应的另一关键因素。除以上两个因素外，中间规划者对于驾驶员的补能调度激励也是影响驾驶员选择充电站的重要因素。因此，下层模型从驾驶员补能负效应均衡的角度来建立模型。

下层模型为

$$F_2\left(X_{i,j}\right)=\min\left[\sum_{i=1}^{N}\sum_{j=1}^{r}X_{i,j}\left(\phi_1\sum_{a=1}^{m}L_a\delta_{ak_i}^{OJ}\left(i,j\right)-Z\right)+\phi_2\sum_{j=1}^{r}\int_{0}^{u_j}T_j^{wait}\left(y\right)\mathrm{d}y\right]$$

（6.55）

约束条件为

$$0\leqslant X_{i,j}\leqslant q_i，且 X_{i,j}\in Z,\forall i\in N,\forall j\in J \tag{6.56}$$

$$q_i=\sum_{j=1}^{r}X_{i,j} \tag{6.57}$$

$$u_j=\sum_{i=1}^{N}X_{i,j} \tag{6.58}$$

$$\phi_1\sum_{a=1}^{m}L_a\delta_{ak_i}^{OJ}\left(i,j\right)+\phi_2T_j^{wait}-Z_{ij}=\phi_1\sum_{a=1}^{m}L_a\delta_{ak_i}^{OJ}\left(i,s\right)+\phi_2T_s^{wait}-Z_{is} \tag{6.59}$$

$$0<\zeta_{ij}'\leqslant 1 \tag{6.60}$$

$$0<\zeta_{ij}''\leqslant 1 \tag{6.61}$$

$$T_{ij}^{wait}\leqslant T_{max}^{wait} \tag{6.62}$$

$$B_{re}\left(i\right)\geqslant 0 \tag{6.63}$$

$$\delta_{ak_{i,j}}^{OJ}\left(i\right)=\{1,0\} \tag{6.64}$$

$$\delta_{ak_{j,i}'}^{JD}\left(i\right)=\{1,0\} \tag{6.65}$$

$$\delta_{ak_i}^{OD}\left(i\right)=\{1,0\} \tag{6.66}$$

式（6.55）为下层模型的目标函数，其中，$X_{i,j}$ 为决策变量，即补能 OD 对 i 选择到充电站 j 补能的车辆数；式（6.56）为 $X_{i,j}$ 的取值约束；式（6.57）为 OD 对 i 中的补能车辆流量守恒约束；式（6.58）为充电站 j 的补能流量约束，即充电站 j 的补能流量等于各补能 OD 对到充电站 j 的流量之和；式（6.59）表示同一 OD 对中补能车辆的负效应均衡。式（6.60）~式（6.66）为上层模型中的部分约束，同时也是下层模型的约束条件；式（6.60）、式（6.61）为补能车辆的距离调度贡献和排队等待时间调度贡献的约束；式（6.62）为驾驶员的等待时间约束，如果排队等待时间大于驾驶员最大忍耐时间，将重新选择充电站；式（6.63）为补能车辆 i 的剩余电量约束，使补能车辆到达充电站时其荷电状态大于等于 0；式（6.64）~式（6.66）为 0-1 变量约束。

6.5.3　电动汽车补能调度 GA-FW 算法设计

为了求解 6.5.2 节所提出的补能调度双层优化模型，采用遗传算法求解上层模型，搜索负效应最小化的补能激励矩阵；使用改进的 Frank-Wolfe 算法求解下层模型，得出补能车辆的分配方案并规划路径。具体步骤如下。

步骤 1：初始化。输入路径网络、OD 对出行需求、充电站站点、各弧段初始行驶时间、路段容量、相关参数取值、算法结束条件等数据。

步骤 2：编码并生成初始种群。采用整数离散的方式对染色体进行编码，编码区间为 $[S_{\min}, S_{\max}]$，对激励方案进行数字编码，通过编码形成初始种群，即补能车辆前往不同充电站的补能激励方案。

步骤 3：将上层的补能调度激励方案代入下层模型中，并通过 Frank-Wolfe 算法，对 OD 对中的补能车辆与非补能车辆进行配流，更新路径流量与路段行驶时间。判断是否满足约束条件，满足进入步骤 4，不满足则返回步骤 2。

步骤 4：计算适应度函数。将步骤 3 得到补能车辆分配方案返回到上层模型，计算适应度函数并进行评价。根据评价结果对染色体进行交叉、变异，从而产生新的种群。

步骤 5：判断是否满足算法结束条件，若满足，输出补能调度方案，否则返回步骤 3。

6.5.4　电动汽车补能调度算例分析

为验证所提出的模型和算法，以 Nguyen-Dupius 路网为例，如图 6.18 所示。这个小型网络由 13 个节点、19 个路段和 4 个 OD 对组成，箭头处括号内数字分别代表路段长度、自由流时间、路段容量。路网中设有三个快速充电站，位于节点 6、9 和 11。假设模型中电动汽车型号一致，6、9、11 充电站皆为同质充电站，途中补能车辆至多补能一次，模型参数取值如表 6.10、表 6.11 所示。

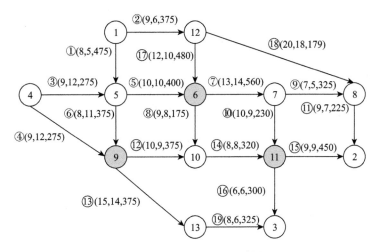

图 6.18 Nguyen-Dupius 路网

表 6.10 模型参数取值

参数	意义	取值
E_c	车辆每千米耗电量	0.18 千瓦时/千米
B_f	电池容量	54 千瓦时
η	能耗系数	0.9
B_{ra}	里程焦虑心理阈值	20%
ϕ_1	单位长度消耗的电量费用	1.5 元/千米
ϕ_2	时间价值转换系数	0.6 元/分钟
c_p	全国平均汽车牵引成本	150 元
d_j^0	排队时间系数	30 分钟
β_i	补能车辆的渗透率	20%
ω	单位调度激励值	1 元

表 6.11 OD 对出行需求

序号	OD 对	OD 对出行需求
1	1→2	400
2	1→3	300
3	4→2	300
4	4→3	800

1. 算例结果分析

利用本书所提出的算法对该算例进行求解，得到最优激励等级方案，如表 6.12 所示。

表 6.12 最优激励等级方案

OD 对	充电站 6	充电站 9	充电站 11
1→2	3	1	6
1→3	3	5	3
4→2	3	2	4
4→3	3	3	3

补能调度前后电动汽车补能负效应成本对比如图 6.19 所示，补能调度后路网中所有电动车辆总社会补能负效应成本为 12 984 元，其中，驾驶员里程焦虑成本为 146 元，额外行驶里程成本为 576 元，额外行程时间成本为 9 089 元，规划者所支出的调度激励成本为 3 173 元。对比无补能调度激励时，所有车辆均采用距离最近的充电站进行补能。经计算，路网中总社会补能负效应成本为 14 209 元，其中，驾驶员里程焦虑成本为 130 元，额外行驶里程成本为 2 133 元，额外行程时间成本为 11 946 元。

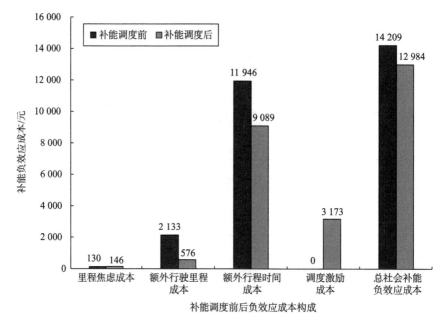

图 6.19 补能调度前后负效应对比图

通过对上述算例结果进行分析可知，尽管本书所提出的补能调度模型增加了规划者的激励成本，但是总社会补能负效应成本降低，证明了补能调度的有效性。其中，在此算例中里程焦虑成本与额外行驶里程成本占比较小是因为 Nguyen-Dupius 路网相对较小，且充电站位置设置较为均衡。

调度前后补能车辆在各充电站的排队补能时间如表 6.13 所示。结果显示采用本书所提的补能调度优化模型和算法后，能够根据补能车辆的剩余电量情况、路网信息和充电站的排队时间为驾驶员分配合理的充电站，避免了调度前补能车辆集中在充电站 6 或 9 进行补能的现象发生，使得区域内各个充电站的利用率更加均衡化，降低了集中补能对充电站的负效应，也从整体上减少了驾驶员的补能排队时间。

表 6.13　调度前后充电站排队时间对比

充电站	调度后站点排队总时间/分钟	调度前站点排队总时间/分钟	优化效果
6	2 364	2 982	20.7%
9	2 364	3 931	39.9%
11	2 364	1 416	−66.9%

2. 灵敏度分析

1）补能调度激励单价灵敏度分析

为探讨不同的激励单价对补能车辆负效应的影响，下面对补能调度激励单价进行灵敏度分析，具体结果如表 6.14 所示。当激励单价为 0.5 时，规划者所给予的补能激励成本较低，补能车辆前往调度充电站的意愿较低，因此补能负效应优化效果不明显；当激励单价为 1 时，规划者所给予的补能激励成本相对较高，补能车辆前往调度的充电站的意愿相对较高，因此补能负效应优化效果较为明显；当激励单价为 2 时，规划者所给予的补能激励成本高，补能车辆前往调度的充电站的意愿高，但是补能车辆的额外行程时间总成本增大，其中在额外行程时间成本中主要影响因素是充电站的排队等待时间。造成该结果的主要原因是驾驶员为了获取更高的激励成本可能会选择排队等待时间较长的充电站。由激励单价灵敏度分析可知，当补能调度激励较低时，补能车辆前往调度充电站的意愿较低，补能负效应优化效果较差；当补能调度激励较高时，补能车辆可能会为了获得较高的补偿成本，而选择排队时间较长的充电站，加剧了补能负效应。

表 6.14　激励单价灵敏度分析（单位：元）

ω	补能负效应成本变化				
	里程焦虑成本	额外行驶里程成本	额外行程时间成本	激励成本	总社会成本
0.5	162	633	10 671	1 473	12 939

续表

ω	补能负效应成本变化				
	里程焦虑成本	额外行驶里程成本	额外行程时间成本	激励成本	总社会成本
1	146	576	9 089	3 173	12 984
2	132	301	11 946	4 464	16 843

2）电动汽车渗透率灵敏度分析

先前的分析都是基于固定的电动汽车渗透率进行的，即 20%。为探讨不同电动汽车占有率对本书提出的补能调度的影响，在保持 OD 对内出行需求不变的情况下，对电动汽车渗透率进行灵敏度分析，具体结果如表 6.15 所示。当补能 OD 对中的电动汽车的渗透率由 20% 提高到 40% 时，补能调度的优化效果由 8.63% 提升至 10.21%，但是当 OD 对中的电动汽车的渗透率由 40% 提高到 60% 或 70% 时，优化效果却降低。原因是路网中电动汽车数量过多，补能需求激增，远超路网中充电站的供应能力，此时已不再是补能需求时空上的不均衡，而是路网中的充电站设施数量不足，应考虑增设充电站。

表 6.15 电动汽车渗透率灵敏度分析

电动汽车渗透率	调度前补能负效应总成本/元	调度后补能负效应总成本/元	优化效果
20%	14 209	12 984	8.63%
40%	17 017	15 279	10.21%
60%	31 055	29 557	4.82%
70%	47 859	46 802	2.21%

由电动汽车渗透率灵敏度分析可知，在保持 OD 对内出行需求不变的情况下，适当增加电动汽车渗透率可以提高补能调度的优化效果；但是，当电动汽车渗透率持续升高时，若不增加路网中充电站设施的数量，则会加剧路网中补能车辆的负效应。

6.6 城市交通能源供需匹配优化策略建议

国家出台多项节能减排政策，其中，缓解城市交通拥堵是重要抓手。在城市交通枢纽中，提高关键节点的通行能力是缓解交通的重要对策。城市交通能源供应网络高效合理运行是交通运输发展的核心，但城市交通能源供应网络构成复杂、供需体量较大，补能站点品牌众多、行业竞争突出，部分站点布局不合理以及补能需求的随机性等特点，导致城市内的补能站点布局和补能需求不平衡，致使车辆在补能时就会产生负效应。具体而言，由于城市交通能源供应网络中车辆的随机时空性和补能站点布局的不合理，车辆补能时部分站点出现车辆聚集排队补能，引发站点交通拥堵，增加能源消耗，增加碳排放量，造成环境污染；对驾驶者个人来说，长时间的排队等待造成时间浪费，产生负面情绪，这些负面的情绪处理不当会进一步恶化，带来更严重影响。另外，也存在部分站点到站补能的车辆较少，资源闲置浪费，给城市经济造成损失，对城市交通运输事业发展造成不利影响，影响国家战略实施。因此，根据以上问题对补能负效应减负提出以下几点对策建议。

6.6.1　加快车辆补能调度信息化平台建设

由于补能车辆、补能站点、交通网络之间存在信息不共享的现象，驾驶员产生补能需求时对当前的交通信息以及补能站内的排队情况不能完全掌握，因此路网中大规模的补能行为不仅增加了驾驶员的行程时间和补能成本，而且易造成驾驶员里程焦虑以及局部补能站点拥堵，甚至造成交通堵塞。因此，应结合补能车辆的位置信息、补能信息，补能站点的位置信息、服务信息，以及交通网络的动态交通信息等，构建车辆补能调度信息化平台，如图 6.20 所示。

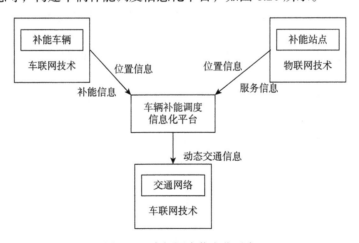

图 6.20　车辆调度信息化平台

其中，补能车辆信息主要是补能信息和补能站点信息。补能信息包括可续航里程、里程焦虑阈值、驾驶员的补能要求等。补能站点信息包括服务信息与交通信息，其中服务信息包括补能站点的补能设备数量、单用户的服务时间、能源单价及目前站内的可用设备数、排队车辆数等信息；交通信息是指各道路实时通行情况。补能站点信息与交通信息可通过车联网技术实时获取，补能站点的服务信息可通过无线通信网络进行物联网，实时将信息传输到车辆调度信息化平台，车辆补能调度信息化平台将获得的信息进行分析与计算，为后续补能车辆调度提供必要信息。

建设车辆调度信息化平台是实现补能车辆智能调度的第一步，政府或其他中间规划者应积极承担车辆补能调度信息化平台建设的领导角色，通过政府或其他中间规划者的推动加快车辆补能调度信息化平台的建设，为后续补能车辆调度提供坚实的数据基础。

6.6.2 补能站点积极响应调度平台

对于补能站点而言，在补能高峰期时，短时间内高流量的补能车辆涌入补能站点，站内补能设备供不应求，尤其是对电动汽车而言，电动汽车充电时间较长，因此在补能高峰期时易造成局部充电站内排队等待的现象，降低驾驶员对补能站点的满意度；相反，在补能平峰期时，大部分补能设备处于空闲状态，造成补能站点单位时间收益下降。因此，针对上述补能需求在时空上的不平衡性，补能站点应积极响应车辆补能调度平台，通过车辆调度信息化平台实现时空上的供需平衡。例如，在时间维度上，补能站点可以通过动态调整能源的单价或服务费来形成分时价格，适量增加补能高峰期的单位补能成本，此时车辆调度平台会将补能站点的价格传递给驾驶员，驾驶员获得在不同时间段的补能价格，通过价格来引导驾驶员在平峰期补能，达到削峰填谷的效果，但是固定的分时价格有时会造成新的补能高峰，使减负效果不明显，因此补能站点应根据站内实时的服务情况或补能车辆数来设置动态分时价格，最小化补能需求在时间上的聚集；在空间维度上，驾驶员选择补能站点具有利己性和随机性，易造成部分补能站点拥堵，部分补能站点资源过剩。因此，若补能站点积极响应调度平台，区域内补能站点结成联盟，多主体合作，实施利益分配机制，能平衡各补能站点间的补能需求。通过相关利益分配方法来划分收益，以达到区域内各补能站点设备利用率均衡的效果，并提高顾客的满意度以及补能站点的单位时间收益。

为进一步激励补能站点积极响应调度平台，首先中间规划者可通过制定相关的激励政策，对响应平台积极性高的补能站点提供奖励；其次应制定合理的利益分配机制，避免补能站点因利益分配不公平而拒绝响应调度平台；最后应制定合理的约束惩罚制度，规范调度平台下的补能站点运营与管理。

6.6.3　引导补能车辆积极参与平台调度

一方面，如何选择最佳的补能站点和补能路径，避免行驶途中出现续航里程告急现象，将是用户关注的主要问题；另一方面，如何避免大规模补能车辆并网时对能源供应网络造成的过负荷、拥堵等负面影响，将是规划者需要考虑的关键问题。因此，引导补能车辆积极参与平台调度，合理选择补能站点并进行有序补能，降低由补能行为导致的一系列负面效应。

驾驶员的个人因素是影响补能需求不确定性的关键原因。驾驶员决定了车辆在何时、何地、以多少剩余续航里程前去补能。由于驾驶员的异质性，不同的性别、年龄、受教育程度、驾驶年龄、风险态度和收入都会对驾驶员选择补能站点与行驶路径具有重要的影响。对于驾驶员来说，最不愿意看到补能排队，如果是经常遇到补能排队，普通的补能者事先没有准备，部分驾驶员会出现情绪波动，特别是对于本身情绪不佳、有紧急事、赶时间的人来说，可能会有过激行为。长时间排队容易造成驾驶员心理烦躁，形成"路愤"一族，进一步激发矛盾，造成更坏影响。研究人员在分析排队时发现，补能者心理状态分为三个阶段：第一阶段，心平气和阶段，此阶段时间较短，人们还处于理性阶段；第二阶段，急躁不安阶段，人们耐心到达极限，对等待产生反感，容易出现情绪失控和过激举动；第三阶段，回归平静。因此，为了满足不同驾驶员的补能需求，车辆补能调度平台基于实时交通信息以及补能站点的实时服务信息，为驾驶员提供附近所有补能站点排队拥堵程度，驾驶员可以根据补能拥堵程度选择是否到站服务，节约驾驶员的补能时间。此外，驾驶员还可通过车辆调度平台实时获取补能站点的能源价格，响应补能站点的优惠政策，如在能源价格较低的平峰期前去补能，不仅可以减少补能成本，节约补能排队时间，而且可以均衡设备利用。

为了更好地引导补能车辆参与平台调度，需要对补能车辆进行激励，政府或其他中间规划者虽然不属于补能负效应减负的核心主体，但是它们的加入会让补能诱导调度工作的减负效果事半功倍。通过中间规划者从整体路网补能负效应最小化的角度，对补能负效应减负贡献较大的驾驶员给予适当的激励，随着激励效果的提升，中间规划者对补能车辆的诱导激励成本增大，但是补能车辆的负效应却先降低后升高，因此中间规划者应根据驾驶员对价格的敏感度选择合适的补能诱导激励单价，既有效地减少规划者的成本支出，又降低路网中补能车辆的负效应。研究结果表明，尽管提出的补能诱导激励机制增加了规划者的激励成本，但补能车辆的总社会补能负效应成本降低。因此，政府或其他中间规划者应积极主动参与补能负效应的减负工作，并制定相关规则，在负效应减负工作中起到管理与制约的作用。

6.7　本　章　小　结

本章首先分析了补能车辆调度相关理论，并分析了实现车辆补能调度的技术基础，针对燃油车提出了双层随机补能调度规划；针对电动汽车补能采用激励调度的方式，设置多个激励等级，平衡路网中的补能需求与供给。通过设计遗传算法和改进的 Frank-Wolfe 算法对双层补能调度模型进行求解，并通过路网算例验证了模型和算法的有效性。算例结果表明：①尽管本书提出的补能调度双层优化模型增加了规划者的调度激励成本，但是所有补能车辆的总社会补能负效应成本降低，证明了补能调度的有效性。②随着激励效果的提升，规划者对补能车辆的调度激励成本增大，但是补能车辆的负效应却先降低后升高，因此选择合适的补能调度激励单价可以有效地减少规划者的成本支出，并降低路网中补能车辆的负效应。③随着补能 OD 对中电动汽车渗透率的增加，路网中的补能需求远超于站点服务能力，此时进行调度激励。

第7章 基于 AnyLogic 的城市交通能源供应网络仿真研究

7.1 基于 AnyLogic 的仿真原理分析

7.1.1 仿真原理分析

AnyLogic 是较早引入多方法结合的仿真建模的工具之一，并且可以使用流程图、状态图、操作图等可视化建模语言。它支持控制、动态系统、计算机系统、生产、机械、军事、运输和物流等领域的多智能体仿真、离散事件仿真与系统动力学仿真。此外，它是一款基于 UML（unified modeling language，统一建模语言）的面向对象的建模方法，基于流程图建模方法、状态图、微分及代数方程，以及百分之百的 Java 语言建模，设计 AnyLogic 模型的过程，实际上就是设计活动对象的类，可以通过端口进行交互和传输消息，并定义它们之间的关系，然后从真实世界传输信息，以实时模拟信息的移动和传输。采用 AnyLogic 技术可以为下一步的设计提供数据化的有力支撑，合理模拟真实场景并进行优化。基于 Agent 建模是以个体为中心的建模方法，其本质上是离散化。基于 Agent 建模适用于多个层次、复杂的模型，既可以实现较简单的物理对象细节建模，也适合道路、建筑等较复杂的建模。Agent 智能体建模首先需要确定智能体即模拟的对象，如道路、车、交通信号灯、指示牌等；其次需要定义不同车辆的行为，如驱动力、反应、状态等；最后将具有行为的车辆智能体放入仿真模型中并建立它们之间的相互关系。AnyLogic 提供的模块几乎可以描述所有 Agent 行为，如果需要添加一些模块库，使用者可以通过编写 Java 代码来实现。

AnyLogic 道路交通仿真用到的模块主要为道路交通库，它是在流程建模库的基础上开发的，其中包含了空间标记元素和道路交通模块两大部分，如图 7.1 和

图 7.2 所示。其中，空间标记元素主要用于路网环境底图建模，如道路、交叉口、车站、停车场等；道路交通模块主要用于模拟车辆在道路中的流动情况，如补能行为、正常行驶、交叉口转向、路径选择等。

道路交通库

⊕ 车类型

▾ 空间标记

🔧 路　　　　　　　　　　　　　　　　　　　　　　🖉

➕ 路口

➡ 停止线

🚌 巴士站

▦ 停车场

图 7.1　AnyLogic 空间标记元素

▾ 模块

⊕ Car Source

⊗ Car Dispose

🚗 Car Move To

🔌 Car Enter

🚗 Car Exit

🚦 交通灯

🏁 Road Network Descriptor

图 7.2　AnyLogic 道路交通模块

7.1.2　基于 AnyLogic 的仿真建模

单站点的仿真主要通过构建站点内部车道、补能设备及能源储备装置，将多个时间段内不同补能车辆数量的站点内单个补能装置及能源储备情况进行数据统计，梳理站点车辆排队与补能规律。补能网络中多站点将每个站点排队长度及单位周期时间内的补能车辆数量累积情况通过对起点车流量设定进行数据统计，分析能源供应网络中的补能规律。AnyLogic 软件交通环境模拟主要为道路车辆行驶模拟，通过时间延迟器设定区分充电桩与加油站点。通过对不同站点到达率调整模拟实际充电与加油的补能需求特征，从而达到模拟实际补能的效果。仿真环境建模主要分为城市交通能源供应站环境建模和城市交通能源供应网络环境建模。两种模型包含主体稍有差别。

1. 基于 AnyLogic 软件的仿真主体分析

城市交通能源供应站仿真主体主要包含四个。第一个为道路基础设施，包括能源供应站所在道路主干道及站点内部补能车辆道路。第二个为补能服务器，即设定的为车辆补能的加油枪和充电桩。第三个为动态车辆，包括无补能需求车辆和补能需求车辆。第四个为能源储备设施，主要为观察加油站累积消耗成品油及累积消耗电量。城市交通能源供应网络仿真主体主要包含三项，即道路基础设施、补能服务器及动态车辆。因此根据仿真主体分别构建城市交通能源供应站及网络环境模型，如图 7.3 所示。

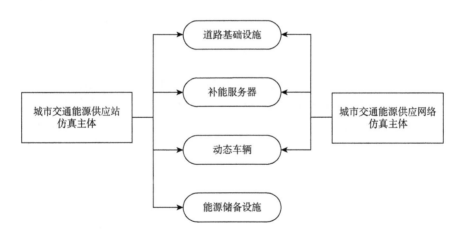

图 7.3 AnyLogic 仿真模型环境主体

2. 城市交通能源供应站仿真模型构建

在仿真中，将站点布局设置为内部四车道，站点外部道路为三车道的主干道，且主干道车辆可以变道进入加油站。进入加油站支路为双车道。内部四个车道上分别放置一个补能装置和一台摄像机，将四台补能装置连接至能源储备设施。设置三个能源储备设施分别为柴油、92 汽油和 95 汽油，模型构建如图 7.4所示。

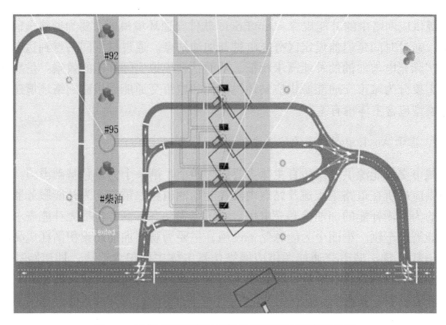

图 7.4　城市交通能源供应站补能环境仿真模型效果

3. 城市交通能源供应网络仿真模型构建

根据第 4 章中重庆市九龙坡部分区域地图，构建出该区域道路特征模型。为贴近现实道路，根据该区域百度地图道路，在第 6 章的基础上完善了部分区域道路。并在对应位置设置能源供应站。站点通过补能时间、到达率及容量区分加油站与充电站。另外，为使模型更加简单方便，取消了部分道路不必要的逆向车道，只留下中间连通 OD 对的逆向车道。

构建出基础环境模型后还缺少动态车辆输入，因此需要通过构建模型逻辑关系。不仅需要划分车辆道路选择及各道路连接逻辑，还需要根据路网车流量及补能车流量设置该补能网络中的相关参数。

7.1.3　逻辑关系与参数设置

构建环境模型后需要根据路段间关联构建车辆运行路网逻辑模型，以确保车辆发生器输入的车辆能够在每个路段间进行选择并驶入，完成所有仿真需求路段和站点的车辆活动，得到相应的仿真结果。

1. 站点逻辑关系构建与参数设置

城市交通能源供应站模型逻辑构成主要有两个部分，第一部分为车辆在加油站补能过程，如图 7.5 所示。输入器在入口交叉道路进行选择，设置选择概率为 0.5，即有一半车辆将进入加油站加油。进入支路后会分为四条加油道路，当无车辆加油时会首先进入第一条加油道，在一号加油机进行加油。后续进入加油车辆会依次根据前车加油分布由下一个加油机进行加油。根据第 3 章划分时间段，将 7：00~22：00 共 15 小时的加油车辆数据作为车辆到达数量。92 汽油罐容量设置为 30 立方米，初始数量为 20 立方米，最大输出速率为 10 升/米；95 汽油罐容量设置为 30 立方米，初始数量为 20 立方米，最大输出速率为 10 升/米；柴油罐容量设置为 30 立方米，初始数量为 15 立方米，最大输出速率为 10 升/米。

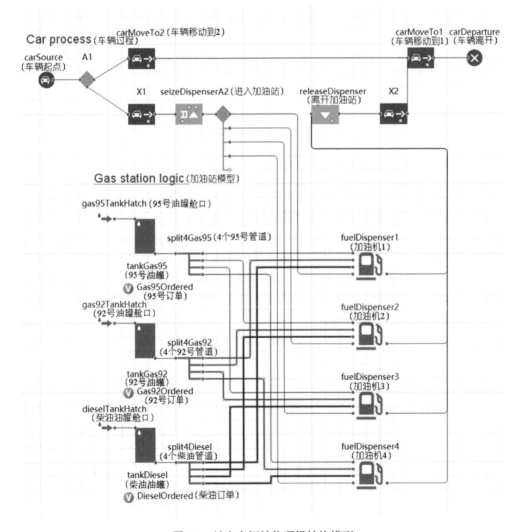

图 7.5　站点车辆补能逻辑结构模型

　　第二部分为成品油补给过程，如图 7.6 所示。燃油车辆会根据加油站剩余燃油量进行补能以满足加油车辆在该时间段内的补能行为。油罐车车长设置为 7 米，车辆初始速度为 5 千米/小时，最大加速度为 1.8 米/秒^2，最大减速度为 4.28 米/秒^2。油罐油量为 50 升，注入速率为 1 升/秒。存储设施与加油机通过管道连接，管道通过速率为 25 升/米。

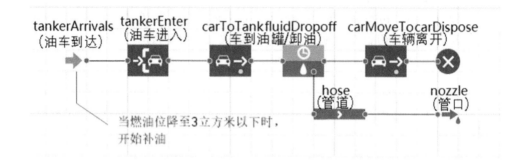

图 7.6　储油装置补能逻辑结构模型

2. 网络主体逻辑关系构建与参数设置

　　城市交通能源供应网络主体主要逻辑构建为各个路段间的路径选择与连接，如图 7.7 所示。两个车辆发生器数量根据高峰期数据 6：00~12：00 划分为 6 个时间段，根据第 4 章车流量数据输入每一时间段数量。车辆长度为 5 米，补能站点车位设置长度为 6 米，初始速度为 60 千米/小时，最大加速度为 1.8 米/秒^2，最大减速度为 4.28 米/秒^2。车辆在分岔路口选择各个路段的概率相同，在补能站点选择概率分别为加油站选择概率 0.9，充电站选择概率 0.1。加油站加油停车位为 8 个，充电站充电停车位由于建模限制分别为节点 7 有 30 个，节点 11 有 20 个。补能时间分别为加油站延迟 5 分钟，充电站延迟 15 分钟。

3. 网络中补能逻辑关系与参数设置

　　为获得多维补能数据，根据补能站点在路径中的逻辑结构构建补能站点选择模型，如图 7.8 所示。根据其补能站点类型不同在选择概率中将充电站概率分别设为 0.1、0.3、0.5、0.8。充电站容量设定为 1，加油站容量设定为 4。充电站延迟时间设定为 30 分钟，加油站延迟时间设定为 10 分钟。车辆发生器输入数量同道路逻辑模型一致。另外放置统计图的概率密度直方图以统计每一站点的排队情况。

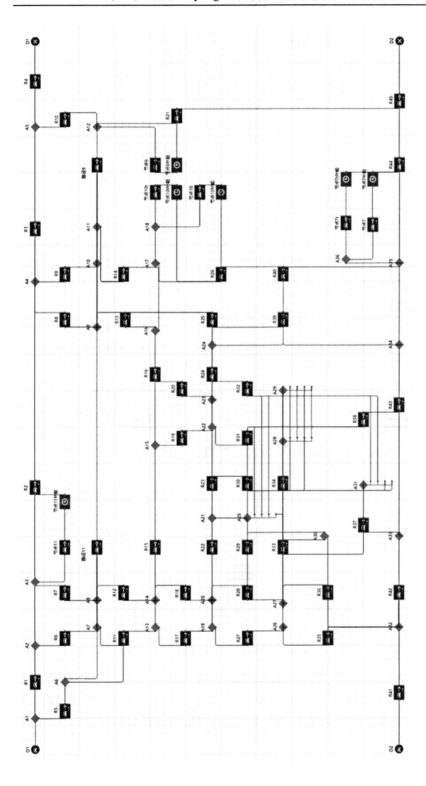

图 7.7　道路网络逻辑结构模型

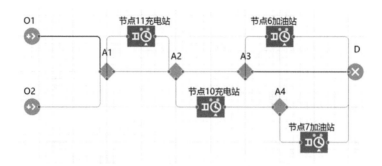

图 7.8　补能网络逻辑结构模型

4. 三种减负策略逻辑关系与参数设置

三种减负策略分别从网络仿真模型的环境模型和两个逻辑结构模型中，通过调节设置参数实现机制运行目的。

1）交通路段限行

如图 7.9 所示，将进入节点 6 路段的选择概率系数作为交通路段限行系数，路段 R47 输入路段选择命令有 A9、A10、A11，其中 A9 和 A10 连接前置道路，均分别调整为 0.4、0.3、0.2，A11 由于连接节点 6 和节点 10 两个站点所以不做调整。通过运行一个时间段统计一个小时后每一路段的流量和站点流量变化。

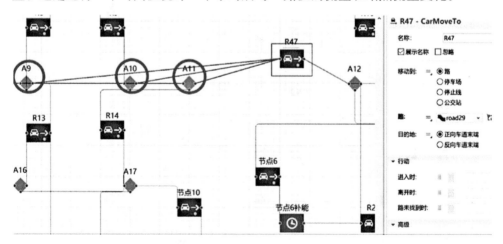

图 7.9　路段 R47 前置进入选择命令

同理，将进入节点 7 路段的选择概率系数作为交通路段限行系数，如图 7.10、图 7.11 所示，路段 R44 输入路段选择命令有 A34 和 A24，均分别调整为 0.4、0.3、0.2。通过运行一个时间段统计一个小时后每一路段的流量和站点流量变化。

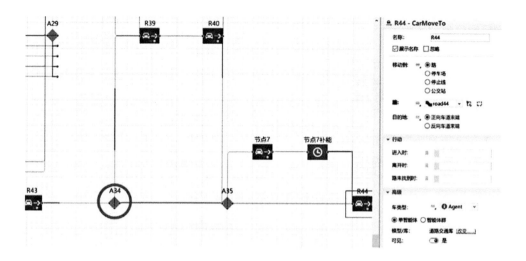

图 7.10　路段 R44 前置进入选择命令 A34

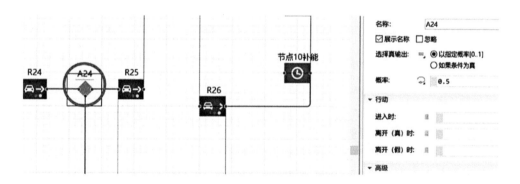

图 7.11　路段 R44 前置进入选择命令 A24

2）站点服务率调整

在仿真中，节点 6 和节点 7 中排队延迟时间表示站点服务时间，如图 7.12 和图 7.13 所示。节点 6 为充电站，充电站服务时间主要取决于充电的速度，目前市面上最短快充时间为 15 分钟左右，最长为 40 分钟。随着充电车辆快充技术发展，后续快充时间可能更加短，这里分别将延迟时间设定为 30 分钟、20 分钟和 10 分钟。节点 7 为加油站，无排队时平均加油时间为 6 分钟，当空置率较高或加油站前庭空置率较低时可以达到 10 分钟，这里分别将延迟时间设定为 10 分钟、7 分钟和 5 分钟。

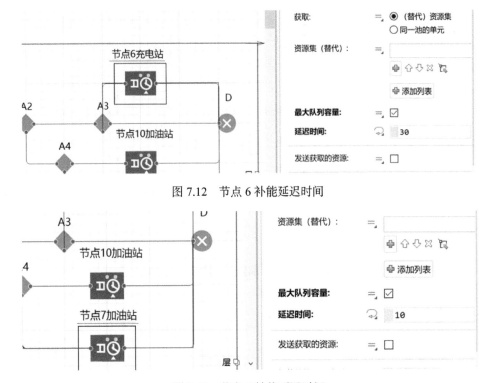

图 7.12　节点 6 补能延迟时间

图 7.13　节点 7 补能延迟时间

3）不同站点价格调整

这里用节点选择概率表示价格调整，如图 7.14 和图 7.15 所示。将节点 11 的选择概率分别设置为 0.95、0.93 和 0.90，将节点 10 的选择概率分别设置为 0.3、0.4 和 0.5。

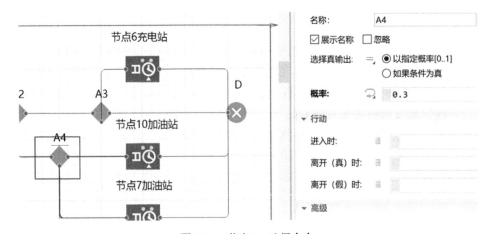

图 7.14　节点 11 选择命令

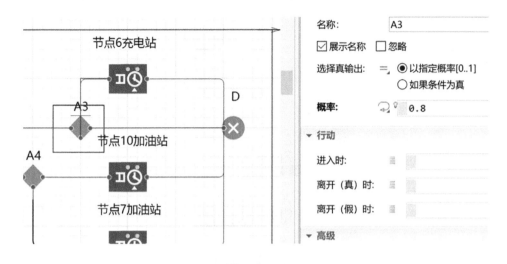

图 7.15　节点 10 选择命令

7.1.4　仿真结果分析

可以在运行界面观察上述仿真模型运行结果。图 7.16 展示了部分仿真结果，数据标记可以通过点击该命令得到详细数据含义注解。运行模型分别为单站点、多站点和网络减负模型。通过分析模型运行数据，揭示城市交通能源供应运转规律，对比分析减负结果。

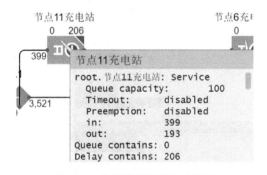

图 7.16　仿真结果数据含义注解

1. 单站点仿真结果分析

城市交通能源供应站补能模型可以得到每一加油机在周期时间内的运转结果，如图 7.17~图 7.20 所示。在该模型中，1 号加油机在 15：00 之前 95 汽油销售量均比 92 汽油销量高，15：00~19：00 则相反。柴油在 9：00~10：00 销量最高，高达 901 升，在 21：00 后柴油销量为 0。

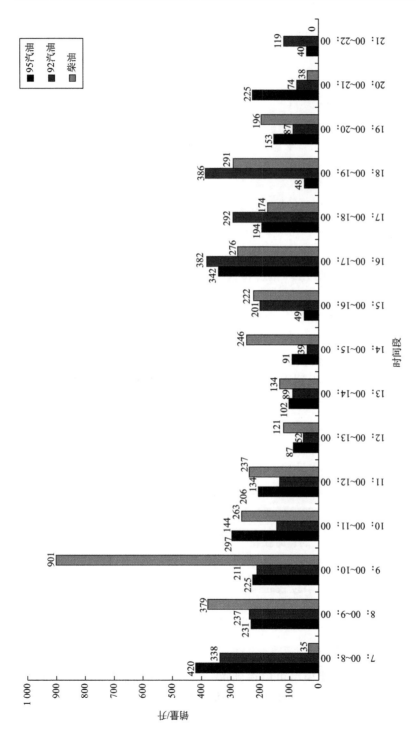

图 7.17　1 号加油机三种成品油单位时间段销量

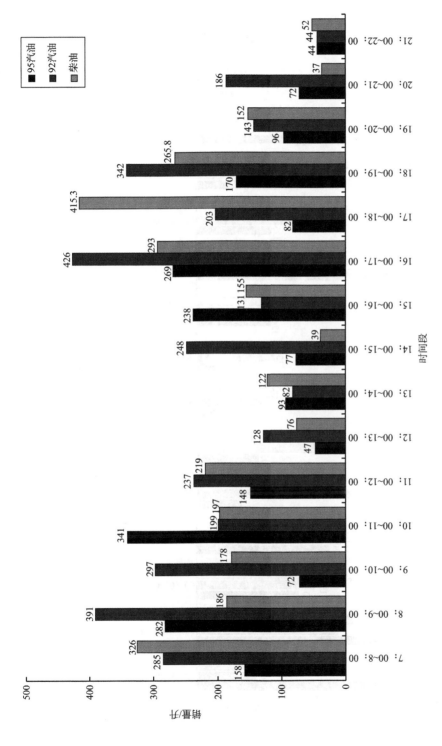

图 7.18　2 号加油机三种成品油单位时间段销量

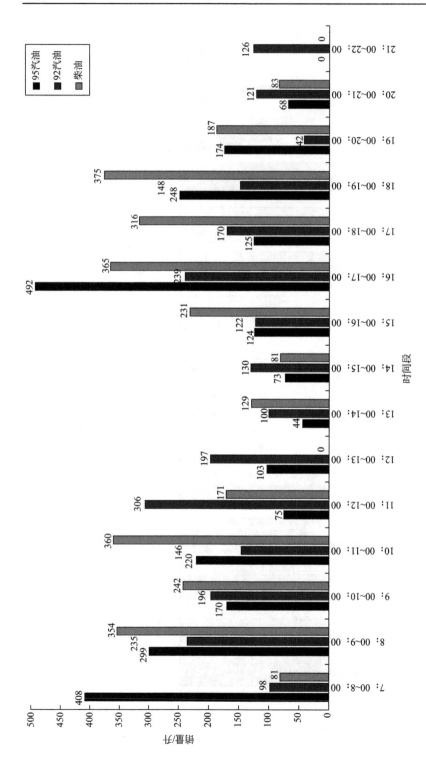

图 7.19　3 号加油机三种成品油单位时间段销量

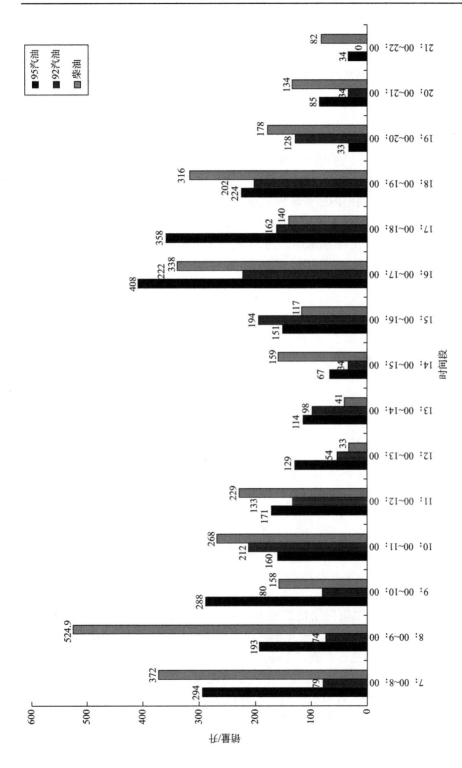

图 7.20　4 号加油机三种成品油单位时间段销量

2 号加油机有 11 个小时 92 汽油销量比 95 汽油销量高，柴油销量基本上位于 92 汽油与 95 汽油销量之间。三种成品油销量总体来说相对较均衡。

3 号加油机 95 汽油销量与柴油销量起伏波动较大，而 92 汽油销量起伏波动相对小些。95 汽油在 7：00~8：00 和 16：00~17：00 销量最高，在 21：00 后只有 92 汽油还有销量。

4 号加油机柴油销量相比更高，92 汽油销量相比更小。在 8：00~9：00 柴油销量远高于 92 汽油和 95 汽油销量。95 汽油整体销量大于 92 汽油，在 21：00 后 92 汽油销量为 0。

所有加油机在时间周期内服务车辆数量，如图 7.21 所示。所有加油机平均服务车辆数量相等。最高峰出现在 16：00~17：00，最低谷出现在 21：00~22：00。在最高峰，3 号加油机服务车辆最高，为 25 辆；在最低谷，2 号、3 号和 4 号加油机服务车辆最低，为 3 辆。

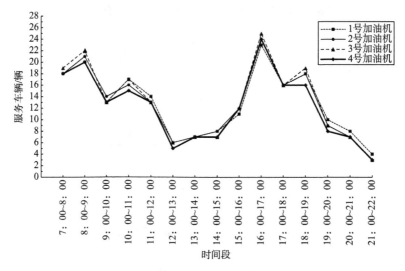

图 7.21　各加油机单位时间段服务车辆数量仿真模拟结果

2. 多站点仿真结果分析

根据城市交通能源供应网络仿真模型，可以得到每一路段流量，如表 7.1~表 7.4 所示。O1 为第一个起点，输入车辆数为 1 100 辆左右，O2 为第二个起点，输入车辆数为 1 800 辆左右。表 7.1~表 7.4 所示为电动汽车市场占有率分别为 10%、30%、50% 和 80% 时每一路段一个周期内流量。R1~R47 表示路段，共 47 个。R41 为 O2 输入路段，此外，流量最大路段为 R45，流量平均超过 1 000 辆的路段为 R41、R42、R44 和 R45。流量最小路段为 R7 和 R27，其次为 R9、R12、R17、R19 和 R35。

表 7.1　电动汽车市场占有率 10%仿真运行各路段流量结果

路段	车流量/辆	路段	车流量/辆	路段	车流量/辆	路段	车流量/辆	路段	车流量/辆
R1	531	R11	366	R21	967	R31	406	R41	1 816
R2	355	R12	162	R22	388	R32	476	R42	1 008
R3	585	R13	770	R23	666	R33	226	R43	925
R4	300	R14	310	R24	663	R34	534	R44	880
R5	522	R15	311	R25	578	R35	134	R45	1 839
R6	257	R16	378	R26	493	R36	940	R46	472
R7	88	R17	181	R27	77	R37	499	R47	694
R8	396	R18	288	R28	574	R38	452		
R9	164	R19	163	R29	181	R39	245		
R10	283	R20	232	R30	462	R40	819		

表 7.2　电动汽车市场占有率 30%仿真运行各路段流量结果

路段	车流量/辆	路段	车流量/辆	路段	车流量/辆	路段	车流量/辆	路段	车流量/辆
R1	552	R11	357	R21	1 100	R31	360	R41	1 811
R2	346	R12	148	R22	370	R32	472	R42	1 050
R3	671	R13	921	R23	584	R33	222	R43	969
R4	329	R14	332	R24	626	R34	490	R44	1 226
R5	527	R15	326	R25	711	R35	148	R45	2 319
R6	263	R16	394	R26	514	R36	906	R46	504
R7	67	R17	183	R27	91	R37	498	R47	762
R8	475	R18	302	R28	581	R38	434		
R9	145	R19	162	R29	206	R39	406		
R10	340	R20	231	R30	421	R40	834		

表 7.3　电动汽车市场占有率 50%仿真运行各路段流量结果

路段	车流量/辆	路段	车流量/辆	路段	车流量/辆	路段	车流量/辆	路段	车流量/辆
R1	549	R11	354	R21	1 200	R31	393	R41	1 820
R2	352	R12	154	R22	404	R32	523	R42	1 029
R3	676	R13	1 001	R23	631	R33	231	R43	916
R4	314	R14	302	R24	675	R34	483	R44	1 288
R5	507	R15	330	R25	809	R35	148	R45	2 473
R6	265	R16	41	R26	518	R36	937	R46	481
R7	80	R17	176	R27	86	R37	517	R47	849
R8	486	R18	306	R28	623	R38	409		
R9	157	R19	170	R29	220	R39	466		
R10	360	R20	250	R30	448	R40	847		

表 7.4　电动汽车市场占有率 80%仿真运行各路段流量结果

路段	车流量/辆	路段	车流量/辆	路段	车流量/辆	路段	车流量/辆	路段	车流量/辆
R1	5 443	R11	415	R21	1 165	R31	437	R41	1 838
R2	335	R12	130	R22	348	R32	519	R42	1 140
R3	715	R13	1 067	R23	684	R33	225	R43	998
R4	362	R14	290	R24	664	R34	513	R44	1 307
R5	528	R15	342	R25	852	R35	163	R45	2 463
R6	265	R16	436	R26	507	R36	859	R46	429
R7	65	R17	211	R27	104	R37	571	R47	819
R8	543	R18	268	R28	512	R38	435		
R9	160	R19	172	R29	161	R39	524		
R10	351	R20	268	R30	498	R40	839		

　　道路中 4 个节点为 4 个能源供应站，不同市场占有率和每一站点服务车辆数量如图 7.22 所示。节点 6 和节点 11 为充电站，节点 7 和节点 10 为加油站。可以看出在两个充电站中，节点 6 服务车辆数量比节点 11 高，在两个加油站中节点 7 服务车辆数量比节点 10 高。电动汽车市场占比为 10%时节点 7 服务车辆数量为最高，达到近 600 辆，随着电动汽车市场占比比例上升，在占比 70%时节点 6 服务车辆数量为最高，达到 470 辆。

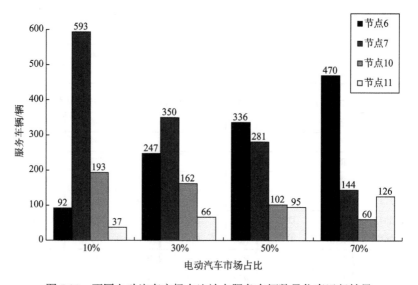

图 7.22　不同电动汽车市场占比站点服务车辆数量仿真运行结果

3. 网络减负仿真结果分析

城市交通能源供应网络减负仿真，以实际燃油车数量与电动汽车数量实际市场占比为基础设定。通过交通路段限行策略、站点服务率调整策略和不同站点价格调整策略，观察每一策略下补能网络运转状况。

1）交通路段限行策略

交通路段限行策略需要调整站点路段前置进入路段的选择概率，因此在网络主体逻辑模型中运行，分别得到交通路段限行系数为0.4、0.3和0.2下的每一路段流量，如表 7.5～表 7.7 所示。其中节点 6 前置路段为 R47，节点 7 前置路段为 R44。R44 从 1 080 辆降至 879 辆，同比下降18.61%；R47 从 681 辆下降至 502 辆，同比下降 26.28%。

表 7.5　交通路段限行系数 0.4 仿真运行各路段流量结果

路段	车流量/辆	路段	车流量/辆	路段	车流量/辆	路段	车流量/辆	路段	车流量/辆
R1	561	R11	410	R21	1 088	R31	408	R41	1 817
R2	337	R12	141	R22	414	R32	489	R42	1 064
R3	786	R13	1 059	R23	661	R33	242	R43	959
R4	374	R14	393	R24	647	R34	509	R44	1 080
R5	536	R15	336	R25	837	R35	166	R45	2 159
R6	283	R16	428	R26	596	R36	916	R46	470
R7	69	R17	199	R27	99	R37	523	R47	681
R8	631	R18	267	R28	582	R38	454		
R9	179	R19	157	R29	216	R39	443		
R10	411	R20	250	R30	465	R40	844		

表 7.6　交通路段限行系数 0.3 仿真运行各路段流量结果

路段	车流量/辆	路段	车流量/辆	路段	车流量/辆	路段	车流量/辆	路段	车流量/辆
R1	542	R11	422	R21	1 009	R31	445	R41	1 785
R2	335	R12	131	R22	370	R32	501	R42	1 066
R3	980	R13	1 158	R23	710	R33	219	R43	934
R4	483	R14	440	R24	657	R34	507	R44	1 015
R5	553	R15	344	R25	914	R35	171	R45	2 006
R6	262	R16	448	R26	638	R36	887	R46	447
R7	64	R17	218	R27	116	R37	540	R47	517
R8	811	R18	272	R28	543	R38	426		
R9	164	R19	163	R29	178	R39	479		
R10	493	R20	269	R30	521	R40	842		

表 7.7　交通路段限行系数 0.2 仿真运行各路段流量结果

路段	车流量/辆	路段	车流量/辆	路段	车流量/辆	路段	车流量/辆	路段	车流量/辆
R1	499	R11	384	R21	834	R31	446	R41	1 848
R2	309	R12	149	R22	394	R32	492	R42	1 093
R3	1 341	R13	1 508	R23	698	R33	267	R43	978
R4	1 077	R14	340	R24	678	R34	511	R44	879
R5	529	R15	347	R25	305	R35	186	R45	1 708
R6	251	R16	411	R26	541	R36	939	R46	465
R7	71	R17	191	R27	88	R37	574	R47	502
R8	1 191	R18	304	R28	596	R38	464		
R9	161	R19	185	R29	208	R39	769		
R10	256	R20	249	R30	514	R40	677		

据交通路段限行系数统计 4 个节点服务车辆数量，如图 7.23 所示。节点 6 服务车辆数量从 107 辆降低至 87 辆，同比下降 18.69%；节点 7 服务车辆数量从 436 辆降低至 357 辆，同比下降 18.12%；节点 10 服务车辆数量从 250 辆降低至 218 辆，同比下降 12.80%；节点 11 服务车辆数量从 40 辆降低至 27 辆，同比下降 32.50%。

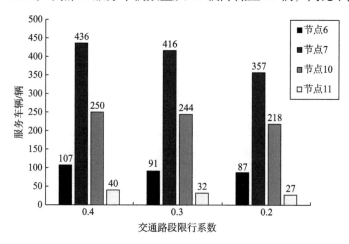

图 7.23　交通路段限行站点服务车辆数量

2）站点服务率调整策略

通过调整节点 6 和节点 7 延迟时间得到节点 6 的站点服务率为 30、20、10，节点 7 为 10、7、5，模型运行结果如图 7.24~图 7.26 所示。O1 起点输入车辆为 1 022 辆，O2 起点输入车辆为 1 014 辆。节点 6 延误等待车辆数量从 106 辆降低至 29 辆，同比下降 72.64%；节点 7 延误等待车辆数量从 86 辆降低至 36 辆，同比下降 58.14%。概率密度分别为 6.82、5.7 和 4.32。输出车辆数量从 1 740 辆增加至

1 867 辆，同比上升 7.30%。

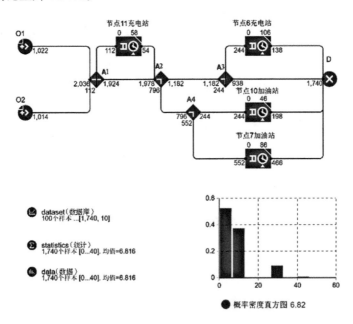

图 7.24　服务率调整 10%仿真运行结果

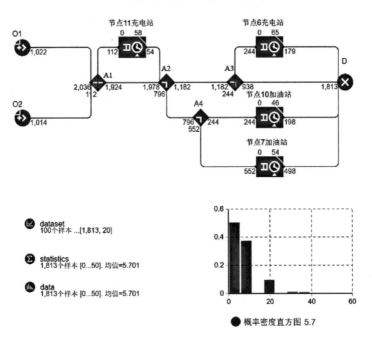

图 7.25　服务率调整 30%仿真运行结果

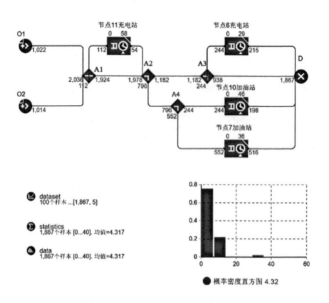

图 7.26   服务率调整 50%仿真运行结果

3）不同站点价格调整策略

通过调整节点选择概率表示不同站点价格，将节点 11 的选择命令概率分别设置为 0.95、0.93 和 0.90，节点 3 的选择命令概率分别设置为 0.3、0.4 和 0.5，得到运行结果如图 7.27~图 7.29 所示。节点 11 与节点 6 延迟服务车辆比例分别为 0.763、1.059 和 1.719，节点 10 与节点 7 延迟服务车辆比例分别为 0.535、0.781 和 0.859，概率密度分别为 6.31、6.24 和 6.37。

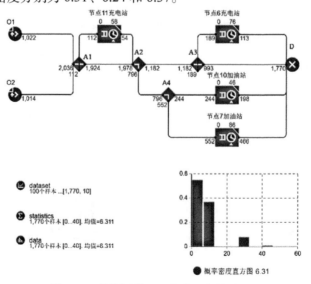

图 7.27   价格调整 10%仿真运行结果

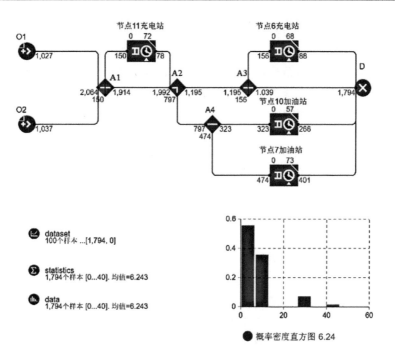

图 7.28　价格调整 30%仿真运行结果

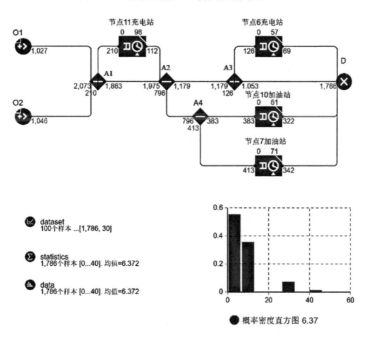

图 7.29　价格调整 50%仿真运行结果

综合三种减负策略仿真结果可以看出，充电站对三种减负策略均有较高的敏感性，尤其是提高站点服务率将大大降低负效应累积，其次为交通路段限行策略。加油站对三种减负策略反映情况相当，其中服务率策略灵敏度高于另外两种策略，所以调配站点工作人员及合理使用加油枪对补能负效应影响最为显著，也提示站点的高精度管理的重要性。

7.2　城市交通能源供应网络仿真研究
——以重庆市南岸区为例

7.2.1　仿真场景分析

重庆市位于我国西南部、长江上游地区，地势以丘陵、低山为主，大山、坡地较多，有"山城"之称。重庆市是交通拥堵较严重城市。根据重庆市主城区经济发展和环境保护的要求，重庆市主城区供应站类型主要有加油站、加气站、充电站。据统计，重庆市绕城高速一共有充电站219个、加油站347个、加气站205个。为了便于道路网络建模仿真，根据重庆市地势和路网状况，选取学府大道部分路网和加油站作为研究对象。在 AnyLogic 中输入重庆市现状 GIS（Geographic Information System，地理信息系统）地图、部分加油站位置及服务情况，以及假设两个起始地和两个目的地（即 4 个 OD 对），并且假定起始地为车辆具有补能需求的位置，利用智能体创建模型，并设计智能体间逻辑结构进行仿真。加油站以及起始点/目的点位置详细数据如表 7.8、表 7.9 所示。

表 7.8　起始点/目的点经纬度

类别	序号	纬度	经度
起始点	1	29.470 425	106.555 009
	2	29.495 075	106.577 201
目的点	1	29.536 94	106.566 22
	2	29.587 707	106.597 84

表 7.9　加油站经纬度

加油站序号	纬度	经度
1	29.486 66	106.566 16
2	29.474 9	106.557 92

续表

加油站序号	纬度	经度
3	29.493 4	106.562 86
4	29.499 28	106.568 63
5	29.521 17	106.574 48
6	29.520 81	106.558 14
7	29.536 53	106.579 72
8	29.540 24	106.556 86
9	29.546 2	106.582 47

7.2.2　基于 AnyLogic 的仿真模型构建

以重庆市南岸区部分区域地图构建出该区域道路特征模型。为贴近现实道路，根据该区域百度地图道路，在前章基础上完善了部分区域道路，并在对应位置设置能源供应站。另外，为使模型更加简单方便，取消了部分道路不必要的逆向车道，只留下中间连通 OD 对的逆向车道道路。

1. 道路交通构建

采用 Road 按钮构建整个路网结构；采用 ▄▄▄▄▄▄▄▄▄▄▄▄ 表示补能站点。

2. 构建路网逻辑结构

carSource
 ：作为道路交通流程图的起点产生车辆。

carDispose
 ：作为道路交通流程图的终点处理车辆。

carMoveTo
 ：使车辆去往某地。

selectOutput51
◆ ：选址判断。

7.2.3　网络主体逻辑关系与参数设置

1. 网络主体逻辑关系

构建环境模型后需要根据路段间联系构建车辆运行路网逻辑模型，以确保车辆发生器输入的车辆能够在每个路段间进行选择并驶入，完成所有仿真需求路段和站点的车辆活动，得到相应的仿真结果。城市交通能源供应网络主体主要逻辑构建为各个路段间的路径选择与连接。

2. 参数设置

路网中一共有 5 个起始点和 5 个地点，设定每个起始点的车辆生成率均为 3 辆/分钟，如图 7.30 所示，并假设所有车型一致，车长均为 5 米，车辆的初始速度为 60 千米/小时，车辆首选的行驶速度为 60 千米/小时，最大加速度为 1.8 米/秒^2，最大减速度为 4.2 米/秒^2；将交叉路口的输入器选择概率设置为 0.5，即有一半车辆将进入加油站加油，选择加油站的概率根据站点效用调节，如图 7.31 所示。

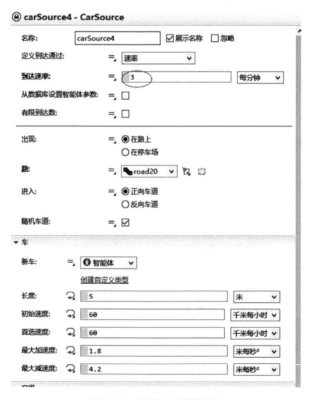

图 7.30　起始点车辆信息

图 7.31　道路交叉口选择概率

路网中一共有 5 个加油站，车辆在每个站点的平均加油时间为 3.5 分钟，其中加油站 1 有 3 个服务台，如图 7.32 所示。加油站 2 有 5 个服务台，加油站 3 有 5 个服务台，加油站 4 有 3 个服务台，加油站 5 有 3 个服务台。

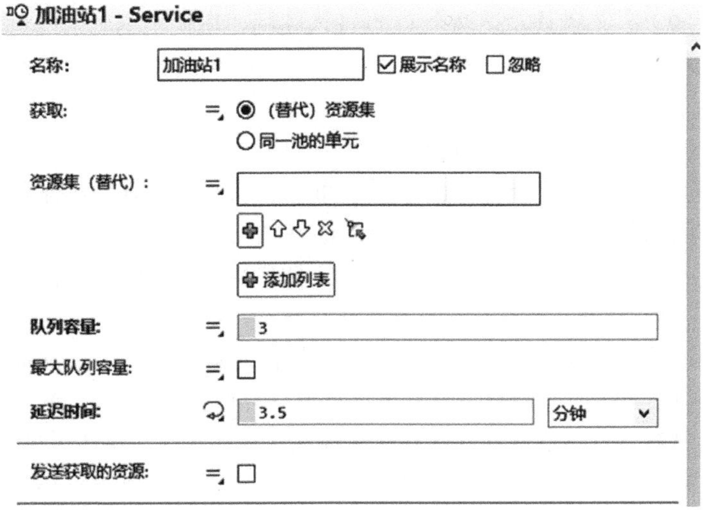

图 7.32　加油站 1 信息

7.2.4　仿真结果分析

根据城市交通能源供应网络仿真模型可知，路网中的 5 个能源供应站的每个站点服务车辆数量以及正在服务站点中的车辆数。加油站 1、4 已经分别服务了 11、16 辆车；加油站 2 服务了 20 辆车，并且可以看出资源充分闲置；加油站 3 已经服务了 21 辆车，在站点 3 中仍然有 3 辆车正在补能，平均补能排队车辆数为 3 辆，加油站 5 负荷程度大，已经服务了 39 辆车，但在站点仍有 3 辆车正在补能服务中，有 3 辆车在等候补能，且平均补能排队车辆数高达 6 辆，从而造成了路网中某些路段的延迟，这说明路网中车流分配及补能车辆分布极其不平衡。

7.3　重庆市南岸区能源供应站布局优化研究

7.3.1　能源供应站布局优化仿真模型构建

结合 7.1 节中给定的出发点、目前点和加油站位置等信息，将 GIS 分布图简化为道路网络，建立路网结构、创建逻辑关系，并赋予每个智能体属性。

道路交通库是用于仿真和管理道路交通系统的交通工程与规划工具。为简化建模和避免其他因素对仿真的影响，创建路网结构时仅仅建立路网结构、加油站和车辆。本书将重庆市现状城市道路网络构建道路路网拓扑结构，包含 2 对 OD 对、16 条单向路段（命名为 Link0~Link15）、8 条路径、9 个加油站（命名为加油站 1~加油站 9）。车辆从左端两个 O 点进入路网，车辆根据剩余油量分为需要补能车辆和无须补能车辆，补能车辆在路径上行驶时会选择就近加油站进行补能，补能完成后车辆继续行驶到目的地。

AnyLogic 中的智能体是逻辑模型的主要构建块，可以代表车辆、设备、项目、信息等。通过定义智能体中的变量、事件、状态、系统动态库存和流程图，实现智能体间通信。用智能体分别代替加油站、起始地、目的地、补能车辆及识别车辆需要补能等多个对象，其中每个对象会涉及各自独特的属性和行为。详细内容如下。

创建加油站智能体群确定加油站位置、加油站数量。此外，加油站还需及时向系统提供实时信息，提示出行者自身处于"补能拥挤状态"或"补能闲置状态"，为确保补能车辆快速补能，避免车辆在加油站排队，减少补能时间。

在图 7.33 中，序号 3 表示状态图，当站点闲置时会出现提示信息。通过状态进入"statechart"，其中"normal"状态表示站点拥挤，需排队；"MakeOrder"

表示站点闲置状态，车辆补能无须排队。序号 1 表示函数，向系统提示站点信息。当站点无车辆加油时，该站点向需求方（在仿真中用"O 点"表示）发送"加油站闲置状态"，此时结合序号 3 的流程，该站点会出现闲置。

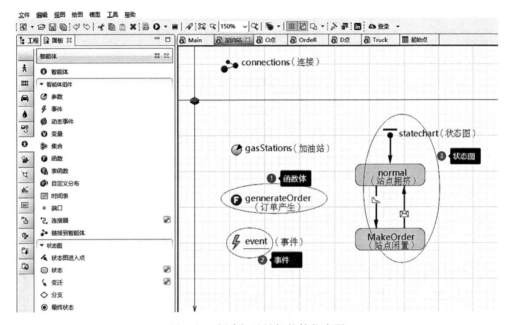

图 7.33 创建加油站智能体仿真图

详细执行代码如图 7.34 所示。序号 2 表示事件，主要用于执行函数体。

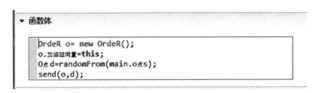

图 7.34 信息提示函数体代码

起始点和目的点智能体主要用于确定起始点和目的点的位置。在创建车辆智能体时，由于车辆一开始均是位于起始点，因此车辆的智能体应创建在起始点智能体中，具体如图 7.35 所示：参数"地点"用于确定起始点位置。序号 1 表示智能体，命名为"trucks"。序号 2 为参数，表示每个需求区域内具有补能需求的车辆数，命名为"num"。序号 3 为函数体，该函数体主要具备三个作用：第一，用于创建实体车辆，并确定车辆数量；第二，将创建的车辆添加到车辆智能体"trucks"中；第三，确定车辆的起始位置，将车辆置于起始点，代码如图 7.36 所示。序号 4 为函数体，表示具有补能需求的车辆。

图 7.35　创建起始点智能体仿真图

```
▼ 函数体
for(int i=0;i<num ;i++){
    Truck t=add_trucks();
    t.setLocation(this);
}
```

图 7.36　车辆函数体代码

车辆智能体是仿真的核心，在图 7.37 中，序号 3 表示车辆状态图，开始车辆位于起始点（仿真中用"O 点"表示），车辆根据变量 2 判断自身是否具有补能需求，无补能需求直接出行至目的地（仿真中用"D 点"表示）；对于有补能需求的车辆，根据变量 1 获取周边加油站情况，根据路网情况进行站点选择，选择依据是根据加油站拥挤程度，优先选择"闲置状态"的加油站补能，如图 7.38 所示。车辆完成补能后继续行驶至目的点（仿真中用"D 点"表示）。

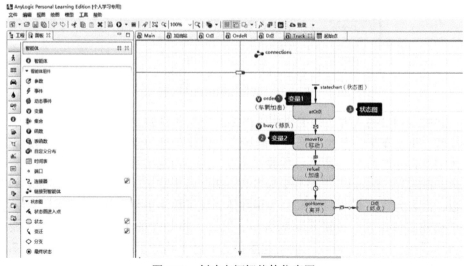

图 7.37　创建车辆智能体仿真图

```
行动：        order=msg;
              moveTo(order.加油路闲置)
              //main.stations.random()
              for (Truck t:trucks){
                  if (t.busy==false){
                  return t;
                  }
              }
              return null;
```

图 7.38　车辆选择加油站代码

创建判别车辆补能智能体对象。车辆是否需要补能主要是根据车辆剩余油量和周边站点情况来判断的，当油量过低，周边具备能接受的补能站点时，出行者会选择补能。在仿真中主要是靠周边站点的车辆排队情况和车辆油量衡量的。周边车辆排队情况是通过创建判别车辆补能智能体来约束的，当站点处于"闲置状态"并且车辆油量较少时，车辆被定义为补能车辆。

7.3.2　仿真结果分析

从原模型的仿真中可以发现，到站点 1~5 补能的车辆数分别为 11 辆、20 辆、24 辆、16 辆、45 辆。其中，站点 3、5 排队情况较为严重，尤其是站点 5，补能排队情况高达 6 辆车；站点 1、2、4 排队不明显，特别是站点 2，存在严重资源闲置，故通过优化路网中站点布局、扩建和压缩部分站点规划，减少车辆补能排队时间，提高路网补能效率。

站点 5 在主干道上，车流量较大、补能车辆到站率较高，容易引起车辆在站点 5 排队补能，造成局部路段交通拥堵，因此将站点 5 迁移，避免补能排队；对于站点 3 而言，适当扩建站点规模，提升站点服务能力，将原有的 5 个服务台扩增为 7 个；站点 2 的车辆到站率较低，容易造成资源浪费，可以考虑适当压缩服务能力，将原有的 5 个服务台压缩到 3 个。

由图 7.39 优化后的路网状况可以看出，到站点 1~5 补能的车辆数分别为 16 辆、28 辆、20 辆、25 辆、29 辆，且不存在长时间排队补能的情况，而且节点 16、节点 33 也不存在车辆延迟状况，并且，站点 3 和站点 5 的平均排队车辆数降到了 1 辆。因此，通过优化路网中站点布局和部分站点规划，有效减少了车辆补能排队时间，提高路网补能效率以及路网通行效率。

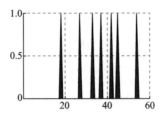

● 加油站1排队车辆数

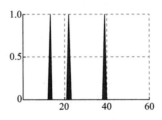

● 加油站2排队车辆数

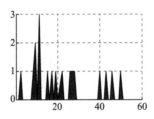

● 加油站3排队车辆数

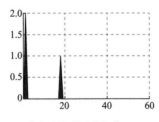

● 加油站4排队车辆数

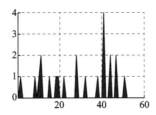

●加油站5排队车辆数

图 7.39　优化后的加油站 1~5 排队情况

7.4　重庆市南岸区能源供应站多主体合作博弈仿真研究

7.4.1　补能站点双方合作博弈仿真

1. 加油站 1、3 合作博弈

从原模型的仿真中，站点 1 车辆补能服务效率高，且资源利用率不高，站点 3 存在长时间的排队补能情况，且平均排队车辆数为 3 辆，因此，站点 3 与站点 1 进行合作博弈，可以看出，站点 1 的车辆补能有所增加，站点 3 的排队车辆数量有所减少，但站点 3 仍存在较高的车辆排队数，对于站点 2 和 4 仍存在较大的资源闲置，如图 7.40 和图 7.41 所示。

2. 加油站 4、5 合作博弈

在原模型的仿真中，站点 4 排队平均车辆数极少，站点资源存在闲置，站点 5 存在非常高的平均排队车辆数，即 6 辆，因此，站点 4 与站点 5 进行合作博弈，明显看到，站点 4 的车辆补能有所增加，平均排队车辆数达到 2 辆，站点 5 的平均排队车辆数量有所减少，但部分时段仍存在排队高峰现象，如图 7.42 和图 7.43 所示。

7.4.2　站点三方合作博弈仿真

在上述的原始模型中，站点 2 不存在车辆排队补能情况，而站点 3、5 车辆排队数较高，通过站点 2、3、5 之间的合作博弈，站点 2 的车辆补能数量有较大的增加，且平均排队车辆数上升至 2 辆，站点 3、5 的平均排队车辆数有所减少，但是节点 8 出现了车辆延迟情况，如图 7.44 和图 7.45 所示。

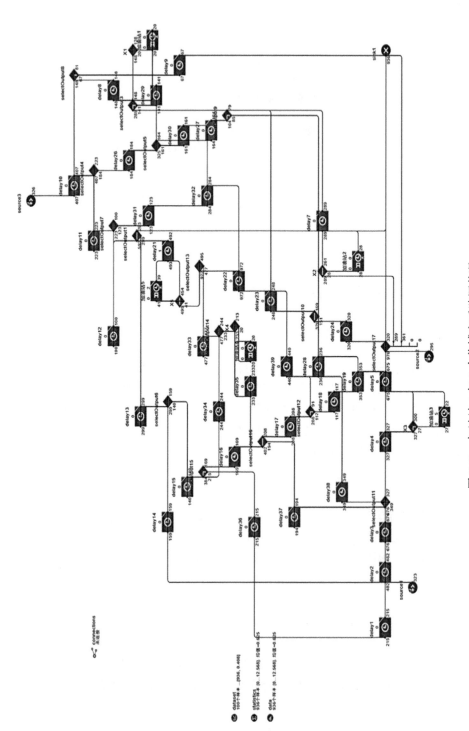

图 7.40 加油站 1 与 3 合作博弈后路网状况

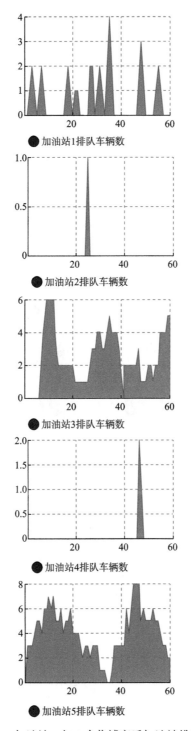

图 7.41　加油站 1 与 3 合作博弈后加油站排队状况

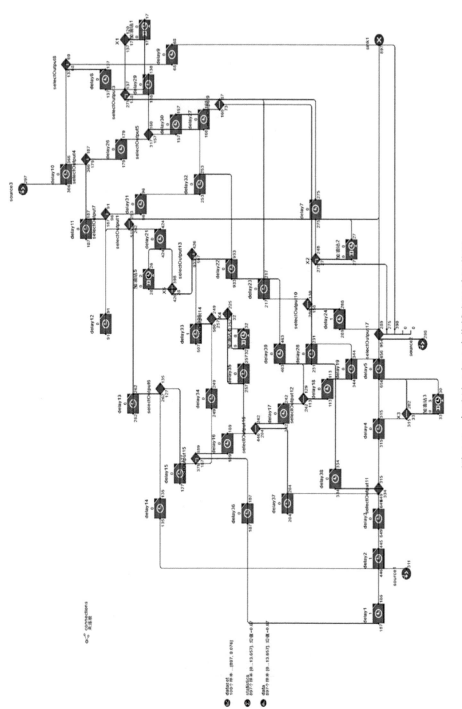

图 7.42　加油站 4 与 5 合作博弈后路网状况

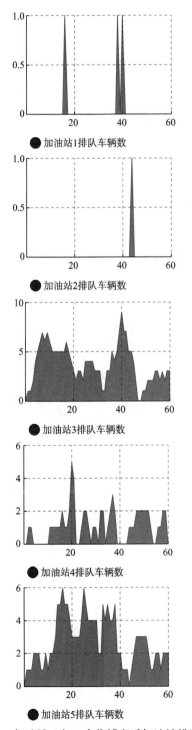

图 7.43　加油站 4 与 5 合作博弈后加油站排队状况

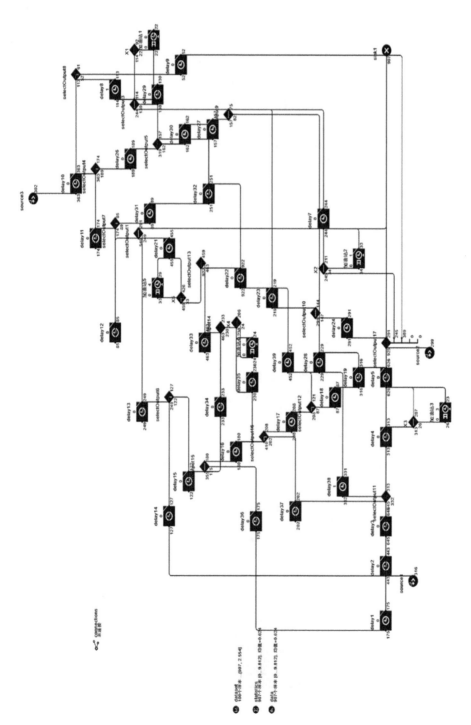

图 7.44　加油站 2、3、5 合作博弈后路网状况

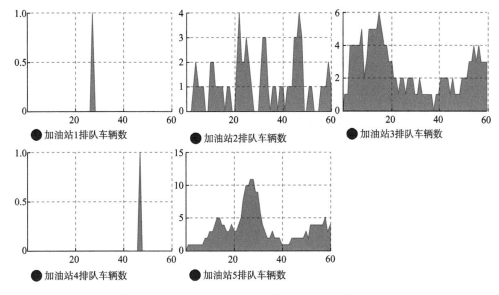

图 7.45　加油站 2、3、5 合作博弈后加油站排队状况

7.5　重庆市南岸区车辆补能调度仿真

7.5.1　仿真方案设计

在原模型的仿真中，到站点 1~5 的补能车辆数分别为 11 辆、20 辆、24 辆、16 辆、45 辆。然而，站点 3、5 平均排队车辆补能情况较高，尤其是站点 5，补能排队情况高达 6 辆车，站点 1、2、4 排队不明显，站点 2 不存在车辆补能排队情况，所以，采用诱导策略，将部分到站点 3、5 的车辆诱导分配到站点 1、2、4，均衡分配补能车辆，减少车辆补能排队。

7.5.2　调度仿真结果分析

优化后的结果如图 7.46 和图 7.47 所示。相较于原模型的仿真中，通过补能调度优化，站点 1~5 的服务车辆数分别为 18 辆、20 辆、26 辆、29 辆、23 辆，站点的车辆补能数较为均衡，且站点 3、5 的平均排队车辆数降到了 1 辆，站点 1、4 的资源利用率有所提高，虽然节点 16、33 的延迟情况已经不存在，但是节点 8 却出现了延迟情况。

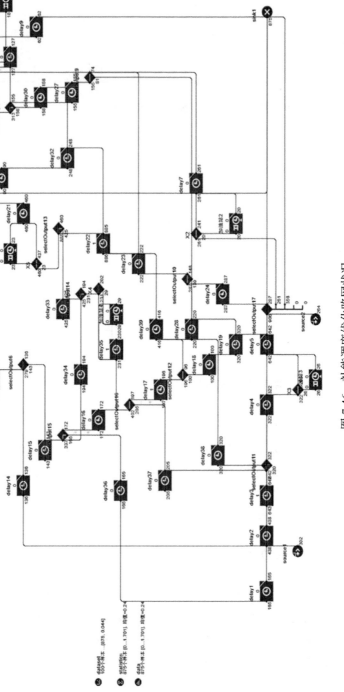

图 7.46 补能调度优化路网状况

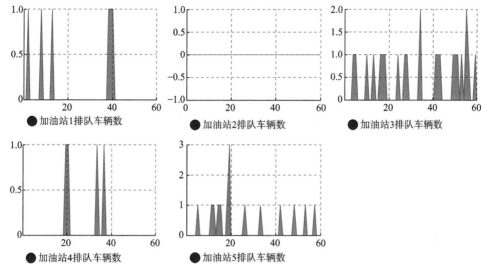

图 7.47　补能调度优化车站排队状况

7.6　基于 AnyLogic 仿真的负效应减负策略研究

　　为探索城市交通能源供应网络负效应减负机制及其应用,需要借助仿真软件进行模拟,AnyLogic 仿真软件拥有交通行人库,可以用来模拟能源供应从单站点能源供应到多站点能源供应,再到能源供应网络,并通过运行结果数据进行分析。

　　城市交通能源供应网络基于道路补能需求车辆与能源供应站,在该网络系统的运转过程中,由于车流量增加使得补能需求量增加,对能源供应站过载使用,以及网络中各个站点的资源使用分布不合理出现车辆与站点时空错配,出现车辆排队产生二氧化碳,增加环境污染与能源消耗。因此通过使用 AnyLogic 仿真软件对城市交通能源供应网络进行仿真模型构建,模拟实际能源供应网络运行状态,分析负效应累积的补能瓶颈问题,通过不同的减负机制调整及对应结果分析,为能源供应网络管理提供思路。

　　城市交通能源供应网络负效应减负是指通过协调道路交通及能源供应站各方面达到整体负效应减小的目标。这里提出三个方面策略,分别是交通路段限行、站点服务率调整和不同站点价格调整。通过调整 AnyLogic 软件中道路网络和站点补能网络逻辑模型中的相关系数,达到优化目的。

1. 交通路段限行

交通路段限行措施起源于 19 世纪 70 年代的阿根廷，旨在控制道路上的车辆数量，以尽量减少对行人出行的影响。相对于汽车限购，交通限行是目前地方政府应对城市交通拥堵首选的主要策略。一些城市对交通主干道和重点区域进行道路限行，限行范围从早晚高峰到全天，根据限行方案不同，禁行车辆数量也不同。由于不同城市的具体情况，限行政策的效果也不尽相同。

2. 站点服务率调整

站点服务率对加油加气站的影响最大，效率主要取决于基本加注时间和加油枪空置率。工作人员的站位应根据站内人员数量、现场情况、加油枪使用频率等因素确定。75%的车辆从车站入口进入，会到位于入口附近的 1 号加油机；25%的车辆从出口进入，会到靠近出口的 2 号加油机；燃油车会到 3 号加油机，依次往下。高峰期间需要加强员工之间的合作，增加员工数量，以降低加油枪的空置率。

3. 不同站点价格调整

国内成品油定价以国际市场的原油价格为基准。由国家发展改革委按照国际市场原油价格的涨跌规律来确定国内成品油的价格涨跌。由于成品油是一种产品，有着固定价格，于是就有了一条围绕着这个价格而波动的价格曲线。加油站作为成品油营销场所，当然也要面临着市场竞争，并确保以其价格能盈利。因此加油站可在不超过国家发展改革委所提出的最高限价、不降低成本费用的前提下，综合考虑运营成本、成品油批发成本、地理位置等各种因素，自主制定油品价格。国家电网充电站的充电时间和充电价格可分为平、峰、谷三个阶段，分别对应正常充电、溢价定价和优惠定价。充电桩有两个主要部分，即基础电价和充电服务费。国家为了调节不同时段的用电，用电高峰和低谷是不一样的。此外，充电服务运营商会收取一定的充电服务费用。充电桩服务商不同，服务费也不同，导致不同时间不同价格，不同公司不同充电站。

7.7　本章小结

在充分调研城市交通能源供应网络运行数据的基础上，对城市交通能源供应网络负效应进行评估分析，采用 AnyLogic 仿真软件对提出的交通能源供应网络减负机制进行仿真分析，根据仿真结果进一步完善城市交通能源供应网络负效应评估方法和减负机制，并选择典型交通能源供应网络进行实证研究，将理论研究结果与实践数据比对，进而探讨存在的问题并提出针对性策略建议，为城市交通能源规划提供决策参考。

参 考 文 献

[1] Watabe A, Leaver J, Ishida H, et al. Impact of low emissions vehicles on reducing greenhouse gas emissions in Japan[J]. Energy Policy, 2019, 130（1）：227-242.

[2] 闫云娟，查伟雄，石俊刚，等. 具有随机充电需求的混合动态网络平衡模型[J]. 吉林大学学报（工学版），2022, 52（1）：136-143.

[3] Cen X, Lo H K, Li L, et al. Modeling electric vehicles adoption for urban commute trips[J]. Transportation Research Part B：Methodological, 2018, 117（1）：431-454.

[4] Lucas A, Silva C A, Neto R C. Life cycle analysis of energy supply infrastructure for conventional and electric vehicles[J]. Energy Policy, 2012, 41（1）：537-547.

[5] 况爱武，黄中祥，唐志强. 考虑 OD 对出行时间可靠性的道路网容量可靠性[J]. 系统工程，2013, 31（1）：116-120.

[6] Jung J, Chow J Y J, Jayakrishnan R, et al. Stochastic dynamic itinerary interception refueling location problem with queue delay for electric taxi charging stations[J]. Transportation Research Part C：Emerging Technologies, 2014, 40：123-142.

[7] de Filippo G, Marano V, Sioshansi R. Simulation of an electric transportation system at the Ohio State University[J]. Applied Energy, 2014, 113：1686-1691.

[8] 吕奇光，许茂增，徐光灿，等. 车辆能源补给诱发交通拥堵的元胞自动机模拟[J]. 交通运输系统工程与信息，2017, 17（5）：89-96.

[9] Johnson J, Chowdhury M, He Y, et al. Utilizing real-time information transferring potentials to vehicles to improve the fast-charging process in electric vehicles[J]. Transportation Research Part C：Emerging Technologies, 2013, 26（1）：352-366.

[10] Yang S, Cheng W, Hsu Y, et al. Charge scheduling of electric vehicles in highways[J]. Mathematical and Computer Modelling, 2013, 57（1）：2873-2882.

[11] Cahyono S. Spatial service of petrol filling stations in surabaya city[J]. Procedia-Social and Behavioral Sciences, 2016, 227（1）：124-131.

[12] Chin S M, Greene D L, Hopson J, et al. Toward national indicators of vehicle travel and traffic

congestion based on real-time traffic data[J]. Transportation Research Record, 1999, 1660（1）: 132-139.

[13] Liu D, Xu Z, Wang Z, et al. Regional evaluation of fire apparatus requirements for petrol stations based on travel times[J]. Process Safety and Environmental Protection, 2020, 135: 350-363.

[14] Havranek T, Kokes O. Income elasticity of gasoline demand: a meta-analysis[J]. Energy Economics, 2015, 47: 77-86.

[15] Tauseef S M, Abbasi T, Pompapathi V, et al. Case studies of 28 major accidents of fires/explosions in storage tank farms in the backdrop of available codes/standards/models for safely configuring such tank farms[J]. Process Safety and Environmental Protection, 2018, 120: 331-338.

[16] Li J, Reniers G, Cozzani V, et al. A bibliometric analysis of peer-reviewed publications on domino effects in the process industry[J]. Journal of Loss Prevention in the Process Industries, 2017, 49: 103-110.

[17] Mohammadfam I, Zarei E. Safety risk modeling and major accidents analysis of hydrogen and natural gas releases: a comprehensive risk analysis framework[J]. International Journal of Hydrogen Energy, 2015, 40（39）: 13653-13663.

[18] Zarei E, Azadeh A, Khakzad N, et al. Dynamic safety assessment of natural gas stations using Bayesian network[J]. Journal of Hazardous Materials, 2017, 321（5）: 830-840.

[19] 罗通元, 段礼祥, 王金江, 等. 基于突变理论的加油站火灾爆炸事故分析与安全评价[J]. 安全与环境工程, 2016, 23（4）: 104-108.

[20] Kathuria V. Impact of CNG on vehicular pollution in Delhi: a note[J]. Transportation Research Part D: Transport and Environment, 2004, 9（5）: 409-417.

[21] Narain U, Krupnick A. The impact of Delhi's CNG program on air quality[J]. SSRN Electronic Journal, 2007, 3（1）: 23-35.

[22] 赵丽, 张韵, 郭劲松, 等. 重庆市加油站周边浅层地下水中石油烃污染调查与特征分析[J]. 环境工程学报, 2016, 10（1）: 131-136.

[23] 诸云, 王建宇, 杨莹, 等. 城市道路交通拥堵的模糊神经网络评析[J]. 北京理工大学学报, 2018, 38（5）: 487-492.

[24] Sun X, Lin K, Jiao P, et al. The dynamical decision model of intersection congestion based on risk identification[J]. Sustainability, 2020, 12（15）: 5923.

[25] Pandian S, Gokhale S, Ghoshal A K. Evaluating effects of traffic and vehicle characteristics on vehicular emissions near traffic intersections[J]. Transportation Research Part D: Transport and Environment, 2009, 14（3）: 180-196.

[26] Chen J. Research on Beijing urban traffic operation efficiency-based on entropy weight and fuzzy

comprehensive evaluation[J]. International Core Journal of Engineering, 2020, 6（10）: 204-209.

[27] 赵少伟, 杜丽衡, 万会国, 等. 基于灰色理论的山东省道路交通安全评价[J]. 河北工业大学学报, 2018, 47（2）: 96-101.

[28] 李雪, 赵宁, 郑珝. 基于云模型的道路交通安全等级评价[J]. 北京工业大学学报, 2015, 41（8）: 1219-1224.

[29] Chen J. Research on Beijing urban traffic operation efficiency-based on entropy weight and fuzzy comprehensive evaluation[J]. International Core Journal of Engineering, 2020, 6（10）: 204-209.

[30] Zheng J, Zhao Y, Zhao L, et al. Queuing-based approach for optimal dispenser allocation to hydrogen refueling stations[J]. International Journal of Hydrogen Energy, 2014, 39（15）: 8055-8062.

[31] 黎明, 宋国华, 靳秋思, 等. 路网机动车排放因子测算与不确定性分析[J]. 哈尔滨工业大学学报, 2017, 49（3）: 132-137.

[32] Beckmann M, McGuire C B, Winsten C B. Studies in the economics of transportation[J]. The Economic Journal, 1956, 67（265）: 116-118.

[33] Karlaftis M G K, Vlahogianni E I V, Kepaptsoglou K K. Nonlinear autoregressive conditional duration models for traffic congestion estimation[J]. Journal of Probability and Statistics, 2011, 8（3）: 1-13.

[34] Ermagun A, Levinson D. Spatiotemporal traffic forecasting: review and proposed directions[J]. Transport Reviews, 2018, 38（6）: 786-814.

[35] Dhakal S. Urban energy use and carbon emissions from cities in China and policy implications[J]. Energy Policy, 2009, 37（11）: 4208-4219.

[36] 刘学. 城市低碳交通发展方式与调控政策研究[D]. 天津大学博士学位论文, 2016.

[37] Liu X, Ma S, Tian J, et al. A system dynamics approach to scenario analysis for urban passenger transport energy consumption and CO_2 emissions: a case study of Beijing[J]. Energy Policy, 2015, 85: 253-270.

[38] 黄文伟, 强明明, 孙龙林, 等. 基于MOVES的车辆排放因子测试[J]. 交通运输工程学报, 2017, 17（1）: 40-148.

[39] Karkatsoulis P, Siskos P, Paroussos L, et al. Simulating deep CO_2 emission reduction in transport in a general equilibrium framework: the GEM-E_3T model[J]. Transportation Research Part D: Transport and Environment, 2017, 55（1）: 343-358.

[40] Ottosen T B, Kakosimos K E, Johansson C, et al. Analysis of the impact of inhomogeneous emissions in the operational street pollution model（OSPM）[J]. Geoscientific Model Development, 2015, 8（10）: 3231-3245.

[41] Shan X, Hao P, Chen X, et al. Vehicle energy/emissions estimation based on vehicle trajectory reconstruction using sparse mobile sensor data[J]. IEEE Transactions on Intelligent Transportation Systems, 2018, 20（2）: 716-726.

[42] Mangones S C, Jaramillo P, Rojas N Y, et al. Air pollution emission effects of changes in transport supply: the case of Bogotá, Colombia[J]. Environmental Science and Pollution Research, 2020, 27（29）: 35971-35978.

[43] 陈刚, 付江月, 何美玲. 考虑居民选择行为的应急避难场所选址问题研究[J]. 运筹与管理, 2019, 28（9）: 6-14.

[44] 魏洁, 王佳鑫. 生鲜农产品多配送中心连续选址 FCM-ISA 算法及应用[J]. 运筹与管理, 2019, 28（11）: 85-90.

[45] Hakimi S L. Optimum locations of switching centers and the absolute centers and medians of a graph[J]. Operations Research, 1964, 12（3）: 450-459.

[46] 赵晓晨. 城市电动汽车充换电站选址优化研究[D]. 哈尔滨工业大学硕士学位论文, 2015.

[47] Kariv O, Hakimi S L. An algorithmic approach to network location problems[J]. SIAM Journal on Applied Mathematics, 1979, 37（3）: 513-538.

[48] 曹琦, 陈闻轩. 应急设施选址问题研究综述[J]. 计算机工程, 2019, 45（12）: 26-37.

[49] 于冬梅, 高雷阜, 赵世杰. 可靠性应急设施选址多级覆盖鲁棒优化模型[J]. 中国矿业大学学报, 2019, 48（4）: 919-927.

[50] 张云霄. 危险化学品事故风险评估与应急物资储备库选址研究[D]. 大连理工大学硕士学位论文, 2020.

[51] Guan X, Zhou H, Li M, et al. Multilevel coverage location model of earthquake relief material storage repository considering distribution time sequence characteris tics[J]. Journal of Traffie and Transportation Engineering, 2021, 8（2）: 26-34.

[52] Rodriguez S A, Fuente R D L, Aguayo M M. A facility location and equipment emplacement technique model with expected coverage for the location of fire stations in the Concepcion Province, Chile[J]. Computers and Industrial Engineering, 2020, 147（2）: 23-35.

[53] 王秋红, 张娟, 邓军, 等. 基于火灾风险评价理论的城镇消防站选址优化: 以西夏县瑶峰镇为例[J]. 西安科技大学学报, 2014, 34（6）: 681-685.

[54] Toregas C, Swain R, ReVelle C, et al. The location of emergency service facilities[J]. Operations Research, 1971, 19（13）: 1363-1373.

[55] Church R L, ReVelle C. The maximal covering location problem[J]. Papers of the Regional Science Association, 1974, 32（2）: 101-118.

[56] Knay M B, Gzara F, Alumur S A. Full cover charging station location problem with routing[J]. Transportation Research Part B: Methodological, 2021, 144（4）: 1-22.

[57] 孙冉, 张惠珍. 多目标双重覆盖下的急救中心选址及其狼群算法求解[J]. 科技和产业,

2020, 20（5）：95-102.

[58] Hossein M R，Biswajeet P，Maryam A S. Allocation of emergency response centres in response to pluvial flooding-prone demand points using integrated multiple layer perceptron and maximum coverage location problem model[J]. International Journal of Disaster Risk Reduction，2019，（38）：101205.

[59] Plastria L F. Maximal covering location problem with price decision for revenue maximization in a competitive environment[J]. OR Spectrum：Quantitative Approaches in Management，2009，31（3）：555-571.

[60] Vazirani V. Approximation Algorithm[M]. Berlin：Springer，2001.

[61] 冉颖丽. 若干覆盖问题的近似算法设计与分析[D]. 新疆大学博士学位论文，2018.

[62] Davari S，Zarandi M H F，Turksen I B. A greedy variable neighborhood search heuristic for the maximal covering location problem with fuzy coverage radi[J]. Knowledge-Based Systems，2013，41（41）：68-76.

[63] Galvao R D，ReVelle C. A Lagrangean heuristic for the maximal covering location problem[J]. European Journal of Operational Research，1996，88（1）：114-123.

[64] 陈志宗，关贤军. 灾害应急反应的枢纽集覆盖模型及枢纽最大覆盖模型[J]. 运筹与管理，2016，25（5）：15-20.

[65] Atta S，Mahapatra P R S，Mukhopadyay A. Solving maximal covering location problem using genetic algorithm with local refinement[J]. Soft Computing，2018，·22（1）：3891-3906.

[66] Gendreau M，Laporte G，Semet F. Solving an ambulance location model by tabu search[J]. Location Science，1997，5（2）：75-88.

[67] Liu Y，Li Z Z，Liu J X，et al. A double standard model for allocating limited emergency medical service vehicle resources ensuring service reliability[J]. Transportation Research Part C：Emerging Technologies，2016，69：120-133.

[68] 肖俊华，侯云先. 带容量限制约束的应急设施双目标多级覆盖选址模型及算法[J]. 计算机应用研究，2015，32（12）：3618-3621.

[69] 宋艳，滕辰妹，姜金贵. 基于改进 NSGA-Ⅱ算法的多级服务设施备用覆盖选址决策模型[J]. 运筹与管理，2019，28（1）：75-82.

[70] Xu M，Meng Q，Mannering F. Optimal deployment of charging stations considering path deviation and nonlinear elastic demand[J]. Transportation Research Part B：Methodological，2020，135：120-142.

[71] Hodgson M J. A flow-capturing location-allocation model[J]. Geographical Analysis，1990，22（3）：270-279.

[72] Kuby M，Lim S. The flow-refueling location problem for alternative-fuel vehicles[J]. Socio-Economic Planning Sciences，2005，39（2）：125-145.

[73] Guo F, Yang J, Lu J. The battery charging station location problem: impact of users' range anxiety and distance convenience[J]. Transportation Research Part E: Logistics and Transportation Review, 2018, 114: 1-18.

[74] Huang Y, Li S, Qian Z S. Optimal deployment of alternative fueling stations on transportation networks considering deviation path[J]. Networks and Spatial Economics, 2015, 15: 183-204.

[75] Wang Y W, Lin C C, Locating road-vehicle refueling stations[J]. Transportation Research Part E: Logistics and Transportation Review, 2009, 45（5）: 821-829.

[76] He Y, Song Z, Liu Z. Fast-charging station deployment for battery electric bus systems considering electricity demand charges[J]. Sustainable Cities and Society, 2019, 48: 101530.

[77] Kweon S J, Hwang S W, Ventura J A. Electrification of a city bus network—an optimization model for cost-effective placing of charging infrastructure and battery sizing of fast-charging electric bus systems[J]. International Journal of Sustainable Transportation, 2017, 11（10）: 707-720.

[78] Wang X, Shahidehpour M, Jiang C, et al. Coordinated planning strategy for electric vehicle charging stations and coupled traffic-electric networks[J]. IEEE Transactions on Power Systems, 2019, 34（1）: 268-279.

[79] Zhang X, Rey D, Waller S T. Multitype recharge facility location for electric vehicles[J]. Computer-Aided Civil and Infrastructure Engineering, 2018, 33（11）: 943-965.

[80] 陈光，毛召磊，李济沅，等. 计及碳排放的电动汽车充电站多目标规划[J]. 电力系统自动化，2014, 38（17）: 49-53, 136.

[81] Bryden T S, Hilton G, Vimitrov B, et al. Rating a stativnary energy storage system within a fast electric vehicle charging station considering user waiting times[J]. IEEE Transactions on Transportation Electrification, 2019, 5（4）: 879-889.

[82] Wang C, He F, Lin X, et al. Designing locations and capacities for charging stations to support intercity travel of electric vehicles: an expanded network approach[J]. Transportation Research Part C: Emerging Technologies, 2019, 102: 210-232.

[83] Wang G, Xu Z, Wen F, et al. Traffic-constrained multi-objective planning of electric-vehicle charging stations[J]. IEEE Transactions on Power Delivery, 2013, 28: 2363-2372.

[84] Lin C C. The p-center flow-refueling facility location problem[J]. Transportation Research Part B: Methodological, 2018, 118: 124-142.

[85] Zheng H, Peeta S. Routing and charging locations for electric vehicles for intercity trips[J]. Transportation Planning and Technology, 2017, 40: 393-419.

[86] Hosseini M, MirHassani S A. A heuristic algorithm for optimal location of flow-refueling capacitated stations[J]. International Transactions in Operational Research, 2017, 24（6）: 1377-1403.

[87] MirHassani S A，Ebrazi R. A flexible reformulation of the refueling station location problem[J]. Transportation Science，2013，47（4）：617-628.

[88] Ngo H，Kumar A，Mishra S. Optimal positioning of dynamic wireless charging infrastructure in a road network for battery electric vehicles[J]. Transportation Research Part D：Transport and Environment，2020，85：102385.

[89] Chung B D，Park S，Kwon C. Equitable distribution of recharging stations for electric vehicles[J]. Socio-Economic Planning Sciences，2018，63：1-11.

[90] Kuby M，Capar I，Kim J G. Efficient and equitable transnational infrastructure planning for natural gas trucking in the European Union[J]. European Journal of Operational Research，2017，257（3）：979-991.

[91] Davidov S，Pantoš M. Optimization model for charging infrastructure planning with electric power system reliability check[J]. Energy，2019，166：886-894.

[92] Yang J，Dong J，Liang H. A data-driven optimization-based approach for siting and sizing of electric taxi charging stations[J]. Transportation Research Part C：Emerging Technologies，2017，77：462-477.

[93] Scheiper B，Schiffer M，Walther G. The flow refueling location problem with load flow control[J]. Omega，2019，83：50-69.

[94] He Y，Kockelman K M，Perrine K A. Optimal locations of U.S. fast charging stations for long-distance trip completion by battery electric vehicles[J]. Journal of Cleaner Production，2019，214：452-461.

[95] Kim J G，Kuby M，The deviation-flow refueling location model for optimizing a network of refueling stations[J]. International Journal of Hydrogen Energy，2012，37（6）：5406-5420.

[96] Capar I，Kuby M，Leon V J，et al. An arc cover-path-cover formulation and strategic analysis of alternative-fuel station locations[J]. European Journal of Operational Research，2013，227（1）：142-151.

[97] Yildiz B，Arslan O，Karasan O E. A branch and price approach for routing and refueling station location model[J]. European Journal of Operational Research，2016，248（3）：815-826.

[98] Vries H，Duijzer E. Incorporating driving range variability in network design for refueling facilities[J]. Omega，2017，69：102-114.

[99] Boujelben M K，Gicquel C. Efficient solution approaches for locating electric vehicle fast charging stations under driving range uncertainty[J]. Computers and Operations Research，2019，109：288-299.

[100] Lee C，Han J. Benders-and-price approach for electric vehicle charging station location problem under probabilistic travel range[J]. Transportation Research Part B：Methodological，2017，106：130-152.

[101] Snyder L V. Facility location under uncertainty：a review[J]. IIE Transactions, 2006, 38：537-554.

[102] Arabani A B, Farahani R Z. Facility location dynamics：an overview of classifications and applications[J]. Computers and Industrial Engineering, 2012, 62：408-420.

[103] 杨倩倩, 胡大伟, 褚宏帆. 共享汽车和共享单车的合作博弈研究[J]. 交通信息与安全, 2018, 36（4）：126-132.

[104] 王文宾, 吕佳, 张梦吟, 等. 合作模式下新能源汽车供应链的资源投入策略研究[J]. 工业技术经济, 2021, 40（10）：33-41.

[105] 吕璞, 胡祥培, 鲁渤. 基于参与人关系网络的高铁快递合作博弈模型研究[J]. 系统工程理论与实践, 2017, 37（6）：1536-1547.

[106] 程杉, 陈梓铭, 徐康仪, 等. 基于合作博弈与动态分时电价的电动汽车有序充放电方法[J]. 电力系统保护与控制, 2020, 48（21）：15-21.

[107] 王淏, 高进宇, 于洋, 等. 南方电网水-火电合作博弈及关键影响要素分析[J]. 水力发电学报, 2022, 41（1）：92-102.

[108] 林小围, 周晶, 卢珂, 等. 基于合作博弈的停车位分配模型[J]. 系统管理学报, 2019, 28（1）：62-66, 85.

[109] 王永利, 刘振, 薛露, 等. 基于多主体博弈的综合能源系统运行优化方法[J]. 控制理论与应用, 2022, 39（3）：499-508.

[110] 冯昌森, 沈佳静, 赵崇娟, 等. 基于合作博弈的智慧能源社区协同运行策略[J]. 电力自动化设备, 2021, 41（4）：85-93.

[111] 王先甲, 刘佳. 基于合作博弈模型的公共河流水资源分配方案研[J]. 中国管理科学, 2020, 28（1）：1-9.

[112] 朱西平, 付迁, 李恣霖, 等. 能源互联网多能量枢纽合作议价模型[J]. 中国电力, 2020, 53（11）：89-96.

[113] 王光净, 杨继君, 刘仲英. 基于合作博弈的区域产业结构优化模型[J]. 工业工程与管理, 2010, 15（1）：53-58.

[114] 郑士源, 王浣尘. 基于动态合作博弈理论的航空联盟稳定性[J]. 系统工程理论与实践, 2009, 29（4）：184-192.

[115] 李泉林, 黄亚静, 鄂成国. "农超对接"下配送中心与 n 个超市的合作机制研究[J]. 运筹与管理, 2017, 26（3）：27-35.

[116] 盛锦. 基于政府、农户、企业三方合作博弈的秸秆焚烧管理问题研究[J]. 中国农业资源与区划, 2015, 36（4）：48-53, 66.

[117] Krajewska M A, Kopfer H, Laporte G, et al. Horizontal cooperation among freight carriers：request allocation and profit sharing[J]. Journal of the Operational Research Society, 2008, 59（11）：1483-1491.

[118] Frisk M，Göthe-lundgren M，Jörnsten K，et al. Cost allocation in collaborative forest transportation[J]. European Journal of Operational Research，2010，205（2）：448-458.

[119] Dai B，Chen H. Profit allocation mechanisms for carrier collaboration in pickup and delivery service[J]. Computers and Industrial Engineering，2012，62（2）：633-643.

[120] Guajardo M，Rönnqvist M. Operations research models for coalition structure in collaborative logistics[J]. European Journal of Operational Research，2015，240（1）：147-159.

[121] Guajardo M，Rönnqvist M. A review on cost allocation methods in collaborative transportation[J]. International Transactions in Operational Research，2016，23（3）：371-392.

[122] Hezarkhani B，Slikker M，van Woensel T. A competitive solution for cooperative truckload delivery[J]. OR Spectrum：Quantitative Approaches in Management，2016，38（1）：51-80.

[123] Niknamfar A H，Niaki S T A. Fair profit contract for a carrier collaboration framework in a green hub network under soft time-windows：dual lexicographic max-min approach[J]. Transportation Research Part E：Logistics and Transportation Review，2016，91：129-151.

[124] Yu Y，Lou Q，Tang J，et al. An exact decomposition method to save trips in cooperative pickup and delivery based on scheduled trips and profit distribution[J]. Computers and Operations Research，2017，87：245-257.

[125] Tinoco S V P，Creemers S，Boute R N. Collaborative shipping under different cost-sharing agreements[J]. European Journal of Operational Research，2017，263（3）：827-837.

[126] Wang Y，Ma X，Li Z，et al. Profit distribution in collaborative multiple centers vehicle routing problem[J]. Journal of Cleaner Production，2017，144：203-219.

[127] Wang Y，Zhang J，Assogba K，et al. Collaboration and transportation resource sharing in multiple centers vehicle routing optimization with delivery and pickup[J]. Knowledge-Based Systems，2018，160：296-310.

[128] Wang J，Yu Y，Tang J. Compensation and profit distribution for cooperative green pickup and delivery problem[J]. Transportation Research Part B：Methodological，2018，113：54-69.

[129] Lozano S，Moreno P，Adenso-díaz B，et al. Cooperative game theory approach to allocating benefits of horizontal cooperation[J]. European Journal of Operational Research，2013，229（2）：444-452.

[130] Yang F，Dai Y，Ma Z J. A cooperative rich vehicle routing problem in the last-mile logistics industry in rural areas[J]. Transportation Research Part E：Logistics and Transportation Review，2020，141：102024.

[131] 鲜军. 产村融合行为主体合作机制的演化博弈研究[J]. 价格理论与实践，2021，（8）：91-95，186.

[132] 高明，郭施宏，夏玲玲. 大气污染府际间合作治理联盟的达成与稳定——基于演化博弈分析[J]. 中国管理科学，2016，24（8）：62-70.

[133] 李玉民，刘勇，刘阳. 高铁快运与快递企业合作的演化博弈分析[J]. 铁道科学与工程学报，2019，16（4）：878-884.

[134] 包春兵，金宗凯，戎晓霞，等. 环保刚性约束下中小企业污染共治策略演化博弈分析[EB/OL]. https://doi.org/10.16381/j.cnki.issn1003-207x.2021.1236，2021-11-18.

[135] 汪明月，刘宇，杨文珂. 环境规制下区域合作减排演化博弈研究[J]. 中国管理科学，2019，27（2）：158-169.

[136] 刘长玉，于涛，马英红. 基于产品质量监管视角的政府、企业与消费者博弈策略研究[J]. 中国管理科学，2019，27（4）：127-135.

[137] 卢珂，周晶，鞠鹏. 基于三方博弈的汽车共享产业推广模型及演化路径[J]. 统计与决策，2019，35（5）：68-72.

[138] 万晓榆，蒋婷. 基于演化博弈视角下的加盟式快递合作稳定性分析[J]. 运筹与管理，2020，29（9）：89-100.

[139] 徐建中，孙颖. 市场机制和政府监管下新能源汽车产业合作创新演化博弈研究[J]. 运筹与管理，2020，29（5）：143-151.

[140] 李卫红，王强. 产品成本内生化的企业定价选址博弈分析[J]. 审计与经济研究，2010，25（2）：108-112.

[141] 刘艳春，高立群. 存在成本差异的双寡头企业选址定价博弈[J]. 东北大学学报，2005，（5）：417-420.

[142] 孟尚雄. 服务设施选址的博弈分析[J]. 中国流通经济，2010，24（9）：49-52.

[143] 高小永，唐玮玮，张关. 公众参与式水库移民安置点选址决策的博弈分析[J]. 人民长江，2013，44（3）：97-100.

[144] 魏颢. 线性市场上不同规模两公司选址博弈问题的 Stackelberg 平衡[J]. 系统工程理论与实践，2006，26（2）：77-82.

[145] 刘洪，范博宇，唐翀，等. 基于博弈论的主动配电网扩展规划与光储选址定容交替优化[J]. 电力系统自动化，2017，41（23）：38-45，116.

[146] 张向和，彭绪亚. 基于邻避效应的垃圾处理场选址博弈研究[J]. 统计与决策，2010，（20）：45-49.

[147] 董世永，张丁文. 基于三方博弈的保障性住房选址机制研究——博弈失衡与角色重构[J]. 现代城市研究，2014，29（11）：23-29.

[148] 韩传峰，孟令鹏，张超，等. 基于完全信息动态博弈的反恐设施选址模型[J]. 系统工程理论与实践，2012，32（2）：366-372.

[149] 王继光. 考虑中断风险的供应链选址博弈研究[J]. 计算机工程与应用，2017，53（20）：231-236，248.

[150] 张勇，肖彦. 三线建设企业选址的变迁与博弈研究——以四川三家工厂为例[J]. 贵州社会科学，2017，（5）：148-155.

[151] 程郁琨, 梅丽丽. 设施选址博弈问题的无支付机制设计研究[J]. 运筹学学报, 2018, 22（2）: 93-104.

[152] 朱涛. 零售企业选址的博弈分析[J]. 商业经济与管理, 2004, （7）: 18-21.

[153] 宋艳, 滕辰妹. 基于现存设施布局的设施选址: 应对恐怖袭击[J]. 运筹与管理, 2019, 28（10）: 5-12.

[154] 任丽娜, 路鹏伟, 刘福才. 引导电动汽车用户驾驶行为的充电导航策略[J]. 控制与决策, 2019, 34（11）: 2438-2444.

[155] 杨洪明, 李明, 文福拴, 等. 利用实时交通信息感知的电动汽车路径选择和充电导航策略[J]. 电力系统自动化, 2017, 41（11）: 106-113.

[156] Hung Y, Michailidis G. Optimal routing for electric vehicle service systems[J]. European Journal of Operational Research, 2015, 247（2）: 515-524.

[157] Sun Z, Zhou X. To save money or to save time: intelligent routing design for plug-in hybrid electric vehicle[J]. Transportation Research Part D: Transport and Environment, 2016, 43: 238-250.

[158] Yagcitekin B, Uzunoglu M. A double-layer smart charging strategy of electric vehicles taking routing and charge scheduling into account[J]. Applied Energy, 2016, 167: 407-419.

[159] Said D, Cherkaoui S, Khoukhi L. Queuing model for EVs charging at public supply stations[C]. 2013 9th International Wireless Communications and Mobile Computing Conference, 2013: 65-70. IEEE.

[160] 郭戈, 张振琳. 电动车辆路径优化研究与进展[J]. 控制与决策, 2018, 33（10）: 1729-1739.

[161] Huber G, Bogenberger K. Long-trip optimization of charging strategies for battery electric vehicles[J]. Transportation Research Record, 2015, 2497（1）: 45-53.

[162] Yang J, Chou L, Chang Y. Electric-vehicle navigation system based on power consumption[J]. IEEE Transactions on Vehicular Technology, 2016, 65（8）: 5930-5943.

[163] Shao S, Guan W, Ran B, et al. Electric vehicle routing problem with charging time and variable travel time[J]. Mathematical Problems in Engineering, 2017, 2: 1-13.

[164] 邵赛, 毕军, 关伟. 基于电动汽车的动态需求车辆路径问题[J]. 吉林大学学报（工学版）, 2017, 47（6）: 1688-1695.

[165] 邓友均, 李明, 余千, 等. 基于实时信息感知的电动汽车物流配送路径优化与充电导航[J]. 南方电网技术, 2017, （2）: 41-49.

[166] 罗禹贡, 严弈遥, 朱陶, 等. 智能电动车辆最优充电路径规划方法[J]. 工程研究: 跨学科视野中的工程, 2014, 6（1）: 92-98.

[167] 严弈遥, 罗禹贡, 朱陶, 等. 融合电网和交通网信息的电动车辆最优充电路径推荐策略[J]. 中国电机工程学报, 2015, 35（2）: 310-318.

[168] 邢强，陈中，冷钊莹，等. 基于实时交通信息的电动汽车路径规划和充电导航策略[J]. 中国电机工程学报，2020，40（2）：534-550.

[169] Hart P E，Nilsson N J，Raphael B. A formal basis for the heuristic determination of minimum costpaths[J]. IEEE Transactions on Systems Science and Cybernetics，1968，4（2）：100-107.

[170] 宋青，汪小帆. 最短路径算法加速技术研究综述[J]. 电子科技大学学报，2012，41（2）：176-184.

[171] Khosroshahi A H，Keshavarzi P，KoozehKanani Z D，et al. Acquiring real time traffic information using vanet and dynamic route guidance[C]. 2011 IEEE 2nd International Conference on Computing，Control and Industrial Engineering，2011：9-13.

[172] Jayapal C，Roy S S. Road traffic congestion management using vanet[C]. 2016 International Conference on Advances in Human Machine Interaction（HMI），2016：1-7.

[173] Wardrop J D. Some theoretical aspects of road traffic research[J]. Institution of Civil Engineers，1952，2（1）：325-378.

[174] Zhong R X，Sumalee A，Friesz T L，et al. Dynamic user equilibrium with side constraints for a traffic network：theoretical development and numerical solution algorithm[J]. Transportation Research Part B：Methodological，2011，45（7）：1035-1061.

[175] Jiang N，Xie C，Duthie J C，et al. A network equilibrium analysis on destination，route and parking choices with mixed gasoline and electric vehicular flows[J]. EURO Journal on Transportation and Logistics，2014，3（1）：75-98.

[176] Hu L，Dong J，Lin Z. Modeling charging behavior of battery electric vehicle drivers：a cumulative prospect theory based approach[J]. Transportation Research Part C：Emerging Technologies，2019，102（2）：474-489.

[177] 赵磊，关宏志，张新洁，等. 考虑出行者损失厌恶的后悔随机用户均衡模型[J]. 交通运输系统工程与信息，2018，18（4）：116-122.

[178] Chen A，Ryu S，Xu X D，et al. Computation andapplication of the paired combinatorial logit stochastic userequilibrium problem[J]. Computers and Operations Research，2014，2（43）：68-77.

[179] Watling D P，Rasmussen T K，Prato C G，et al. Stochastic user equilibrium with equilibrated choice sets：part II-solving there stricted SUE for the logit family[J]. Transportation Research Part B：Methodological，2015，77（3）：146-165.

[180] Liu H X，Wang D Z. Global optimization methodfornet work design problem withstochastic user equilibrium[J]. Transportation Research Part B：Methodological，2015，72（1）：20-39.

[181] Watling D P，Rasmussen T K，Prato C G，et al. Stochastic user equilibrium with equilibrated choice sets：part I-model formulations under alternative distributions and restrictions[J]. Transportation Research Part B：Methodological，2015，77（1）：166-181.

[182] Huang Y T, Kockelman K M. Electric vehicle charging station locations: elastic demand, station congestion, and network equilibrium[J]. Transportation Research Part D: Transport and Environment, 2020, 78: 102179.

[183] 李浩, 陈浩, 陆续, 等. 考虑排放约束的电动汽车混行交通路网均衡模型[J]. 交通运输工程与信息学报, 2021, 19（4）: 24-35, 117.

[184] Xu M, Meng Q, Liu K. Network user equilibrium problems for the mixed battery electric vehicles and gasoline vehicles subject to battery swapping stations and road grade constraints[J]. Transportation Research Part B: Methodological, 2017, 99: 138-166.

[185] Liu Z, Song Z. Network user equilibrium of battery electric vehicles considering flow-dependent electricity consumption[J]. Transportation Research Part C: Emerging Technologies, 2018, 95: 516-544.

[186] 李浩, 陈浩. 考虑充电排队时间的电动汽车混合交通路网均衡[J]. 吉林大学学报（工学版）, 2021, 51（5）: 1684-1691.

[187] 郇宁, 姚恩建, 杨扬, 等. 电动汽车混入条件下随机动态用户均衡分配模型[J]. 交通运输工程学报, 2019, 19（5）: 150-161.

[188] Nan J, Chi X, Duthie J C, et al. A network equilibrium analysis on destination, route and parking choices with mixed gasoline and electric vehicular flows[J]. EURO Journal on Transportation and Logistics, 2014, 3（1）: 55-92.

[189] Zheng H, He X, Li Y, et al. Traffic equilibrium and charging facility locations for electric vehicles[J]. Networks and Spatial Economics, 2017, 17（2）: 1-23.

[190] 熊轶, 黄海军, 李志纯. 交通信息系统作用下的随机用户均衡模型与演进[J]. 交通运输系统工程与信息, 2003, 1（3）: 44-48.

[191] Jou R C. Modeling the impact of pre-trip information on commuter departure time and route choice[J]. Transportation Research Part B: Methodological, 2001, 35（10）: 887-902.

[192] Zhang J L, Yang H. Modeling route choice inertia in network equilibrium with heterogeneous prevailing choice sets[J]. Transportation Research Part C: Emerging Technologies, 2015, 57（1）: 42-54.

[193] 王宁, 郑文晖, 刘向, 等. 基于用户激励的共享电动汽车调度成本优化[J]. 同济大学学报（自然科学版）, 2018, 46（12）: 1668-1675, 1721.

[194] Aung N, Zhang W, Dhelim S, et al. Dynamic traffic congestion pricing and electric vehicle charging management system for the internet of vehicles in smart cities[J]. Digital Communications and Networks, 2021, 7（4）: 492-504.

[195] Wang L, Jin Y, Wang L, et al. Incentive-based approach to control demands for operation of one-way carsharing system[J]. Transportation Research Record Journal of the Transportation Research Board, 2019, 2673（4）: 427-438.

[196] 李姚旺，苗世洪，刘君瑶，等. 考虑需求响应不确定性的光伏微电网储能系统优化配置[J]. 电力系统保护与控制，2018，46（20）：69-77.

[197] 段豪翔，吕林，向月. 计及分时充电电价激励的电动汽车充电站与配电网协同规划[J]. 电力系统及其自动化学报，2017，29（1）：103-110.

[198] Yang H，Yang S，Xu Y，et al. Electric vehicle route optimization considering time-of-use electricity price by learnable partheno-genetic algorithm[J]. IEEE Transactions on Smart Grid，2015，6（2）：657-666.

[199] 李明，邓友均，杨洪明，等. 分时电价下电动汽车路径选择和充电导航策略[J]. 南方电网技术，2016，10（8）：61-66.

[200] 魏大钧，张承慧，孙波，等. 基于分时电价的电动汽车充放电多目标优化调度[J]. 电网技术，2014，38（11）：2972-2977.

[201] 李东东，段维伊，林顺富，等. 实时电价条件下基于用户引导的电动汽车-充电桩匹配策略[J]. 电力系统自动化，2020，44（8）：74-82.

[202] 常方宇，黄梅，张维戈. 分时充电价格下电动汽车有序充电引导策略[J]. 电网技术，2016，40（9）：2609-2615.

[203] Barco J，Guerra A，Muñoz L，et al. Optimal routing and scheduling of charge for electric vehicles：a case study[J]. Mathematical Problems in Engineering，2017，（11）：1-16.

[204] Sassi O，Cherif-Khettaf W，Oulamara A. Multi-start iterated local search for the mixed fleet vehicle routing problem with heterogenous electric vehicles[C]. European Conference on Evolutionary Computation in Combinatorial Optimization. Springer，Cham，2015：138-149.

[205] Zhang L，Li Y. A game-theoretic approach to optimal scheduling of parking-lot electric vehicle charging[J]. IEEE Transactions on Vehicular Technology，2016，65（6）：4068-4078.

[206] Wei W，Liu F，Mei S. Charging strategies of EV aggregator under renewable generation and congestion：a normalized Nash equilibrium approach[J]. IEEE Transactions on Smart Grid，2015，7（3）：1630-1641.

[207] Wu S，Li D，Zhang G，et al. Density-based dynamic revision path planning in urban area via vanet[C]. International Conference on Machine Learning and Intelligent Communications，2016：129-138.

[208] Guo C，Li D，Zhang G，et al. Real-time path planning in urban area via vanet-assisted traffic information sharing[J]. IEEE Transactions on Vehicular Technology，2018，67（7）：5635-5649.

[209] El-Wakeel A S，Noureldin A，Hassanein H S，et al. iDriveSense：dynamic route planning involving roads quality information[C]. IEEE Global Communications Conference，2018：1-6.

[210] Souza A，Yokoyama R，Maia G，et al. Real-time path planning to prevent traffic jam through an intelligent transportation system[C]. IEEE Symposium on Computers and Communication，

2016：726-731.

[211] Akabane A T，Gomes R L，Pazzi R W，et al. Apolo：a mobility pattern analysis approach to improve urban mobility[C]. IEEE Global Communications Conference，2017：1-6.

[212] He Z，Cao J，Liu X. High quality participant recruitment in vehicle-based crowdsourcing using predictable mobility[C]. IEEE International Conference on Computer Communications，2015：2542-2550.

[213] Wang C，Li C，Qin C，et al. Maximizing spatial-temporal coverage in mobile crowd-sensing based on public transports with predictable trajectory[J]. International Journal of Distributed Sensor Networks, 2018, 14（8）：1-10.

[214] Liu Y，Niu J，Liu X. Comprehensive tempo-spatial data collection in crowd sensing using a heterogeneous sensing vehicle selection method[J]. Personal and Ubiquitous Computing，2016, 20（3）：397-411.

[215] Dong Z，Li X Y，Ma H. How to crowdsource tasks truthfully without sacrificing utility：online incentive mechanisms with budget constraint[C]. IEEE Conference on Computer Communications，2014.

[216] Zhou Z，Liao H，Gu B，et al. Robust mobile crowd sensing：when deep learning meets edge computing[J]. IEEE Network，2018, 32（4）：54-60.

[217] Peng D，Wu F，Chen G . Data quality guided incentive mechanism design for crowedsensing[J]. IEEE Transactions on Mobile Computing，2018, 17（2）：307-319.

[218] 蒋怡静，于艾清，屠亚南. 基于 IBQPSO 算法的电动汽车时空双尺度有序充电引导策略[J]. 现代电力，2019, 36（6）：1-8.

[219] 蒋怡静，于艾清，黄敏丽. 考虑用户满意度的电动汽车时空双尺度有序充电引导策略[J]. 中国电力，2020, 53（4）：122-130.

[220] 胡明伟，史其信. 行人交通仿真模型与相关软件的对比分析[J]. 交通信息与安全，2009，（4）：122-127.

[221] Chopard B，Droz M. 物理系统的元胞自动机模拟[M]. 北京：清华大学出版社，2003.

[222] Helbing D，Molnár P. Social force model for pedestrian dynamics[J]. Physical Review E，1995, 51（5）：4282.

[223] XJ Technologies. Anylogic pedestrian library tutorial[G]. St. Petersburg，Russian Federation，2009.

[224] 杨芳，邹毅峰，戴恩勇. 基于 Anylogic 的果蔬冷链系统配送中心物流运作优化[J]. 中南林业科技大学学报，2016, 36（7）：141-148.

[225] 刘启钢，杜旭升，杨旭. 大型铁路客运站客流组织仿真技术研究[J]. 铁道运输与经济，2010, 32（10）：37-40.

[226] Gerlough D L. Simulation of freeway traffic by an electronic computer[J]. Highway Research

Board Proceedings，1956，（35）：543-547.

[227] 邹智军，杨东援. 道路交通仿真研究综述[J]. 交通运输工程学报，2001，（2）：88-91.

[228] 曹英. 加油站销量影响因素模型及实证分析[J]. 中国经贸导刊，2020，977（8）：116-118.

[229] 李霞. 加油站销量影响因素分析及对策[J]. 化工管理，2021，582（3）：7-8.